苏军1943-1944年进攻线路图

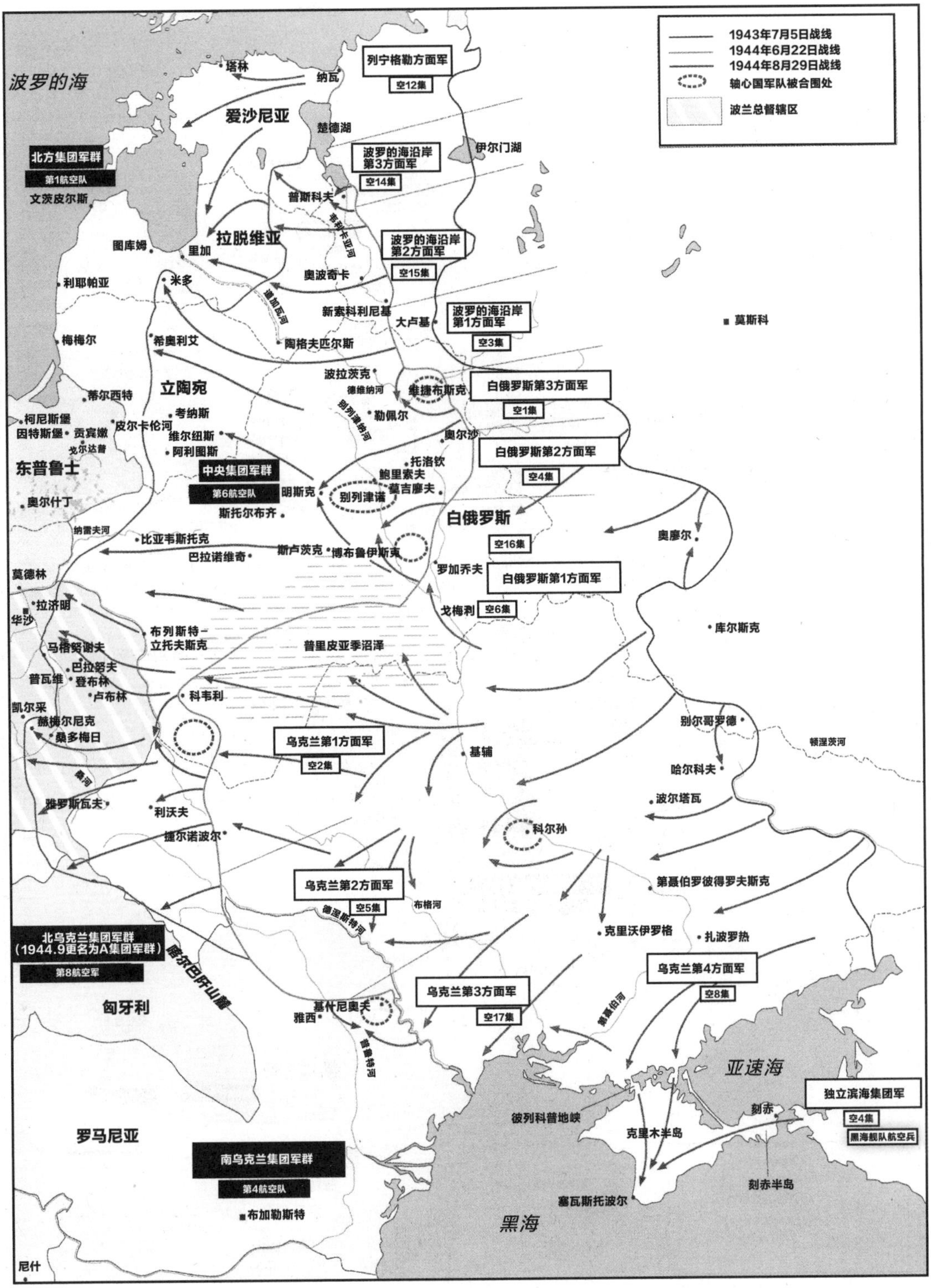

苏军1944-1945年进攻线路图

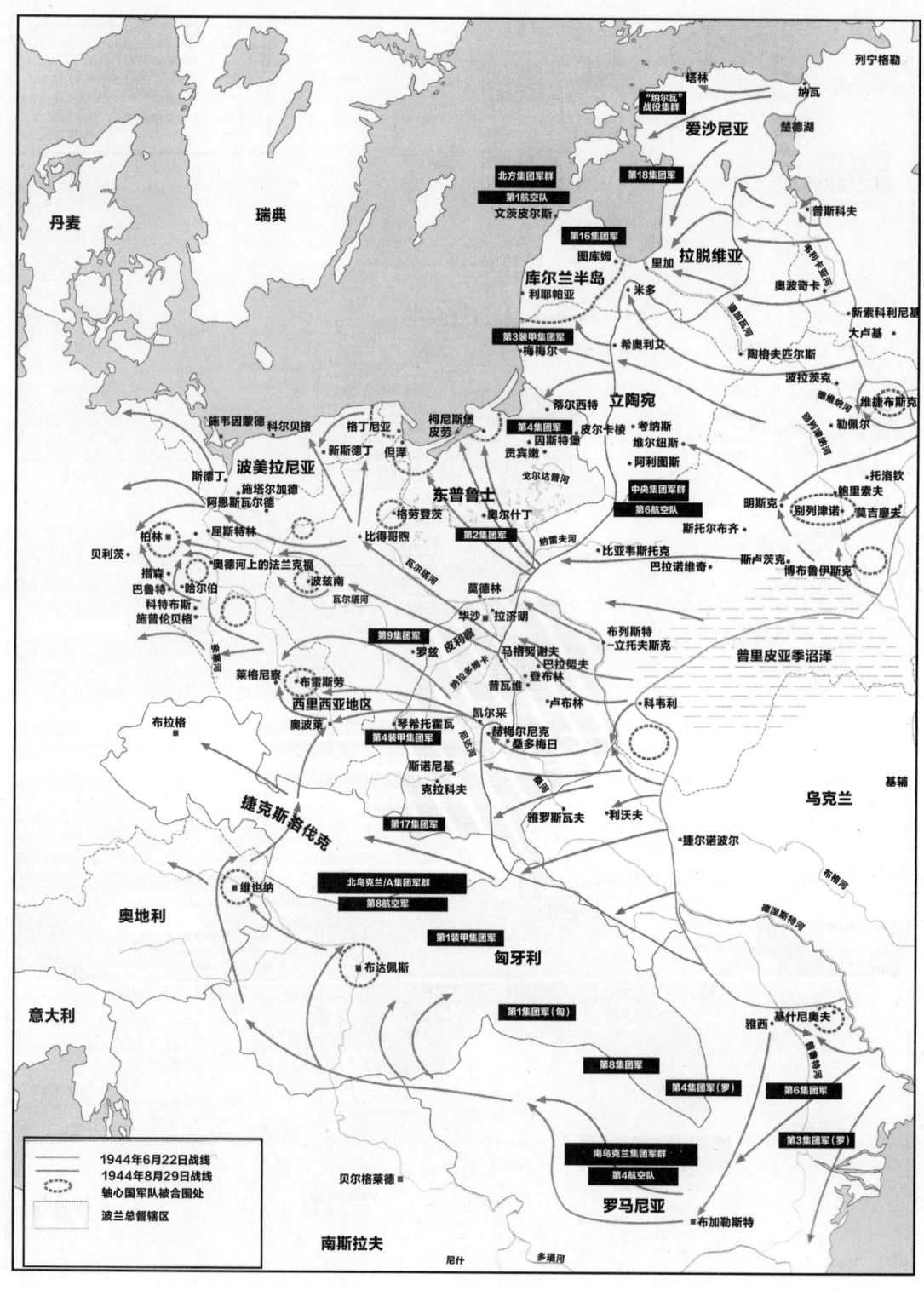

指文 战史系列 020

剑 指 柏 林

1944年春—终战

顾剑 著

中国长安出版社

图书在版编目(CIP)数据

最后的空战：剑指柏林 / 顾剑著. -- 北京：中国长安出版社，2013.9
ISBN 978-7-5107-0562-5

Ⅰ.①最… Ⅱ.①顾… Ⅲ.①第二次世界大战－空战－研究 Ⅳ.①E195.2

中国版本图书馆CIP数据核字(2013)第227417号

最后的空战：剑指柏林
顾剑 著

出　版：中国长安出版社
社　址：北京市东城区北池子大街14号(100006)
网　址：http://www.ccapress.com
邮　箱：capress@163.com
发　行：中国长安出版社
电　话：(010) 85099947, 85099948
印　刷：重庆市蜀之星包装彩印有限责任公司
开　本：787mm×1092mm　16开
印　张：12.5
字　数：200千字
版　本：2019年1月第2版　2019年1月第1次印刷

书　号：ISBN 978-7-5107-0562-5
定　价：99.80元

版权所有，翻版必究
如发现印装质量问题，请与承印厂联系退换

CONTENTS 目录

前言	…………………………………………	001
序章	**基础知识**…………………………………	003
	德国空军的编制………………………………	003
	苏联空军的编制………………………………	004
	德国空军的主要装备…………………………	005
	苏联空军的主要装备…………………………	005
	纳粹德国的军事荣誉…………………………	006
	苏联的军事荣誉………………………………	007
	战绩认定………………………………………	007
	外篇：黑十字与红星 1941-1943………………	008
第一章	**空前绝后的战略转折**……………………	011
	东线中部战区的空战 1941-1943………………	011
	秋季征程………………………………………	023
	解放斯摩棱斯克………………………………	024
第二章	**南线风暴**…………………………………	027
第三章	**中路磐石**…………………………………	039
	外篇：苏德空军 1944年初……………………	044
第四章	**两翼狂飙**…………………………………	045
	列宁格勒解围…………………………………	045
	右岸乌克兰攻略………………………………	046

| 第五章 | 半岛鹰翔 | 057 |
| | 外篇: 黑十字与红星 1944 | 070 |

第六章	红军的铁拳: 巴格拉季昂	073
	暗流涌动	073
	箭在弦上	078
	挽救"老朋友"	079
	闪电突袭	082
	解放博布鲁伊斯克	088
	德国第4集团军的覆灭	090

第七章	从乌克兰到波兰	095
	两路突击	095
	从科尔托夫走廊到利沃夫	102

第八章	帝国反击战	109
	波拉茨克空战	109
	巴格拉季昂: 第二阶段	110
	维尔纽斯战役	111
	兵临华沙	111
	强渡维斯瓦河	115
	激战波罗的海	118
	传奇的诞生: 哈特曼的300胜	120
	总结与未来	121

第九章　终结的开端 **123**
　　红星闪耀喀尔巴阡山 123
　　库尔兰口袋 126
　　巴尔克霍恩的奇迹 129
　　矛与盾 130
　　西线救急 131
　　外篇: 黑十字与红星 1945 135

第十章　奥得河上的冬天 **137**
　　冬季飓风 137
　　顾此失彼 144
　　进抵德国 145
　　回光返照 147

第十一章　大崩溃 **153**
　　浴血布雷斯劳 153
　　东普鲁士的陷落 155
　　"春醒"迷梦 162

第十二章　攻克柏林 **165**
　　兵临城下 165
　　风雨红旗 169
　　终曲 182

前言

第二次世界大战的苏德战场，是反法西斯战争最重要的组成部分，人类历史上最残酷的武装冲突。对于这一伟大的历史主题，就以往的研究而言，人们往往把着眼点放在苏德坦克机械化军团在欧洲大地上的纵横驰奔，却对两国空军在1518个日日夜夜中的反复较量有所忽视。而事实上，东线空战是人类战争史上最为铿锵激越的篇章之一。这场规模最大，却因种种原因鲜为人知的空中对决，在很大的程度上决定了世界大战的走向乃至全人类的命运。

当1941年6月22日希特勒不宣而战突袭苏联时，仅仅用了数天时间，德国空军就消灭了苏联空军一线的主力，牢牢把握了制空权，保障了地面部队的狂飙突进。但短短4年之后，曾经横行一时的纳粹飞狼，其可怜的残部面对柏林上空密密麻麻的几千架苏联飞机，只能进行一番象征性的抵抗。为什么苏联空军在战争初期不堪一击，而到了1943年后却发生了翻天覆地的变化？彼此武力消长的过程和原因是什么？两国空军在战争中究竟起到了什么样的作用？这本《最后的空战：剑指柏林》将试图回答以上疑问。

时至今日，有关东线空战的各种中文书籍和网上的资料仍然充斥着偏见、武断和自以为是。如果说在20世纪90年代以前，那些为数极少的文献全部以苏方材料为纲，之后则又走向了另一个极端。而在三维空间中进行的空战，其复杂性堪称各种战斗之最，任何单方面的说辞都很难反映真实情况（事实上就是拥有双方的材料，想还原某些细节也是极为困难的）。好在随着档案的公开和一些国外经典著作的出版，现在对这个题材做一个大轮廓的描绘已有基础和可能了。

讲述东线空战的第二个难点，就是要结合地面战斗的情况。在东线空战中，双方空军都要在一条流动的战线上空争夺制空权以支持地面部队，这和西线空战（1944年6月诺曼底登陆之前）有根本的不同。那些常见的德国空军联队史，其缺陷也就在这里。此类书籍往往在一些细枝末节的地方着墨过多，对宏观的战略背景和战役目的却语焉不详，无法解释为何在战斗中"所向无敌"，但部队却最终"转进"到柏林的原因。本书将尽量做到由大入小，避免这一问题。

在本书的编译过程中，我得到了国内很多优秀军事历史作者的大力支持。在战略背景方面，赵玮给了我很大的帮助（他与赵国星合译的《巨人的碰撞》是任何试图了解苏德战争的人的必读书），如果没有懂多国语言的陆乐出手，把那些欧洲地名和人名准确地翻译为汉语对我来说几乎是无法完成的任务。何莎、蒙创波、高智、陈星波、赵国星、候戈等（恕不能一一列举）或帮我校稿，或给我提供了资料；此外还有指文出版社的编辑们的辛勤劳动，在此本人一并表示感谢。

不过我们的这些努力和反法西斯战士们的付出相比，实在无法相提并论。正是他们的流血牺牲，让今天的我们摆脱了做贱民的命运。谨以这篇文字，献给70年前那些为全人类而战的红色战鹰们，你们不应该被我们遗忘。

顾剑

序章
基础知识

本书主要涉及二战战史中的空战部分，对其他方面的描述比较有限。为方便读者阅读，笔者在卷首对苏德空军的编制、武器装备和荣誉认定等情况做一简短介绍。此外，双方一些相同性质的单位，本书有意采用了不同说法加以区分。如德军方面称为战斗机、攻击机、装甲部队，苏联方面则相应称为歼击机、强击机、坦克部队。请读者特别加以注意。

德国空军的编制

一般情况下，德国空军基本的战术单位是联队（Geschwader）。每个联队以数字和相应的前缀字母进行识别。前缀字母的含义如下：

JG：战斗机联队；NJG：夜间战斗机联队；ZG：驱逐机（或重型战斗机）联队；SG：俯冲轰炸机联队；SKG：高速轰炸机联队；KG：轰炸机联队；G：运输机联队；LG：教导联队。

一些联队有荣誉称号，比如JG 51 "莫尔德斯"，即第51 "莫尔德斯"战斗机联队（莫尔德斯为二战初期德国著名战斗机王牌）。

每个联队一般由3至4个大队（Gruppen）组成，以罗马字母识别，如I/JG 52，表示第52战斗机联队第1大队。

每个大队下辖3个（偶尔有4个）中队（Staffeln），用阿拉伯字母标识，如2/JG 54，表示第54战斗机联队第2中队。

一个例外是侦察机大队，他们以远程侦察和近距侦察来区别。例如4.(F)/122，表示第122远程侦察大队第4中队；1.(H)/32则是第32近距侦察大队第1中队。侦察机部队一般由德国空军司令部直接指挥。

每个战斗机中队下辖3个四机编队（Schwarm），每个四机编队由2个双机编队（ROTTE）构成；而每个攻击机中队和俯冲轰炸机中队则由4个三机编队（Kette）组成。即标准的中队有12架飞机。

除了3个中队，每个大队的大队部辖一个四机编队。除了3至4个大队，每个联队的联队部还有一个直辖中队，因此一个联队的标准结构为：

联队部
第1大队：大队部、第1中队、第2中队、第3中队
第2大队：大队部、第4中队、第5中队、第6中队
第3大队：大队部、第7中队、第8中队、第9中队
第4大队：大队部、第10中队、第11中队、第12中队

联队的指挥官联队长的军衔从少校到上校不等；大队长一般是上尉或者少校；中队长可能是上尉，也可能是中尉甚至少尉。

数个联队会组成一个航空军（Fliegerkorps），用罗马数字来表示；或是一个航空师（Fliegerdivision），用阿拉伯数字来表示。有的时候，也会为了特定目的编成一个航空指挥部（Fliegerfuhrer）。

而德国空军在二战中最大的编制单位是航空队（Luftfotte），常由2个航空军、航空师或航空指挥部组成。

苏联空军的编制

在1941年夏苏德战争爆发的时候，苏联航空兵的编成较为繁杂，分为最高统帅部管辖的远程航空兵、方面军指挥的方面军航空兵、集团军下属的集团军航空兵；此外，还编有陆军航空兵和海军航空兵。

在战争初期的历次战斗活动中，这种繁杂的组织结构暴露出严重缺点，主要是不能集中空军兵力进行大兵团作战，空中力量被各方面军司令员、集团军司令员和最高统帅部分散使用。1942年4月，诺维科夫接替日加列夫任空军司令，开始对空军力量进行改组，将方面军、集团军和陆军航空兵整合为空军集团军。到1944年，苏联航空兵力量由以下部分组成：

苏联空军（司令员：亚历山大·诺维科夫空军主帅）、远程航空兵（司令员：亚历山大·戈洛瓦诺夫空军主帅，后于1944年12月6日编入苏联空军，番号为空军第18集团军）、国土防空军、海军航空兵和苏联民航。

国土防空军由歼击机军、师和团组成，此外还包括高炮和探照灯部队，主要用于要地防空。海军航空兵是配属给海军的独立的航空力量。苏联海军4大舰队和一些内河舰队均有自己的飞行部队。苏联民航在战时也执行各类运输、给后方游击队空投给养以及一些侦察任务。1942年4月26日，苏联民航划归苏联空军司令部指挥。

此外，红军最高统帅部还掌握有大本营预备队航空兵，由一些航空军和独立航空师组成。

苏联空军基本的战术单位是航空团（Polk）。名义上，1个航空团下辖2个中队，每个中队有9架飞机；此外，团部直辖3至4架飞机。随着生产线扩建和飞机产量的提高，到1942年中期，许多航空团的实力膨胀到3个中队，团部拥有3架飞机，包括1架长机和2架僚机。

从1942年年中起，旧的三机编队战术被抛弃，最基本的战术单位是双机编队（Para），由一名长机和他的僚机组成；2个双机编队组成一个四机编队（Zveno）。

一般情况下，2到5个团组成一个航空师（Diviziya），所有的团都配属给指定的师，用于具体的战斗地域。此外，苏军也有独立的侦察中队。

而最大的战术单位是航空军（Korpus），航空军是国土防空军、大本营预备队航空兵的基本构成单位。以大本营预备队航空兵为例，其下属的航空军一般由2至3个航空师组成，拥有的飞机从120至270架不等。

和德国空军的航空队对应，苏联空军最大的编制单位是空军集团军。各空军集团军配属给指定的方面军，用于独立的战略方向。每个空军集团军由数个航空军、独立的航空师组成。在战争中，苏联空军一共组建了17个空军集团军，每个集团军的规模根据战区的重要程度，其拥有的实力不等，少的数百架，多的达到了数千架。

每个航空军、航空师和航空团都用一个指定的、非重复的数字作为番号，比如第6轰炸机军、第282歼击机师、第402歼击机团等，这和英美航空兵类似。但不同的航空团下属的中队番号可能相同，这又和德国空军相仿佛了。

一些战绩卓著的单位可能会被授予"近卫"称号，成为近卫部队。其下属官兵也会赢得近卫军称号，比如近卫部队的大尉被称为"近卫军大尉"。在获得"近卫"称号后，部队番号也要重新排列。比如1944年8月19日，空军第16集团军下属的第431强击机团被升级为第174近卫强击机团；1944年10月27日，第205歼击机师升格为第22近卫歼击机师；同日，第2强击机军获得第3近卫强击机军的番号。

德国空军的主要装备

德国空军在第二次世界大战中投入的战斗机主要有两种：梅塞施密特Bf-109和福克·伍尔夫Fw-190。

Bf-109的服役时间很长，早期型号在西班牙内战时期就已投入使用，在二战中是打满全场的历史名机。在10年时间里，他经历了多次改进，新系列以后缀的英文字母表示，其中，B型、E型、F型、G型和K型产量较大。每个系列中如有较小的变动，则在字母后追加阿拉伯数字，如Bf-109 G6就表示是G型的6号亚型。战争爆发初期的Bf-109以F型为主，这是当时最先进的战斗机，速度、火力、机动达到了完美的统一。本书主要描述的是1944年之后的东线空战，Bf-109已大多换成了G型，后来又是K型。这两种型号的Bf-109和之前的F型有很大不同，更强调高速度、重装甲和强火力，灵活性已被放到了次要位置。

而Fw-190则是战争爆发后才投入使用的机种，1942年末在东线出现。在服役期间，他也派生出多种改型，其中以A型、F型、D型最为常见；特别是A型，共有A0至A10共11种亚型。在本书描述的时间段，东线德军装备的Fw-190基本为Fw-190 A5、Fw-190 A6。后期出现的装备液冷发动机的Fw-190 D9，则被誉为是二战中最杰出的战斗机之一，但产量不多。

由于Bf-109在不断进行有效的改进，所以Fw-190和Bf-109之间没有明显的替代关系。Bf-109的特色在于优良的中低速性能和超强的爬升能力。Fw-190虽然在低速时显得笨重，但在高速状态下（500公里/小时以上）操作却很灵活，火力非常强大，滚转率（改变机动平面的速度）在同时代的战斗机中更是遥遥领先。此外，Fw-190没有像Bf-109那样采用液冷发动机而使用了空冷发动机，战场生存能力较强。因为这一优点，到战争后期，加装了炸弹和火箭挂架的Fw-190的对地攻击型号（主要为F型）成为东线德国攻击机部队的标准装备，在完成对地攻击后，还可以与敌方飞机进行空战。

从苏德战争爆发起，德国空军的轰炸机部队的主力就是容克斯Ju-88和亨克尔He-111。重甲的He-111最主要的型号是H型，时速约400公里，载弹量约2000千克，航程为2000公里。在战争后期，这种飞机还被当作运输机使用。而Ju-88时速可达470公里，载弹量为1800千克，他是一种多用途飞机，可以用作水平轰炸机、俯冲轰炸机和侦察机，在战争后期，他甚至被用作夜间战斗机。

另一个德国著名的机种是容克斯Ju-87"斯图卡"俯冲轰炸机，斯图卡尖啸着向目标俯冲投弹是纳粹德国"闪电战"的象征之一。这种单引擎飞机速度大约在400公里/小时（D型的数据），其自卫火力也很贫弱，但他能把其装载的炸弹（D型在作战时通常载弹500千克）以惊人的准确度投向敌方目标。1943年以后的Ju-87以D型和G型为主，G型拥有2门37毫米机炮和1挺机枪，是专门的反坦克型号。但就综合性能而言，"斯图卡"从战争爆发起已显得过时了。

此外在1943年，德国人专门研发了新型对地攻击机以对抗苏军的钢铁洪流，这一产品就是亨舍尔Hs-129。这种外貌丑陋的攻击机拥有2挺机枪、2门20毫米机炮和1门30毫米机炮组成的恐怖火力，很快赢得了"坦克开罐器"的美名，其装甲防护也极为严实。但这种飞机行动缓慢（其最大的量产型Hs-129 B2最大速度为410公里/小时）、载弹量低、操作手感极为糟糕，因此性能比不上苏军的同类产品IL-2，产量也仅有1200架左右。

苏联空军的主要装备

在战争爆发初期，苏联空军的装备无法和德国空军相比。当时红军的主力歼击机是I-16，其最大速度比Bf-109 F慢了近100公里/小时，结构强度、火力也不如德国战斗机。但苏联科研人员和飞机设计师克服种种困难，在战争中发展出了足以和德国对手相媲美的雅科夫列夫的Yak和拉沃齐金的La两个系列的歼击机。

Yak系列最早的产品是Yak-1，这种飞机直接采用了松木、桦木为机身材料，工艺简单，这在战时极为重要，可以弥补大量的损耗，而且重量轻，机动性和爬升能力也非常出色。在战争中，Yak歼击机发展出了偏重型的Yak-7、Yak-9和轻型的Yak-1、Yak-3，Yak-9的性能已基本赶上同期的德国战斗机，而Yak-3更是被誉为二战中最优秀的轻型歼击机。

La系列第一个量产型号是LaGG-3。他在战争初期服役，但完全不能和Bf-109 F型相比，总体而言比较失败。后来设计师拉沃奇金对其进行了改进，换装大马力的空冷引擎，优化机身设计，先后研制出了La-5、La-5F和La-5FN等型号，其中1943年夏服役的La-5FN达到了很高的水平，是第一种在飞行性能上和同期的德国对手等量齐观的苏联产品。而La系列的终极型号La-7堪称第二次世界大战中苏联综合性能最好的歼击机。

此外，苏联还从西方盟国那里获得了一些飞机，最主要的是美国贝尔公司的P-39"飞蛇"击机。这种飞机因为高空性能不佳、操纵手感一般、航程短，在英美航空兵中口碑很差，但因其结构坚固、火力强大、低空性能良好，深得红军飞行员的喜爱。这种飞机的总产量为9558架，其中有4773架通过《租借法案》被分配给了苏联。

到1943年，苏联轰炸机部队的主力是双引擎的佩特利亚科夫Pe-2，老式的双引擎的DB-3和SB轰炸机已被其取代。Pe-2的优点是速度极快（时速接近600公里），几乎可以和Bf-109的早期型号相比，而且具备俯冲轰炸能力。缺点是载弹量小，只有1000千克左右。

伊留申IL-2强击机是苏联飞机制造业的一个奇迹，他是东线战场最有效的强击机，没有之一。他在战争开始时刚刚装备部队，这种飞机在要害处敷有装甲，极其坚固，对轻火力几乎完全免疫。到1943年，其主要型号为IL-2 M3双座型，有自卫机枪手保护后半球的安全。该机有2门机炮、2挺机枪，载弹量为600千克，除携带普通炸弹外，还可发射反坦克火箭弹和被称为"PTAB"的小型炸弹。在苏德战争中，每当地面部队遭遇困难，苏军指挥员的第一反应就是出动IL-2。IL-2堪称红色空军的象征，在德军中则有"黑死神"的绰号。

可以说苏德两国空军都是战术空军，都缺乏远程轰炸机，不像英美航空兵那样具备对敌人后方进行战略打击的能力。双方的中型轰炸机普遍自卫能力较差，比较依赖战斗机的保护。在战争初期德国人掌握了制空权，给苏联轰炸机部队以毁灭性的打击。而到1944年后红军歼击机控制了天空，德国人干脆把轰炸机部队撤出了一线战斗。就武器装备而言，到战争末期，德国人在战斗机的综合性能上可能还有一些细微的优势（如果考虑到他们划时代的喷气式战斗机梅塞施密特Me-262已经投入现役，这一差距可能更大），但是在对地攻击方面，苏联人一直占据上风，德国人始终没有开发出能和IL-2相媲美的产品，更毋论其后继机型IL-10了。

纳粹德国的军事荣誉

纳粹德军的军事荣誉勋章有多个层级。从低至高为二级铁十字勋章、一级铁十字勋章、骑士铁十字勋章、橡叶骑士铁十字勋章、宝剑橡叶骑士十字勋章、钻石宝剑橡叶骑士十字勋章、金钻石宝剑橡叶骑士十字勋章。

一般来说，骑士铁十字勋章已是相当高的荣誉，在第二次世界大战中获得者约7500人，其中1730人为德国空军军人。

橡叶骑士铁十字勋章的获得者有860人，空军中的获得者有192人；宝剑橡叶骑士十字勋章在战争中颁发了154枚，空军中的获得者有41人。

钻石宝剑橡叶骑士十字勋章的获得者有27人，其中12人来自空军。这基本已是二战中德国军人的最高荣誉。

金钻石宝剑橡叶骑士十字勋章只发过1枚，按照希特勒的本意，这种勋章是准备在德国获胜后颁给战争中表现最杰出的12名军人。但到战争结束，仅有著名的攻击机王牌、有"斯图卡上校"之称的第2攻击机联队联队长汉斯·鲁德尔上校于1944年12月29日获得。

理论上，纳粹德国的最高军事荣誉勋章是

大十字勋章，但被戈林一人独占，他人不可能染指，故不做谈论。

德国的每种勋章个人仅能获得一次。

苏联的军事荣誉

在二战中，苏联军人较普遍的荣誉勋章有红星勋章、红旗勋章和列宁勋章。在战争中，红星勋章颁发了286万枚，红旗勋章颁发了58万枚，列宁勋章颁发了4.1万枚。

苏联方面较高的荣誉是"苏联英雄"称号，级别大约等同于德国的骑士铁十字勋章。在卫国战争中，有1.1万名获得者，含2420名空军军人。其中104人（65人来自于空军）两次荣获这一称号；而仅有3人三次荣膺"苏联英雄"，包括2名红军歼击机王牌——亚历山大·波克雷什金和伊万·阔日杜布。

获得"苏联英雄"必须表现出大无畏的勇敢精神，有突出的业绩。这不是一种军事勋章，而是一种荣誉。"苏联英雄"称号的获得者将同时获得列宁勋章和金星奖章，因此金星奖章并非一种独立的军事奖励。只有很少的人能多次荣获"苏联英雄"称号，他们同时也能赢得多枚金星奖章。

1942年5月20日，苏联设立了一级和二级卫国战争勋章。一级有35万人获得，二级的获得者超过100万人。

此外，苏联还为"成功组织和指挥作战，为战斗胜利做出杰出贡献"的指挥员设立了勋章，主要有：

一级、二级和三级苏沃洛夫勋章，1942年7月29日设立。约4000人获得三级，2800人获得二级，390人获得一级。

一级、二级库图佐夫勋章。在战争中约3300人获得二级，一级获得者约660人。

亚历山大·涅夫斯基勋章。在苏德战争中颁发了约42000枚。

苏联的勋章个人可重复获得。

战绩认定

当一架敌机是由多于一个飞行员击落的时候，各国对此战果的统计方法是不相同的。德国空军通常把战绩是归于那个军衔最高或战绩最高的人；而苏联空军则把每个人的战绩分为个人战绩和集体战绩两种，当然这给战绩计算和王牌的排名上带来了不少麻烦。

在第二次世界大战中，各国空军高估战果（即所谓的"Overclaim"）是相当普遍的现象。在步调极快、生死系于一发的空中搏斗中，飞行员肾上腺素大量增加，进而引起身心、思绪、注意力的变化，再加上受个人环境观察能力所限，对空战过程的记忆及对周边事件的了解完全可能与事实有异。在东线战场，又要加上地面战线流动很快、实地鉴证困难、资料散失等因素，所以宣称战果和实际情况常有不同。这种情况即使是到了战后档案公开，也很难进行考证。所以对战争中王牌飞行员的战绩，一般就以公认数字为准。

就确定战绩的程序而言，苏联空军和德国空军都相当严格。当然具体执行起来，会有各种各样的问题。此外和大家一般认为的不同，苏联空军的集体战绩也分得十分细致，在档案里会出现3/12（12架飞机共同击落3架敌机）、1/4（4架飞机围攻击落1架敌机）等数字，但在一般书籍中就没有必要明示了。

外篇：黑十字与红星
1941-1943

一个显而易见的事实是，在1941年6月22日苏德战争打响的时候，德国空军（Luftwaffe）的水准远在其对手苏联空军（VVS）之上。苏联飞行员只能以落后的装备去对抗当时世界上最为先进强大的空中力量。在苏联的武器库中，没有一种歼击机能和梅塞施密特Bf-109的最新型号——Bf-109 F4等量齐观；在攻击机方面，德军的Ju-87"斯图卡"的攻击精度之高，是苏联的同类产品所无法比拟的；德国双发中型水平轰炸机的速度和载弹量指标毫无疑问是世界一流；而Fw-189视野广阔、速度快、自卫火力凶猛，在那个时代的侦察机中无出其右。

但是苏联人并没有被吓倒，而是奋起直追：其军用飞机的性能提高很快，考虑到战争初期苏军一溃千里，主要工业基地丢失，这一成就是在苏联人将其航空工业从西部千里迢迢搬迁到东部的前提下完成的，可谓殊为不易。伊留申的IL-2在1941年6月入役后表现杰出，被公认为二战中最优秀的强击机；双引擎的Pe-2轰炸机也达到了很高的水准。

在20世纪30年代初期，由波利卡尔波夫设计的形体短粗的I-16和双翼的I-153曾引领风气之先，但到战争爆发时已经落后，处于被Mig-3、LaGG-3和Yak-1取代的过程中。后3种飞机性能与德军1939至1940年的主力战斗机Bf-109 E类似，但与F系列比则明显不及。这样，战争初期在技术装备上，苏联和德国大约有一年多的差距。而西方盟国紧急运来的装备——无论是英制的飓风，还是美制的各种型号的P-40"小鹰"甚至P-39"飞蛇"，也不能改变这种状况：单就飞行性能而言，这些西方产品都比不上Yak-1。

在训练水平和战术上，德方也也明显占优。同时代的德军战斗机飞行员在分配到部队时至少拥有250小时的飞行经验，而苏联飞行员却大多只有8至10个小时的飞行记录，这里面有两个原因：一是在战争可能爆发的压力下，1938年后苏联空

▲一群苏联飞行员在1架早期批次的La-5前。1942年夏La-5入役时，他还远不尽人意，和同期的德国战斗机相比，无论速度和机动性都要逊色不少。这一情况到La-5FN服役后才得到改观。

军急剧扩展，这时数量而不是质量被放在了第一位，二是由于"肃反"的压力，一切训练事故都可能被解释为"反党、叛国分子的恶意破坏"使当事人遭到严惩，这让各航校首先注重的是不要出事故而不是强调从实战出发进行训练。由于飞行时间过少，普通苏联飞行员的个人技术远不如他们的德国同行。在苏德战争爆发时，德国空军由莫尔德斯等人发展出的"四指队形"已经历了多年实战，再结合Bf-109优越的垂直面性能，德国人已有了一整套成熟的空战战术。而苏联空军在1941年到1942年中期仍然主要采用三机V形编队而不是德式那种松散的双机编队，这样飞行员在飞行时必须把更多的精力放在保持队形上，从而降低了空战时的灵活性。此外，德方还有一个非常重要但常常被人忽视的优势：他们的所有飞机都装备有无线电收发设备，与之相比较，在战争头2年，大部分苏联飞机的无线电基本不管用。而只有在空中能进行即时交流的前提下，复杂的编队战术才有实现的可能。装备缺陷、疏于训练，再加上战术落后，红色空军在战争初期损失惨重也就不难理解了。为了弥补损失，苏联人不得不简化飞行员的培训课程以求迅速填补一线部队的缺员，但这些训练不足的菜鸟又更容易在空战中败北：苏联空军陷入了可怕的恶性循环之中。

东线德国空军的另一个特点加大了他们的优势，那就是拥有一批战争史上空前、恐怕也是绝后的精锐飞行员群体。这些后人所称的"空战精英"个个身经百战，他们在20世纪30年代初期的西班牙内战中开始崭露头角，又在法国战役、不列颠空战中和西方盟军进行了激烈较量，对这批顶级人物以及他们那些缺乏历练的战友而言，苏德战争的头2年成了他们赚取经验的最好舞台。明了这一点有助于我们理解东线空战的特殊性。

在德国飞行员中，执行过1000次战斗任务的不在少数。而同期英国皇家空军和美国陆航的顶级王牌，大多在出击150次后就会退出一线战斗。1941至1943年，这些德国尖子面对的，往往是只在飞行学校里飞了十来个小时，驾驶着过时飞

▲ 苏联空军初期的一个重要弱点就是侦察机太少。在20世纪30年代搞出R-5和R-Z后，苏联人没有继续开发新型号的侦察机。到苏德战争爆发时，R-5和R-Z这些双翼机已完全过时了。苏联人只好用歼击机和轰炸机来执行侦察任务，后来他们发现Pe-2最适合这个角色。本张照片上的飞行员是亚历山大·特卡琴科（Aleksandr Tkachenko），他是红军中最著名的侦察高手。战争爆发初期即已参战，到1944年，他在第13航空侦察团（13 ORAP）共执行了175次航拍侦察任务，于1945年2月23日荣获"苏联英雄"称号。特卡琴科于1980年3月26日去世。

机、刚刚参战的苏联菜鸟。"空战精英"在东线的重要作用是不言而喻的。可以说，西方盟军在战争中从未遭遇过如此大规模的王牌群体，而苏联空军从战争第一天起就面对这样可怕的压力。

在德方的优势面前，苏联表现出了不屈不挠的战斗意志和超强的工业生产潜力。战争的头一年半，尽管面对的局势是如此绝望，但是红色战鹰们拒绝屈服，到1942年下半年，他们首先争得了数量上的优势，不过就飞行员的平均质量而言，也差不多跌到了最低点。以至于在1941至1942年间，"火焰突击"——也就是撞击敌机以求同归于尽，成了红军飞行员常用的攻击手段之一。

到了1942年末至1943年初，德国第6集团军困在斯大林格勒的冰天雪地中等死的时候，苏联空军的现代化终于大体完成。歼击机的主要机种为LaGG-3、La-5、Yak-1和Yak-7B，强击机团以重甲的IL-2为主力，轰炸机部队也换装了Pe-2中型昼间轰炸机和IL-4中型夜间轰炸机。一些老式飞机——主要是双翼的U-2，被改装为夜间轰

炸机，负责在夜空中袭扰，让敌人整晚都不得安宁。这种战术是如此有效，以至德国人也如法炮制，从1942年秋季起，把他们过时的双翼机也拉到前线执行同样的任务。

当然德国人也研制出了更新更好的飞机。在1942年年中，Bf-109 F4的后继者Bf-109 G2入役，到了年底，Bf-109 G6也出现了。从1942年秋季起，重装甲、强火力的Fw-190 A被越来越多地部署到东线。一开始，Fw-190只作为战斗机使用，但到了1943年春，攻击机部队也装备了其对地攻击型号。此外，面对红军的坦克洪流，德军还增添了两种专业反坦克飞机——双引擎的Hs-129和Ju-87的G型。

到1943年夏末，所有驱逐机单位都离开了东部战线。德军的驱逐机联队装备的是双发的Bf-110。长期以来，这种战斗机被认为是一种不太成功的产品，但其实作为一个多面手，Bf-110干得很不错。刚开始他作为一种单纯的战斗机使用，后来又承担起夜间战斗机、对地攻击机和侦察机多种角色。事实上，由于多个战区对其需求急迫，才导致驱逐机联队被调离苏联。不过，仍有一些Bf-110留在了东线，作为侦察机和夜间轰炸机使用。

1943年，苏德空军有过两次大规模的较量：一次是在春天的高加索西北部，即所谓的库班大空战，另一次则是夏季的库尔斯克战役。这两仗打下来，苏联空军中保守和落后的因子彻底消失了。到1943年春，德国空军在战争前4年积累的压制敌人的先进方法及手段，苏联空军在付出大量的鲜血和生命做学费后，基本学到手了。

现在对苏联人而言，主要工作是在战争中积累先进战术的运用经验，并提高飞行员的训练水平。到1943年底，这一目标基本实现。而同年随着La-5FN的入役，意味着不亚于德国同类产品的战争利器，红军飞行员也终于获得了。

空前绝后的战略转折

第一章 CHAPTER 01

东线中部战区的空战 1941-1943

1941年6月22日，希特勒启动"巴巴罗萨"计划，苏德战争爆发。在入侵部队中，德国中央集团军群是北方、中央、南方3个集团军群中最庞大的一支。而负责为中央集团军群提供空中掩护的，是由阿尔贝特·凯塞林（Albert Kesselring）元帅指挥的第2航空队。他也是当时德国空军中最强的航空队，下辖2个航空军：第8航空军由德军著名的近距支援专家——沃尔夫拉姆·冯·里希特霍芬（Wolfram Freiherr Von Richthofen）将军指挥；第2航空军则由布鲁诺·勒尔策（Bruno Loerzer）将军统领。

在"巴巴罗萨"行动的初始阶段，无论是中央集团军群还是第2航空队，都战绩彪炳，让他们对手的损失超出想象。苏联的西方方面军是第2航空队的主要攻击目标。在战争的第一天，第2航空队就干掉了对手1789架飞机中的738架，其中大部分是德军不宣而战，空袭苏方机场时击毁于地面的。在战争的头2周，西方方面军62.7万人损失了40万人，主力遭到被包围歼灭的命运。

兴奋的德国参谋本部以为万事大吉，但中央集团军群和第2航空队很快发现不是那么回事：尽管苏军被大批消灭，但其后备部队还在源源涌来，反击凶狠而坚决。仗打了4周，德军已经走完了至莫斯科三分之二的路程，但在斯摩棱斯克（Smolensk），苏联的增援部队顶在德军前面，死守不退。而为了实现包围列宁格勒的目标，希特勒命令第8航空军北上驰援北方集团军群，此举无疑是苏军在1941年夏未能暂时挡住中路德军攻势的重要原因。

中央战区成了东线苏军最早和德军形成对峙的地区。苏联空军也在这一带取得了空中优势。对应德国第2航空队一半的兵力被调走支援第1航空队，苏联西方方面军航空兵的实力却增强了，其得到了3个新成立的方面军——中央方面军、布良斯克方面军和预备队方面军飞机的支援；此外，苏联空军的战略力量——远程航空兵（DBA）也贡献了部分兵力。1944年8月11日，德国参谋本部的战争日志里记载，在德国第9集团军上空，红军已取得了制空权。这样在东线，中央集团军群的一些部队第一次转入了防御。

◀ 沃尔夫拉姆·冯·里希特霍芬，出生于1895年，一战期间从骑兵转为飞行员（他是传奇人物"红色男爵"曼弗雷德·里希特霍芬的远房亲戚），在第一次世界大战中先后击落过8架协约国飞机。20世纪30年代起，他先后担任兀鹰军团、第8航空军、第4航空队和第2航空队的指挥官，参加了西班牙内战、轰炸华沙、法国战役、不列颠空战、克里特岛战役、"巴巴罗萨"计划、1942年克里木战役、斯大林格勒战役以及意大利空战等几乎全部德国空军的重大战役，1943年2月斯大林格勒战役后被晋升为元帅。他是俯冲轰炸和低空协同作战的最有力支持者，希特勒最欣赏的空军将领之一。1945年7月12日，他因脑癌在奥地利去世。

在中路停顿了2个月后，希特勒最终决定，9月30日，中央集团军群将发起对苏联首都的进攻，计划代号为"台风"（Taifun）。随着第8航空军归建，第2航空队实力大增，天空再次被德国人所控制。在10月份，德国中央集团军群复制了6月份的成功，取得了惊人的战术成就。中央方面军、布良斯克方面军和预备队方面军——这些斯大林准备用来保卫莫斯科的部队——被德国人合围，从9月30日至11月5日，红军阵亡和失踪高达50万人。无疑，当时苏军还没有找到对付德军装甲部队纵深突破的方法，而且后备兵员的训练水平也明显不足。

但是时间对德国人不利。在取得包围战胜利的同时，深秋的冻雨夹着雪花倾绵绵而下，通往莫斯科的土路一下变成了烂泥塘。俄国威力无双的"烂泥将军"终于出手了，给德军后勤供应带来了极大的困扰。而苏联人这方面的麻烦要小得多，毕竟其有内线优势，且可以通过窄轨铁路各方支援莫斯科。对德军而言，更严重的打击是在部队的心态方面——胜利似乎近在眼前，德军变得谨小慎微，不愿再承担风险了。而俄国人倒是意志坚定：为了保卫首都，他们将不惜一切代价！

直到11月中旬冬天来临，地面被冻硬，德军总算能继续东进。11月末，天气一天比一天冷，到了12月初，温度到了零度左右甚至是零下。和人们一般认为的相反，此时气候条件对德军装甲矛头前行其实是有利的，但是斯大林正在积聚力量，准备反击！

为了保卫莫斯科，苏联人调来了最好的部队，最精良的装备，尽管德国人已经可以在望远镜里看见克里姆林宫上的红星，但在红军的坚强防御前再无法前进一步！纳粹几个月来的大吹大擂起到了适得其反的效果。此前希特勒宣称，"我们只要在门上踢一脚，整个破房子就会倒下来"，这种预言现在成了一个笑话。而第2航空队司令部和第2航空军也被调到了地中海战区，支援中央集团军群的只有冯·里希特霍芬将军指挥的第8航空军了。

1941年12月初，红军以高昂的士气，信心满满地从莫斯科发起了反击。他们机敏地绕过德军的防御支撑点，直接杀向其后方制造混乱。1942年1月初，苏联西方方面军和加里宁方面军对德国中央集团军群一阵猛攻，在其防线上撕开了一个大口子；后者阵脚大乱，在很短时间内，整个中央集团军群有全面崩溃的危险。但是德国空军迅速派来了援兵，再加上里希特霍芬将军卓有成效的努力，终于力挽狂澜于既倒。

而约瑟夫·斯大林这时犯了头脑发热的毛病。他命令各部队于整条战线上——南至黑海、北至列宁格勒——全线出击，分散了自身的力量，这成为苏军冬季大反攻没取得预期成果的致命因素。西方方面军司令员朱可夫大将指挥的意图消灭中央集团军群的攻势也没能成功。其展开的兵力过于稀薄，在广阔且无遮挡的雪原上，成为各类德国飞机易于猎杀的目标。此时德军甚至将Bf-109战斗机也投入到对地攻击中。

为了弥补1941年巨大的消耗，苏联空军不得不接受了大批缺乏训练的新手，此类菜鸟遇到训练有素、经验丰富的德国飞行员基本没有获胜的机会。在1月8日至4月20日的勒热夫-维亚兹马（Rzhev-Vyazma）攻势中，苏方记录先后有550架飞机被毁，这样中部战区从发动反攻起，空军飞机已损失过半。例如加里宁方面军航空兵的第6强击机团到4月3日能出动的飞机不过3架IL-2；同日，第128俯冲轰炸机团只余6架Pe-2。第3突击集团军下属的3个歼击机团只剩12架I-16尚可运作，而配属给第4突击集团军的4个歼击机团合起来也只有12架LaGG-3了。

德国第8航空军下属的战斗机部队——第51"莫尔德斯"战斗机联队（该联队以德国空军传奇人物维尔纳·莫尔德斯上校命名）无疑是德军获胜的最大功臣。从1941年11月至1942年4月，他们宣称以35架Bf-109被击落击伤的代价，消灭了近500架敌机。1942年4月8日，51联队总战绩站上3000架大关。

尽管苏军在1941年末至1942年初的冬季攻势中没有达到歼灭德军主力的目标，但也迫使中央集团军群打起了防御战。对德国而言，这一失利相对此前数月取得的成功只是一小片阴影而已。德军在随后的春季已有所复苏——此时化冻的泥泞终结了双方大规模军事行动的可能——当然，德国人在战争第一年付出的沉重代价使他们彻底恢复的可能性为零。希特勒于1942年4月5日发出指令，开始组织下一个夏季攻势。

由于1941年遭受了相当的损失，德军无疑没有实力再发动全线攻击，因此"元首"决定，从1942年夏季发起的攻势——代号为"蓝色方案"（Blau），将摧毁苏联的经济基础，目标是夺取高加索地区的油田以剥夺斯大林的燃料来源，迫使苏联举手投降。

希特勒很清楚，苏联人在莫斯科周边的防御力量强大，德军已没有实力直接拿下苏联首都。但他准备进行一次战略欺骗，诱使苏方相信德军下次攻势仍将指向莫斯科。这样红军最强大的部队、最精良的装备仍集结在中央方向，而德国人却悄悄将中央集团军群的部分地面和空军部队调

▲ 东线1名Ju-88飞行员完成侦察任务返航后接受祝贺。德国侦察机配备的光学镜头制作精良，在战争初期对其他参战国优势明显。在德国战争艺术中，航空侦察起着至关重要的作用。在"巴巴罗萨"行动之前，德国空军航拍了苏联西部边境线上全部的重要军事设施。但后来，由于对手的战斗机部队日渐强大，德方的空中侦察变得越来越困难了。

▲ 1架被击落的苏军图波列夫SB轰炸机。这种双引擎的"快速轰炸机"是30年代的产品，碰到Bf-109只有挨打的份，而且战争初期苏联空军护航机制问题多多，轰炸机出击时往往都没有歼击机护航。这样，在1941年秋，SB蒙受了惨重的损失，后基本转为夜间出击。图中前景可见一名机组成员的坟墓。

往南方，那里将成为苏德战争新的焦点。原来在南线作战的南方集团军群被一分为二，由北而南分为：B集团军群——目标斯大林格勒；A集团军群——目标高加索。

1942年春，第8航空军司令部和冯·里希特霍芬将军被调到了南方的第4航空队。一些轰炸机、驱逐机和攻击机大队也随第8航空军司令部南下了。他们都出现在1942年5月的克里木东部、哈尔科夫以及6月在塞瓦斯托波尔的战斗

▲ 苏军的双引擎DB-3F型轰炸机，1942年更名为IL-4，这种飞机是苏联远程航空兵（缩写为DBA，后来变为ADD）的中坚力量。1941年夏，DB-3F在出动时由于缺乏歼击机掩护，战损极多。这样在数个月后，苏联远程航空兵只能用其执行夜间任务，这使他的损失从1941年的1150架猛降至1942年的396架。

▲ 1941年冬季，东线的1架Ju-87B。从1941年末至1942年初，德国人不得不克服严寒给他们带来的麻烦。在这个冬天，德国空军为阻止红军的大反攻做出了重要贡献。

中。而中部战线的德国飞行部队改由冯·格莱姆（Von Greim）将军的德国空军东部战区指挥部（Luftwaffenkommando Ost.）指挥，格莱姆此前是第5航空军的司令官。

由于未能攻占莫斯科，也没能防住红军的反攻，希特勒解除了中央集团军群司令官冯·博克元帅的职务，冯·克鲁格元帅接替了他。克鲁格手下最能干的将军无疑是第9集团军司令官莫德尔将军，此时他的部队向东深深嵌入苏军防线，距离莫斯科不到200公里。这无疑吸引了苏军的注意力，为6月28日开启的"蓝色方案"创造了相当有利的条件。

在南部战区，轴心国调集了130万士兵、1495辆坦克和1850架飞机，在数量上和当面红军基本相当，但是德国人无疑享有相当大的质量优势。在遭到突袭后，苏军措手不及，只能后撤。7月初，顿河上的重镇沃罗涅日（Voronezh）落入德军手中。

为了分担南部的压力，苏军对中央方向的中央集团军群发动了大规模进攻。7月30日，加里宁方面军在德国第9集团军北翼所谓勒热夫突出部挑起战斗。此时苏联空军已经完成了重大改组。老的"方面军航空兵"（Front Aviation）及航空团直接配属给地面部队的做法，变更为更有效率的组织形式：空军集团军。米哈伊尔·格罗莫夫（Mikhail Gromov）少将指挥的空军第3集团军（简称空3集）负责为加里宁方面军提供空中掩护。在战斗打响前，空3集得到了2个航空兵师的加强，这样他们可以动用第212强击机师（212 ShAD）、第264强击机师、第211近距轰炸机师（211 BBAD）和第285近距轰炸机师猛烈空袭德国第87和第256步兵师的阵地。这一行动得到了空军第1集团军（简称空1集）的支援，空1集是配属给加里宁方面军南翼的西方方面军的航空部队。从1942年4月起担任苏联空军司令员的亚历山大·诺维科夫将军负责协调这次空中攻势。进攻取得了速胜。德国历史学家沃纳·豪普特（Werner Haupt）记述："由于有空中优势和坦克支援，苏军在进攻的第一天就在第87和第256步兵师防线的结合部打开了缺口。"很快，西方方面军的地面部队也加入了进攻中。

战略重心南移无疑让其他战区的德军处于危险之中。原来空军战斗机部队的头号精锐——第51战斗机联队（JG 51），也失去了之前的核心地位。一些顶级飞行员在1941年至1942年的战斗中阵亡，另有一些尖子被调往第4航空队。此外，和其他部队相比，51联队的装备也逐步过时了。

从1941年夏季起，大多数的德国战斗机部队已用发动机更为强劲的Bf-109 F4型替代了原来的F2型。但到了1942年夏,Bf-109 F2还是51联队的主力装备,有几架1940年秋季入役的Bf-109 F1仍在充数;而别的联队甚至已开始换装更新型的Bf-109 G2。红军第27歼击机团于1942年夏季从中央战区调到了南方,该团的王牌飞行员阿日卡金·科瓦切维奇(Arkadiy Kovachevich)上尉后来回忆,他在南线遭遇的德军战斗机比中部战线的更有威胁。到1942年8月,51联队自苏德战争爆发后已损失101架Bf-109,其中75架毁于战斗。在飞行员中,亦有几位王牌伤亡。

苏军的进攻以及空军第1集团军和空军第3集团军带来的强大压力,让德国空军只能设法调集一些部队增援筋疲力尽的第51战斗机联队和东部战区指挥部。此时,在高加索正是双方势均力敌之际,而斯大林格勒战役也才刚刚开始,第4航空队却只能放行部分单位去次要战区。

在获得类似前任所有的强大兵力后,德国空军东部战区指挥部在挡住苏军攻势中成绩斐然。由于中央集团军群此前已做了长期固守的准备,在整个春天,克鲁格和莫德尔都在卖力地修理地球,在其部队后方建设了梯次配置的防御地带,让前来进攻的红军死伤累累。加里宁方面军和西方方面军在付出近20万人的损失后——其中超过5万人阵亡或失踪——仍无法削平勒热夫突出部。从7月30日至8月23日,空军东部战区指挥部上报击落了547架苏联飞机。

在南方,德国人夺占高加索石油产地格罗兹尼和巴库的企图遭到失败。苏联空军无疑在保卫高加索的战斗中起到了重要作用。但苏军的这一成果很快受到北边斯大林格勒战事的威胁。如果德国人攻取了斯大林格勒并继续向伏尔加河以东推进,高加索石油运输通道将有被切断的危险。

制空权无疑是斯大林格勒战役成败的决定性因素。当德军于1942年8月23日发起进攻时,他们差不多享有2:1的数量优势,迫使苏联人紧急调动部队。初夏,加里宁和西方方面军得到优先补充。现在形势变了,红军精锐纷纷赶往斯大林格勒地区,大批的航空兵部队以及那些成名人物,

▲ 1张摄于苏联Pe-2轰炸机内部的照片。

▲ 1架东线战场上的Ju-88侦察机。

▲ 冯·格莱姆,1892年出生,加入德皇军队后于1915年转为飞行员,一战中先后击落28架飞机,因此荣获德意志第二帝国最高勋章:蓝色马克斯勋章。两次世界大战之间曾前往中国,帮助国民政府训练空军部队。在纳粹上台后重新加入德国空军,二战爆发后参与波兰战役、挪威战役、不列颠空战和侵苏作战。他在东线空战中扮演了重要角色,是苏德战争后期德方最出色的空军指挥官,希特勒最倚重的空军将领之一。1945年4月26日,他晋升为元帅,接替戈林成为最后一任空军司令。战败后于1945年5月24日服毒自杀,在临死前叹息:"我身为德国空军司令,却已无空军。"

如俯冲轰炸专家伊万·波尔宾（Ivan Polbin）、IL-2王牌安德烈·维特鲁克（Andrey Vitruk）、空战高手阿日卡金·科瓦切维奇等，都从中部战区被派到了南线。他们浴血奋战，为斯大林格勒战役的胜利打下了坚实基础。当然，中部战区的空军第1集团军和空军第3集团军相应被大大削弱了。

由于持续损失却没有得到有效增援——现在红军的战略重点是在南部战区——让空军第1集团军和空军第3集团军的实力到1942年10月1日时分别下降到323架和247架飞机。

与此同时，第51战斗机联队得到了他急需的新装备。8月份，51联队第1大队用新式的福克·伍尔夫Fw-190换掉了老式的Bf-109 F1和Bf-109 F2，多少弥补了51联队第2大队被调离东线的缺憾。1942年秋季，因为中部战局稳定，第2大队

▲ 1位第54战斗机联队的飞行员和本联队联队长特劳洛夫特（Trautloft）少校的座机的合影，这是1架Fw-190A，拍摄时间约为1942年末至1943年初。可见飞机上有"绿心"图案，这本是特劳洛夫特个人的纹章，后被全联队使用，所以第54战斗机联队有"绿心联队"之称。但后来这种标志成了激发苏联飞行员斗志招来攻击的原因：因红军中谣传驾驶绘有绿心图案飞机的飞行员都是空战王牌。所以从1943年起，"绿心"就逐渐从54联队的飞机上消失了。

被调到了地中海方向，那里从1942年年中起，局势颇有点不妙。希特勒进攻苏联时在东线集中了德国陆军和空军的主力，由于当时英国只有皇家空军还能制造点麻烦，所以德国人在西线和北非只部署几个陆军师和少量的飞机就足以应付。但当"元首"于1941年12月对美国宣战后，一切都变了。在得到了美方充分的物资补给后，1942年11月初，英国蒙哥马利中将于阿拉曼击败了隆美尔的德国非洲军，北非战局出现了逆转。很快，英美联军又在法属北非——摩洛哥和安哥拉地区登陆，出现在隆美尔的后方。这迫使德国统帅部只能从其他战区——包括东线——抽调相当多的部队以应对这一威胁。

在整个秋天，瓦西里·伊万诺维奇·崔可夫将军指挥的苏联第62集团军（后因功被授予近卫军称号，番号改为近卫第8集团军）在已变成废墟的斯大林格勒苦苦坚持，死守在伏尔加河畔，将德国最强大的一个集团军——第6集团军牵制在城内并使其鲜血四处流淌。利用这一宝贵时间，苏联人在斯大林格勒两翼聚集了强大的反攻部队，准备包围歼灭德国第6集团军，这就是著名的"天王星"计划（Uranus）。

而鲜为人知的是，"天王星"计划仅仅是红军大反攻的南线方案。在中部，红军最高统帅部也准备发动凶猛的攻势，以求打垮中央集团军群，战役代号为"火星"计划（Mars）。该战役将由朱可夫负责实施。红军的意图是，在第一阶段先对勒热夫突出部发起钳形攻势，加里宁方面军将在白比姆（Belyy）地区攻击突出部西翼，西方方面军则在瑟乔夫卡（Sychyovka）附近进攻突出部东翼，目标是围歼盘踞在勒热夫-瑟乔夫卡地带的德国第9集团军。在第二阶段，红军将发展胜利，摧毁中央集团军群的残余力量。这一切的前提是加里宁方面军必须夺取战略要地——大卢基（Velikiye Luki）。大卢基位于勒热夫突出部西面80公里处，是连接中央集团军群和北方集团军群的关键地域。朱可夫放弃了南线"天王星"计划的指挥权，专门奔赴中部战区领导本次进攻。

▶ 1架第54战斗机联队第1大队的福克·伍尔夫Fw-190 A型战斗机。1942年末,这种战斗机开始在东线部署,很快就显示出适合在本战区作战的特点。Fw-190结构坚固,可以在东线简陋的野战机场上起降,同时拥有强大的火力,足以对付装甲厚重的红军IL-2强击机。

为了组织攻势,加里宁和西方方面军得到了很大加强。在"火星"计划启动前夜,2个方面军已拼凑了190万人、24682门火炮和3375辆坦克。支援加里宁方面军的格罗莫夫少将的空军第3集团军从大本营预备队接收了4个航空军——第1轰炸机军、第1强击机军、第2强击机军和第1歼击机军,实力膨胀到1000架飞机,其中强击机不少于454架,歼击机有320架。由于某些原因,谢尔盖·胡佳科夫(Sergey Khudyakov)少将的空军第1集团军倒是没分到多少援兵,到11月20日,其账面上有272架飞机,含94架IL-2、79架歼击机和86架轰炸机。

这样空1集和空3集现在和当面的德国空军东部战区指挥部比,享有4:1的数量优势。在1942年11月20日,格莱姆将军手里只有300余架飞机可以动用,包括114架轰炸机、17架Ju-87俯冲轰炸机、8架Hs-129攻击机、68架战斗机(含12架Fw-190)、11架运输机、67架战术侦察机和54架战略侦察机。具体单位有:

第1轰炸机联队联队部、第1大队、第2大队(Ju-88);

第3轰炸机联队联队部、第1大队、第3大队(Ju-88);

第4轰炸机联队联队部、第1大队、第2大队(He-111);

第2俯冲轰炸机联队第3大队(Ju-87);

第51战斗机联队联队部(Fw-190和Bf-109)、第1大队(Fw-190)、第4大队(Bf-109)、反坦克中队(Hs-129);

第3战斗机联队第2大队(Bf-109)。

此外,德国空军首支夜袭中队也归属德国空军东部战区指挥部节制,包括了一些像Ar-66和Go-145等"可以进航空博物馆"的老式飞机。和红军装备U-2、R-5、R-Z的夜航轰炸机团干的活一样,其主要是在夜间执行袭扰任务。

在空中,德国空军的侦察力量仍比苏联强,这让德国人及时发现对手在集结。格莱姆的远程侦察机不断观测到苏军在展开新的军团,到11月初,德军参谋本部预判出了朱可夫的意图,部署了反制措施。中央集团军群枕戈待旦,并组织了10个师的机动兵力作为预备队。而由于斯大林格勒的激战,通过伏尔加河运输的高加索石油出现梗阻,严重影响了红军的燃料供应。例如,拥有30架LaGG-3的第522歼击机团因为缺乏油料,从11月到12月有4周的时间集体趴窝。基于同样的原因,空军第1集团军和空军第3集团军的其他部队也大幅削减了出动频率。缺乏空中掩护让"火星"计划一开始就充满了不祥。

11月24日,加里宁方面军下属的第3突击集团军在浓雾中开始进攻大卢基。次日,加里宁方面军从西翼的白比姆,西方方面军从东翼的瑟乔夫卡夹击勒热夫突出部。但德军的防御工事异常坚固,炮火猛烈,红军伤亡惨重。由于燃料不足,苏联空军只能把护航歼击机留在地面,单独让IL-2和Pe-2去轰炸德军的炮兵阵地和防御支撑点。而空军第3集团军虽然在数量上大幅增长,但是空勤人员的质量实在让人皱眉头。这些菜鸟驾驶的强击、轰炸机刚上战场，就撞上了身经百战的第51战斗机联队的老手——其中不少人已经改飞福克·伍尔夫Fw-190。新式的福克战斗机装有4门加农炮，就是重甲的IL-2也很难扛得住其凶猛的火力。

12月4日，格莱姆所部记录苏联空军在其防区出现了571个架次，而前晚还有397次夜航出击记录。51联队上报击落了35架苏机，己方无一损失。在整个白天，Bf-109和Fw-190以小编队掠袭苏机，后者的20毫米机炮齐射能轻易地将红军强击机轰成碎片。在4日击落的31架IL-2中，装备Fw-190的51联队本部和第1大队包揽了大部分战果。在火星战役开始后不久，51联队第3大队也赶回前线，此前他们在德国国内将Bf-109换成了Fw-190。苏方文献承认，从11月24日至12月16日，仅在勒热夫突出部（不包括大卢基地区）红军就损失了120架飞机。

朱可夫战后总结，西方方面军未能攻击得手，失去制空权是重要的原因。由于空军歼击机的不作为，得到一些临时补充的德国空军东部战区指挥部下辖的轰炸机和攻击机部队，把苏联陆军炸得人仰马翻。据历史学家大卫·格兰茨和乔纳森·豪斯（Jonathan House）的书籍记载，"苏联机械化部队和步兵横尸遍野，道路为之阻塞"。仗才打了3天，西方方面军下属的第5坦克军就丢掉了全部的坦克。近来解密的苏联档案揭示，苏军平均每天就有1万人死亡或失踪，但仍然没有完成在勒热夫突出部粉碎德国第9集团军的任务。从11月24日到12月16日，短短23天，苏军阵亡、失踪26万人，另有50万人负伤。在承担了如此高昂的成本后，红军取得的战术成果相当有限，仅仅是夺回大卢基并歼灭驻军7500人而已。

这样，中央集团军群和德国空军再次以较小的损失守住了防线，并让进攻方付出了可怕的代价。虽然苏联空军第1集团军和空军第3集团军宣称在12月份击落258架敌机，不过仅有不到三分之一可以在德国官方的损失记录里得到证实。

但在南方，情况就完全不同了，天王星战役取得了完全的成功。红军从斯大林格勒两翼伸出的铁钳在德军后方合拢，德国第6集团军、第4装甲集团军一部和一些罗马尼亚王军被包围了。红军歼击机部队的精华都集中到此地，在他们的拦截下，德国空军试图以空运挽救被围部队的企图未能实现。1943年1月31日，被困在斯大林格勒的德国第6集团军司令官冯·保卢斯元帅走出掩体，向苏军投降。红军的其他部队随即迅速西进扩张战果，夺回了轴心国军队在1942年夏季攻占的大部分地区。到1943年2月初，除了在西北的罗斯托夫（Rostov）和库班（Kanban River）还有两个立脚点，德国人已被驱逐出高加索。往北，苏联的西南方面军亦在伊久姆（Izyum）渡过了顿涅茨河（Donets）。

截至此刻，红军在顿河地区的冬季大反攻让轴心国军队减员50万人，5个集团军——德国第6集团军、罗马尼亚第3和第4集团军、意大利第8集团军、匈牙利第2集团军被粉碎。从1942年11月至1943年2月初，红军沃罗涅日、西南、顿河和南方方面军全部损失约17.5万人。德国空军在1942年11月19日至1943年1月31日的东线战场重伤和被毁的飞机超过900架。1942年夏秋之际，冯·里希特霍芬将军的空军第4航空队还是世界上最强大可畏的空军部队，但到1943年1月底已经穷成了瘪三：含运输机在内，只保留有可运作的飞机240架，还有384架因故障无法使用。

南线的坍塌无疑影响到了中央集团军群的侧翼安全。1月24日，布良斯克方面军下属的第13集团军进攻德国第2集团军位于利夫尼（Livny）地区的北翼，这里是后者与中央集团军群的第2装甲集团军南翼的连接处，红军突破了防线并向南席卷。不过东线战事的一个明显特征就是双方都有极强的恢复能力。在很多书籍中，斯大林格勒大反攻后德军的动向都被忽略了，但无疑德国空军在迟滞红军攻势中贡献良多。这一点从中央集团军群保持和B集团军群（1943年2月和顿河集团军——顿河集团军群在斯大林格勒战役末期组建，主要目的就是救出被围困的第6集团军，司令为冯·曼施泰因元帅——合并为新的南方集团军群，注意这和战争开始时的南方集团军群不同）联系的战斗里有明显表现。

在歼灭了匈牙利第2集团军并成功包围了德国第2集团军的3个军后，沃罗涅日方面军和布良斯克方面军继续向西发展胜利，所遇地面上的抵抗极为微弱，主要的反击来自于空中。1月底，在B集团军群辖区，战斗可定义为德国空军和上述2个苏联方面军地面兵力的较量。第51战斗机联队第13（反坦克）中队、第1对地攻击机联队第2大队（注：德国空军的攻击机部队于1943年10月进行了一次整编，具体内容在后面章节有介绍。为加以区分，笔者将整编前的称为对地攻击机联队，之后的为攻击机联队，请读者加以鉴别）派出了装备30毫米口径MK101机炮的Hs-129反坦克攻击机；第1对地攻击机联队第5大队则出动了Fw-190 A5战斗轰炸机，这种新型号是首次在东线出现。俯冲轰炸的战果主要由装备着Ju-87的第1俯冲轰炸机联队第3大队、第2俯冲轰炸机联队第3大队和第77俯冲轰炸机联队的部分兵力获得。第1轰炸机联队第1大队、第3轰炸机联队第1大队、第3轰炸机联队第3大队、第51轰炸机联队第3大队的Ju-88和第4轰炸机联队第2大队的He-111也对在辽阔冰原上行进的红军部队进行了低空轰炸。

冯·格莱姆将军派出了第51战斗机联队第3大队和第15中队（由西班牙志愿者组成）去支援第4航空队的第52战斗机联队第1大队。负责给布良斯克方面军提供掩护的苏联空军第15集团军不是他们的对手，迅速遭到压制，让陆军完全暴露在德国飞机的枪口下。在斯大林格勒战役期间，空15集急剧扩充，导致阵中充斥着缺乏经验的菜鸟。此外，由于地面推进过快，苏联歼击机航程不够，使得很多空中攻击、轰炸任务缺乏护航。

德机的肆虐让布良斯克方面军举步维艰。2月20日，布良斯克方面军坦克兵指挥员诺沃赛尔斯基（Novoselskiy）将军报告："敌机持续攻击我行军纵队和指挥机关，造成人员伤亡和通信中断。尽管空中支援需求迫切，但我军一架飞机也未出现。我要求您向皮亚特欣将军（Pyutykhin，空军第15集团军司令员）指出这一点。"南边的情况与之类似。第4航空队迅速得到加强，他们主要目标是从第聂伯河向顿河流域进发的苏军地面部队，后者在茫茫雪原上无遮无挡，遭到猛烈轰炸。2月份下半月，第4航空队每天出击超过1000次。苏联空军基地的西移撑不上地面战线的移动速度，使得苏联歼击机出现频率极低，让德国人的空中绞杀很少受到干扰。空袭再加上德国陆军的强大的增援力量——新组建的党卫装甲军的到来，双方的力量对比发生了逆转，红军的南线攻势有大麻烦了。

但和1942年初一样，斯大林拒绝相信前线已出现危机，还在雄心勃勃地准备给中央集团军群来一次歼灭战：布良斯克方面军的两翼都将发动大规模进攻！在北方，更确切地说是在西北边，西方方面军将在日兹德拉（Zhizdra）进攻第2装甲集团军左翼，此处位于奥廖尔（Orel）西北120公里。同时在南方，解决了斯大林格勒被围德军后，康斯坦丁·罗科索夫斯基中将的顿河方面军将前出至位于布良斯克方面军和沃罗涅日方面军之间的库尔斯克地域，更名为中央方面军，猛攻中央集团军群和南方集团军群的结合部，即前者管辖的第2装甲集团军和后者下属的位于库尔斯克以西的第2集团军，得手后将转向西北；而加里宁方面军则在遥远的北翼进攻勒热夫突出部西侧，突破德军防线后向南发展，和中央方面军在斯摩棱斯克会师。如果一切顺利的话，中央集团军群将陷入双重包围：内圈，第2装甲集团军会被围在奥廖尔地域；而第3装甲集团军，以及第4和第9集团军，将被装在从勒热夫至斯摩棱斯克的大包围圈内！

斯大林想得很美，但是仗打起来就不是那么回事了。2月22日，西方方面军下属的第16集团军率先出手，进攻日兹德拉，准备把第2装甲集团军困在奥廖尔突出部。但配属给西方方面军的空军第1集团军的表现实在不给力，和火星战役时相比好不到哪里去。格莱姆将德国空军东部战区指挥部下辖的飞机基本转场到奥廖尔附近的基地，在和空1

▲ 滑跑中的Ju-87"斯图卡",这是1架D型。和上一个冬天一样,在空军的全力支援下,德国陆军才能挡住苏军的猛烈进攻。

集的对抗中,第51战斗机联队大占上风。现在,第51联队的联队部、第1、第3和第4大队都已换装了Fw-190。和火星战役时一样,德国人空地一体,炮火连天,西方方面军被打得抬不起头来。

25日,在库尔斯克以西,中央方面军点燃了战火。由于道路泥泞,交通状况恶劣,把方面军从斯大林格勒转移到新的进攻出发阵地实在是个麻烦事:攻势发起前,只有一半兵力到位,剩余部队在饱受轰炸之苦好不容易赶到后,又发现装备和物资都付之阙如。方面军下属的第2坦克集团军在一份报告中陈述:"发动进攻前我们几乎没有任何准备,弹药和油料紧缺,基本都被堵在路上了。"不过,中央方面军突然出现在这里,还是让德国人大吃一惊。由于当面德军没有坦克,火炮也很有限,只有几个步兵和机械化步兵师,因此很快就被一扫而空。

罗科索夫斯基的进攻打到了德国防线上的软肋:这样在中央集团军群右翼和南方集团军群的结合部,也就是德国空军东部战区指挥部和第4航空队中间出现了一个大漏洞。此时,后者正集中力量突击沃罗涅日、西南和南方方面军;而空军东部战区指挥部则与西方方面军打得不亦乐乎,也很难分身。负责给罗科索夫斯基提供空中掩护的是谢尔盖·鲁坚科(Sergey Rudenko)将军指挥的空军第16集团军,下辖第1近卫歼击机师、第283歼击机师、第2近卫强击机师和第272夜间轰炸机师。在初始阶段,仗打得很顺,德机也很少出现。在暴雪、冻雨和浓雾中,中央集团军下属第2坦克集团军突向奥廖尔西南地域,到3月1日,他们抵达了奥廖尔西南140公里处的谢夫斯克(Sevsk)。

不过和苏方希望的相反,中央集团军群并没有将第2装甲集团军撤离奥廖尔的打算。奥廖尔附近防御设施完善,堡垒成群,集团军群司令官克鲁格元帅要求部下固守此地,但准备放弃勒热夫突出部。在前线将领的一再要求下,希特勒批准从勒热夫撤退。如此德军可缩短战线节省出兵力,腾出手来对付中央方面军。从勒热夫撤离的"水牛"行动(Buffalo Movement),于3月1日开始实施。

"水牛"行动

从勒热夫撤离的行动代号为"水牛",德军抢在红军对中央集团军群北翼进行大规模打击之前,于1943年3月1日起实施。

撤离的准备工作进行得十分隐秘,整整两天苏军都没发现德国人已经溜号了。加里宁方面军扑空之后才明白围歼计划破产,只得转入追击。苏军最高统帅部对此亦无准备,方面军只能零打碎敲地投入战斗。

尽管得到了空军第14集团军下属第209歼击机师的加强,但由于天气恶劣,空军第3集团军对加里宁方面军的帮助实在有限。从3月4日和5日起,天总算放晴,空3集的第212强击机师、第264强击机师和第256歼击机师马上开始执行炸射任务,对在维亚兹马西面横渡第聂伯河的德军部队进行攻击。第51战斗机联队飞来干预,中队长奥古斯特·穆勒(August Muller)中尉在两天内击落了3架MiG-3和3架IL-2。空军第3集团军战史记载,"空战极其激烈",但51联队在两天的战斗中仅损失了1架Fw-190。

在司令官莫德尔将军的杰出领导下,第9集团军的撤退快速而有序。后卫部队的有效牵制让红军始终无法赶上德军的脚步。3月3日,苏联人收复了勒热夫；第二天进入奥列尼诺（Olenino）；8日，瑟乔夫卡回归；12日，维亚兹马获得解放。10天内，中央集团军群拉直、新建了一条100公里长的防线，起自斯摩棱斯克以北50公里的利布舍沃（Ribshevo），终于于克霍诺夫（Yukhnov）西南50公里的萨福诺沃（Safonovo）和米利亚季诺（Milyatino）。德国人花了7周时间完善工事，让红军的首次进攻无功而返。这样，德国第9集团军主力就可以南下去消除苏联中央方面军的威胁。

3月10日，中央方面军的先锋进抵诺夫哥罗德-塞维尔斯基（Novgorod Severskiy）。但第二天，德军来自勒热夫突出部的援兵赶到，以优势的装甲兵力猛攻已经伸展得过远的苏军骑兵和滑雪部队。而随着德军逐步掌控了奥廖尔北部的战局，德国空军东部战区指挥部也有余力分兵对付中央方面军。第51战斗机联队与第4航空队下属第52战斗机联队第1大队出动了战斗机，掩护Ju-87和He-111轰炸了第2坦克集团军，令后者苦不堪言，报告说，"在3月11日，超过50架敌机对利季日（Litizh）地区进行了轰炸"。

在北翼被第9集团军顶住的同时，中央方面军南翼又面临着德国第2集团军的威胁，现在第2集团军已转隶中央集团军群。罗科索夫斯基无法站稳脚跟，只得赶紧后撤。3月14日，空16集吃了一个闷亏，第283歼击机师在机场上被第4轰炸机联队第2大队的He-111逮个正着。苏方档案承认，第283师下属的第176歼击机团有1架Yak被击毁，8架受伤；第56近卫歼击机团也损失了1架Yak。这意味着第176团只剩下1架Yak还能使用，而在3月初的数字是20架！此外，德国人的轰炸还造成2名飞行员死亡，其中一人为第176团"苏联英雄"称号的获得者——谢尔盖·阿奇卡索夫（Sergey Achkasov）中尉。阿奇卡索夫从战争爆发至牺牲一共有160次出动记录，获得8个个人击坠和2个分享战果。但这还没完。第二天，德国轰炸机再次出现，近56团剩下的最后1架Yak也被毁于地面。

但是斯大林不承认失败，要求罗科索夫斯基继续进攻。空军第16集团军也获得了一些补充，包括第3轰炸机军、第299强击机师和第286歼击机师。这批新到的队伍中有第30近卫歼击机团，在获得"近卫"称号前其番号为第180歼击机团。很明显，苏联人现在更重视的是数量而不是质量。1943年3月，空军第16集团军下属部分单位的报告显示，集团军内超过50%的飞行员是训练不足的新手。少部分老手往往只能和这些菜鸟搭伴配合，在战斗中因后者缺乏经验协同不佳，拖累前者一起损失了。

第30近卫歼击机团的情况就大体如此。从1942年7月起，该团就撤离了一线，换装美国援助的贝尔公司的P-39飞蛇歼击机。第180团有着辉煌的历史，在1942年初的冬季反攻中战功赫赫，故赢得"近卫"称号。当时团里的核心是一对著名的双人组合：谢尔盖·马卡罗夫（Sergey Makarov）中尉和谢尔盖·多尔古欣（Sergey Dolgushin）中尉。不过到1942年11月第180团改组为近卫团时，马卡罗夫和多尔古欣均不在阵中了：前者在战斗中牺牲，而后者被调往第32近卫歼击机团。当然，团里也调入了一些老手，比如因诺肯季·库兹涅佐夫（Innokentiy Kuznetsov）上尉，此前他在32次空战中获得过5个个人战绩和15个集体战绩。3月13日，近30团抵达前线。仅过5天，库兹涅佐夫就在战斗中被51联队的Fw-190打伤。当天，3月18日，在空16集所在空域，51联队第1、第3大队上报以零伤亡击落了26架苏机。

中央方面军前方被德国援兵堵住，后方补给线也遭到德国空军的袭扰。更糟糕的是，在其两翼的其他苏联方面军的境况都很不妙。3月14日，在曼施泰因元帅的南方集团军群（2月12日由顿河集团军群、B集团军群合并重组而来）的反击下，西南方面军被迫放弃了哈尔科夫（Kharkov）。此前4天，别尔哥罗德（Belgorod）失守。而布良斯克方面军和西方方面军拼尽全力，也啃不下奥廖尔突出部。中央方面军就是再打也没啥意义了。罗科索夫斯基只能退守谢夫斯克，这里位于库尔斯克西北120公里,诺夫哥罗德-塞维尔斯基以东80公里。由于德军从勒热夫突出部撤离时加里宁方面军未能加以有效干扰,包围中央集团军群主力的计划破灭了。

中央方面军于1943年2月至3月的进攻,取得的主要成果就是所谓的库尔斯克突出部——深深嵌入德国中央集团军群和南方集团军群的结合处。在库尔斯克突出部北边,德国人在奥廖尔区域的死守也在苏军战线里打进了一个楔子,这就是奥廖尔突出部。这两个楔子最终诱发了苏德战争中规模最大的战役之一:1943年夏季的库尔斯克战役。

在春季化冻时节,两方都在检讨总结冬季战事的得失。无疑,苏军在斯大林格勒取得了辉煌的胜利,随后解放的区域多于在夏季败局中所失领土。但火星战役是个败笔,红军死伤惨重却所得甚微。很明显,德国军队精锐犹存,其防线依旧完整。从长远来看,局势对苏联有利。这里面最重要的原因是苏联工业生产能力的动员效率远在德国之上:从1942年中期起,苏联军事工业的产量已经超过了德国。

作为回应,希特勒决定把他的东线军队撤到一条"攻不破的防线"后面,即所谓的"豹"防线(Panther Line)。该防线北起列宁格勒,经过第聂伯河流域至第聂伯罗彼得罗夫斯克(Dnepropetrovsk),然后向南延伸至亚速海。预计这条防线将在1943年底建成,德国人将依托该防线,让前来进攻的俄国人血流成河。

不过若不给俄国人来次大放血,降低其追击能力,德军显然不可能按部就班地后撤。1943年4月15日,希特勒发布了第6号作战命令,决定发起库尔斯克战役,具体方案是中央集团军群的第9集团军从北边的奥廖尔,南方集团军群从南边的别尔哥罗德,南北夹击铲平库尔斯克突出部,围歼苏军重兵集团。该计划代号为"城堡"(Citadel)。德国人希望复制1942年5月在哈尔科夫的胜利,那一次他们吃掉了苏联西南方面军的主力。这一回,据守突出部的中央方面军和沃罗涅日方面军成了他们的主要打击目标。

但德国人指望像以前那样给予红军歼灭性打击已是不可能的了。经过2年血战的锤炼,红军的战斗力和应变能力大大提高,在1942年春他们面对德军进攻还只能后撤,现在已有实力固守了。而红军副最高统帅朱可夫也准确预测出了希特勒的意图,苏联空军的侦察报告验证了他的想法。

由于在前两次冬季反攻中斯大林都高估了苏军的能力导致挫败,他本人作为军事统帅的威望有所下降。再加上红军将领能力的飞速提升,斯大林也减少了对一线指挥员的直接干预,朱可夫等职业军官的地位得到了巩固。斯大林原本决定在春季地面刚干透就恢复进攻,但是朱可夫等人设法说服了他:不是主动出击,而是等待德国人先动手,红军将在设防严密的阵地后面消耗他们的力量,然后再发动反攻。为此,苏联方面征集了大量的建筑材料,在库尔斯克突出部南北两翼都修筑了坚固的防御工事。

苏联人的动作自然被德国人看在眼里。为了

▶ 谢尔盖·鲁坚科,1904年出生,1927年接受飞行训练。1941年1月,他出任驻远东的第31混合航空师师长。1941年7月,该师被配属给西方方面军空军,在莫斯科保卫战和未来的冬季反攻中起到了重要作用。在1942年上半年,鲁坚科先后担任加里宁方面军空军副司令、沃尔霍夫方面军空军副司令和西南方面军空军副司令。1942年9月,他被调入新设立的空军第16集团军,先任副司令员,后任司令员直至战争结束。他的空军第16集团军是苏联空军中实力最强的集团军,他本人在战争中也显示出了高超的组织和指挥才能。2002年,俄罗斯卫国战争将帅评定中,他在6个上榜的空军集团军司令里排名第一。1944年8月18日,他被授予"苏联英雄"称号。战后,谢尔盖·鲁坚科官至苏联空军元帅,于1990年去世。

执行"城堡"计划,德国人开始聚集兵力。5月11日,冯·格莱姆将军的德国空军东部战区指挥部被改组为第6航空队,发起了对苏联后方工业基地的战略轰炸。为此,德国空军在东线的大部分轰炸机单位都被集中到格莱姆手中。夜间轰炸从6月4日晚间开始,持续了不到一个月的时间。

"城堡"计划从7月5日开始实施,为此苏德两军都展开了庞大的兵团。在北翼,第6航空队的兵力主要集中在新建立的第1航空师,由保罗·戴希曼(Paul Deichmann)少将指挥,部署在奥廖尔,拥有飞机1100架。他们的对手是鲁坚科将军指挥的空军第16集团军。数量上苏方享有一定优势,质量上却差得太远。不过中央集团军群虽然在此前18个月里依靠空中支援,把防守做到了极致,但在第9集团军转入进攻时,德国空军却无法帮助莫德尔实现致命的突破。在苏军的铜墙铁壁前撞得头破血流后,德国人被打回出发阵地。这时,飞机又成了他们的救命稻草。

7月12日,当德军还在拼命啃咬红军的防御阵地时,朱可夫策划的第一波反击开始了!西方方面军在空军第1集团军的掩护下扑向奥廖尔突出部北翼,而布良斯克方面军则从奥廖尔突出部东面进攻,给他们助战的是空军第15集团军。为避免全线崩溃,德国人赶紧增援奥廖尔,援兵中含大批的航空部队,包括第4航空队的部分兵力,此前他们在库尔斯克南翼的别尔哥罗德方向作战。第6航空队对西方方面军突击矛头的空袭让德军避免了斯大林格勒悲剧的重演。中央集团军群和德国空军精诚合作,再次完成了一场出色的防御战。

秋季征程

7月28日,德国最高统帅部命令执行"秋季征程"(Autumn Journey)计划,放弃奥廖尔突出部,退往"哈根"(Hagen)防线,该防线从奥廖尔突出部形成之日起就已开始修建。当德军一线部队开始缓慢撤离时,另有一些生力军被补入,填补在奥廖尔西北因苏军突破造成的空档。有17个师(含10个装甲师和机械化师)补充给第2装甲集团军,使该集团军实力膨胀了一倍。

红军派出了空1集、空15集和空16集对撤退中的德军穷追猛打,这使得空战达到了高潮。在奥廖尔上空的对抗中,德国战斗机飞行员的战术优势依旧明显。本年初夏,空15集和空16集接收了大批未经充分训练的空勤人员以充实力量,导致在7月份的战事中损兵折将。为了弥补缺额,一线部队只能接受更菜的菜鸟;但年轻的红色战鹰仍然出击了10000个架次,其中一半用于攻击后撤中的德国行军纵队,以破坏其有序地从奥廖尔撤退的企图。在与IL-2及其护航编队的较量中,第6航空队的战斗机部队——第51战斗机联队、第52战斗机联队第3大队和第54战斗机联队狠狠爽了一把:8月1日,他们宣称在奥廖尔空域击落51架苏机;2日,击坠88架;3日,30架;4日,71架。空军再次成了第2装甲集团军和第9集团军的救星,而他们自身付出的代价相当轻微:德国战斗机部队报告的战损仅为17架。

1943年8月中旬,德国人成功从奥廖尔突出部撤离,库尔斯克战役也结束了。在这场战役中,苏德两军各打了一场成功的防御战,而飞机都扮演了举足轻重的角色。中央集团军群的2个集团军、2万名伤员和5.3万吨物资最终能成功脱身,从奥廖尔撤往布良斯克,德国空军功不可没。

尽管一小批德国精英飞行员战果累累,但

▲ 第51战斗机联队第1大队的赫伯特·埃普哈特(Herbert Epphardt)上尉和吕夫克(Loffke)少尉坐在1架被击落的Yak的机翼上。

▼ *1941年6月至1943年，第51战斗机联队作战区域略图*

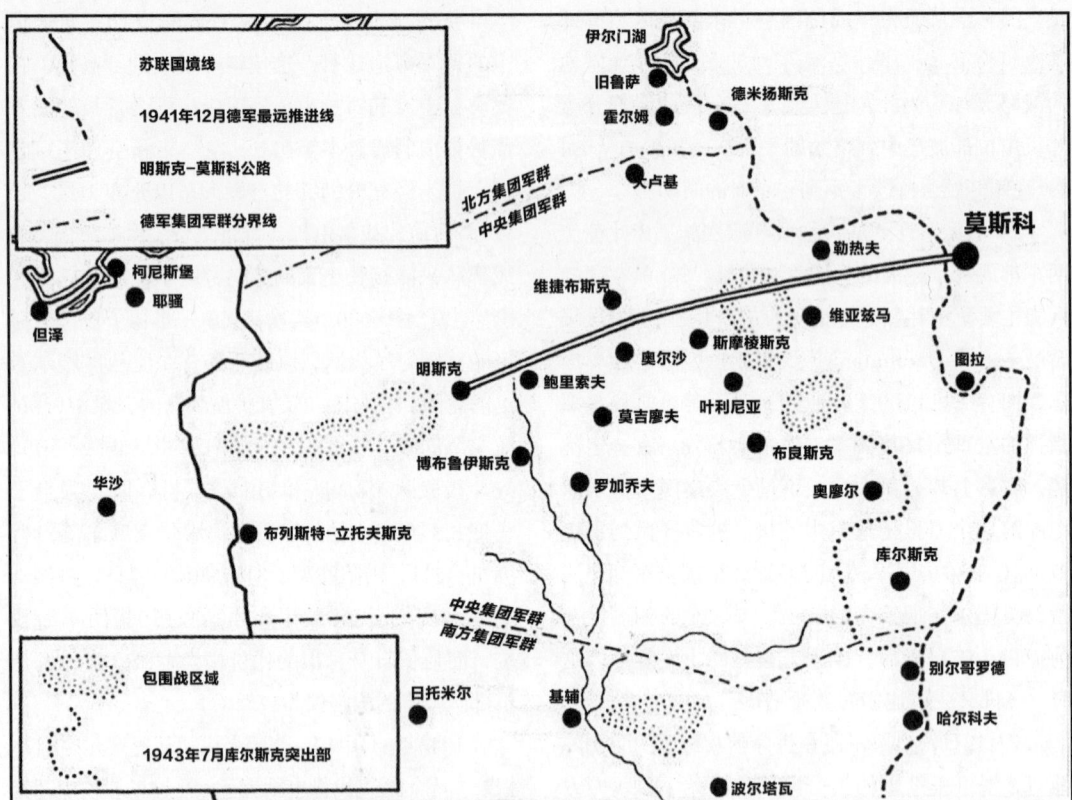

红军航空兵也在不断地进步，变得越来越有威胁。航空电台的普遍装备加强了地面对飞机的引导，在库尔斯克战役期间，红军飞行员不断积累了使用新战术、新技术的经验。8月3至7日，第6航空队的战斗机部队损失了3名顶级人物：3日是54联队第1大队的格尔哈特·霍穆特（Gerhard Homuth）少校（63架战绩）；4日是汉斯·戈茨（Hans Gotz）中尉（82架战绩）；7日是51联队第1大队的海因里希·霍夫迈尔（Heinrich Hofemeier）（96架战绩）。8月19日，54联队第2大队的马克斯·斯托茨（Max Stotz）上尉被1架Yak-9击落失踪，最终战果189架，他是截至当时德军在空战中损失的王牌中战绩最高的一个。8天后，该大队另一名精英飞行员，拥有47个击坠记录的克萨韦尔·米勒（Xaver Muller）一级士官长亦被击落阵亡。

苏联空军效率增加的一个重要原因是德国俯冲轰炸机部队还在飞慢吞吞的斯图卡。第6航空队主要的俯冲轰炸机单位是第1俯冲轰炸机联队，他们在整个8月被苏联人搞下来37架Ju-87。8月31日，第1俯冲轰炸机联队第7中队中队长——以经验丰富著称的威利·菲特尔（Willi Viertel）上尉在他的第603次任务中被击坠，人机俱毁。

解放斯摩棱斯克

尽管成功逃离了奥廖尔突出部，但中央集团军群两翼的状况都很不妙。北翼斯摩棱斯克总方向的第3装甲集团军、第4集团军此前和当面红军对峙了一段时间，但平静很快被打破。8月23日，加里宁方面军首先开打；5天后，在加里宁方面军以南担任主攻的西方方面军也掀起了攻势。2个方面军联手，兵锋指向斯摩棱斯克。

8月31日、9月1日，西方方面军右翼部队夺回了叶利尼亚（Yelnya）和多罗戈布日（Dorogobuzh），但很快在德军完备的防线前驻足不前。在这一带，第6航空队组建了第二个师——第4航空师，以支援第4集团军和第3装甲集团军。该师得到了从第4航空队转来的第54战斗机联队第1大队的加强，实力大增。在他们的支持下，德军在斯摩棱斯克以东的防御战打得相当成功。1943年8月，54联队第1大队的瓦尔特·诺沃特尼（Walter Nowotny）中尉把他的个人战绩提高到150架。9月1日，诺沃特尼宣称在一天之内击落了10架苏机；第二天他再接再厉，又干下来6架。9月5日，诺沃特尼手下的格尔哈特·罗斯（Gerhard Loos）少尉取得了他个人第79个，也是第54战斗机联队联队史上的第5500个击坠记录。

9月1日，在斯摩棱斯克以南，马基恩·波波夫大将的布良斯克方面军开始对布良斯克发动进攻。他们的主要是对手是"防御大师"莫德尔大将指挥的德国第9集团军。利用北部友邻西方方面军的进展，布良斯克方面军先在南边佯动吸引德军，然后以右翼的第50集团军对德国第9集团军左翼进行了巧妙的机动打击，迅速瓦解了莫德尔的防线。9月17日，红军解放了布良斯克。这让苏方高层大感振奋，重燃夺回斯摩棱斯克的期望。

为破坏德军防御阵地，9月6日，配属给西方方面军和加里宁方面军的空1集和空3集发动了空袭；空3集出击了305个架次，宣称以损失10架的代价击落德机35架。7日，空3集下属的第240歼击机师宣称击落了至少51架德机，而他们的对手，德国第6航空队战斗机部队同日也上报取得了52个战果。苏军方面战绩最高的单位是第86近卫歼击机团，狄米特里·库德里亚夫采夫（Dmitriy Kudryavtsev）中尉宣称击落了2架Fw-190和2架He-111，而伊万·库拉科夫（Ivan Kulakov）中尉的战果仅比库德里亚夫采夫少1架He-111。但德军的实际战损只有红军宣布的十分之一，他们的战果也有夸大，只是没那么过分就是了：苏联方面的真实损失在30架左右。54联队当天只损失了1架Fw-190，拥有61架战绩的王牌飞行员——威尔海姆·菲利普（Wilhelm Philipp）军士长被1架Yak-9击败，菲利普跳伞逃生，虽然生还但身负重伤。

在这一阶段，德国空军中那些核心精英起到了中流砥柱的作用。9月8日，诺沃特尼中尉拦截了一个由La-5掩护的IL-2机群，在交战中打下了5架苏机，这是他的第199至203次胜利，他也成为人类空战史上第4个战绩过200的战斗机飞行员。两天之后，第54战斗机联队第2大队的阿尔宾·沃尔夫（Albin Wolf）军士长击毁了1架Yak-7；第133近卫歼击机团的尼古拉·吉洪诺夫（Nikolay Tikhonov）大尉随机阵亡，吉洪诺夫在牺牲前已累计了17个战绩。

14日，加里宁方面军从斯摩棱斯克以北南下，当天54联队损失了5架飞机和2名飞行员；15日，斯摩棱斯克正（偏北）面和南面的西方方面

▲ 以上2张照片的主角均为马克斯·斯托茨上尉的常用座机"黑色5号"，这是1架Fw-190 A。他被击落时开的并不是这架。"黑色5号"于1943年10月7日在空战中被击落，飞行员卡尔·海因茨·鲁豪（Karl-Heinz Luchau）少尉成功跳伞逃生。

军也发起了冲击；空战变得激烈起来，同日54联队自损3架，上报了39个战果，诺沃特尼包揽其中的6个。51联队则宣称击毁苏机53架，京特·乔斯滕（Gunther Josten）上士号称一天之内打掉了8架苏机，把个人战绩提高到78架。苏军的牺牲者中包括第86近卫歼击机团的库德里亚夫采夫中尉，他与一群Fw-190混战后再未能返航。

9月17日，51联队第9中队的赫尔曼·勒克（Hermann Lucke）中尉获得了联队史上第7000个击坠记录，巧的是，全联队第6000个空战战果也是勒克在7月27日取得的。空中一系列炫目的胜利有效援助了德国陆军，德军边撤边依托沿途据点逐次抗击。红军只能击退但无法围歼对手。

18日，克鲁格元帅下令执行"蛙跳"（Leap-Frog）计划，撤往"豹"阵地。24日，西方方面军夺回斯摩棱斯克的战斗中。从8月7日至10月2日，在中央战区围绕斯摩棱斯克，苏方记录有303架飞机损失。同期德国第4航空师上报击落400架苏机，应该讲德方对战果的判断还是比较严谨和准确的。

但在中央集团军群南翼，红军的进展要大得多。中央方面军的部队将德国第2方面军压得步步后撤。9月22日，中央方面军3个集团军在2个快速兵团的支援下从基辅北边接近了第聂伯河。这一带的战局受南线影响较大，而库尔斯克战役之后，南方德军对当面红军的冲击，表现得越来越力不从心了。

◀ 1943年8月19日，第54战斗机联队第5中队中队长马克斯·斯托茨上尉和他的僚机赫伯特·科勒（Heribert Koller）下士起飞执行自由猎杀任务。在基洛夫（Kirov）附近，他们与一群Yak-9遭遇。在和苏机进行艰苦的盘旋格斗中，科勒瞥见他的中队长与1架Yak迎头对射，结果其座机"黑色7号"被对方击中起火，斯托茨虽然跳伞但从此下落不明。马克斯·斯托茨曾于1942年6月19日荣获骑士十字勋章，10月30日又获赠橡树叶。这张照片是1942年夏拍摄的，斯托茨与他的Bf-109 G2"白色8号"合影。

南线风暴

第二章
CHAPTER 02

  1943年8月3日，苏德战场南线的沃罗涅日方面军和草原方面军在哈尔科夫地区转入进攻。他们的攻势得到了空军第2集团军和空军第5集团军的强力支援，当天2个空军集团军就出击了2670个架次。红军歼击机控制了天空。德国第27轰炸机联队马上就尝到了厉害，4日，他们被击落击伤了6架He-111，其中1架应该是被第728歼击机团的王牌阿尔谢尼·沃罗热伊金（Arseniy Vorozheykin）大尉猎杀。此日堪称是沃罗热伊金的幸运日，当天早些时候，他率领本团的6架Yak-7B拦截了由10架Bf-109掩护的12架Ju-87，苏联飞行员在战后报告打下了8架德机，沃罗热伊金上演帽子戏法。据德方记录，第2俯冲轰炸机联队被击落了2架Ju-87，第77俯冲轰炸机联队也有1架斯图卡损失。

  德军后方的苏联游击队极为活跃，他们在铁路线上制造了大概12000次爆炸事故，给德国人造成了极大的混乱。8月5日，红军再次夺回别尔哥罗德。此时，中央、沃罗涅日、草原方面军从库尔斯克突出部地带一起涌出；在天上为他们提供掩护的是3个空军集团军——空16集、空2集和空5集，共有飞机1450架。

  德国空军再次扮演起了灭火队的角色。此前赛德曼少将的第8航空军由于抽调了部分兵力支援第6航空队和南边的第4航空队致使力量有所削弱，现在则获得了不少补充。8月13日，别尔哥罗德上空的战斗中，第54战斗机联队第1大队大队长瓦尔特·诺沃特尼中尉一口气打下8架敌机。在6月份，他因124次空战胜利赢得了铁十字勋章上的橡树叶，待授勋完毕返回前线后，又继续大开杀戒：整个8月份，他上报击落49架苏机。第52战斗机联队第3大队的大队长京特·拉尔上尉同期表现也极为优异，一个月获得33胜；29日，拉尔的战绩攀上200胜高峰。

  但无论如何，在库尔斯克战役之后，德军已经彻底失去了战争的主动权。在南线基辅总方向上的德国南方集团军群（司令官：冯·曼施泰因），面临的形势极为严峻。其当面从布良斯克以南，纳夫利亚至塔甘罗格（Taganrog，苏联西南部港市）区域，红军展开了强大的重兵集团。其中，中央方面军（罗科索夫斯基大将）、沃罗涅日方面军（瓦图京大将）、草原方面军（科涅夫大将），指向扎波罗热以北至基辅的第聂伯河中游。第聂伯河下游和克里木方向，则展开了西南方面军(马利诺夫斯基大将)、南方方面军(托尔布欣大将)。他们直接威胁着顿巴斯资源地区。

曼施泰因最担心他的北翼——第聂伯河中游的基辅方向。曼施泰因害怕苏军会从这里实施大规模迂回,包围他的集团军群。但始料未及的是,红军却首先在他的南翼(主要兵力是第1装甲集团军和第6集团军)动手了。西南方面军和南方方面军从南北两个地段进攻,突向顿巴斯!

16日,西南方面军从伊久姆地域的北顿涅茨河登陆场出击。旋即,18日,南方方面军又在更南边突向米乌斯河(Mius)。攻势首日,助战的空军第8集团军执行了919次战斗任务。德国第4航空队司令官奥托·德斯洛赫将军(Otto Dessloch,1943年6月12日接替里希特霍芬出任第4航空队司令,里希特霍芬被调往意大利担任第2航空队司令)集中主力于要害区域,其余完全弃之不顾,总算帮助陆军避免了南线的全面崩溃。现在战事对轴心国日趋不利,原本安全的地域现在也开始叫嚷着要援助了。8月初,由于德国境内的工业基地遭到美国第8航空队重型轰炸机日益猛烈的昼间轰炸,第3战斗机联队部署在东线的飞机不得不调回国内,参加"帝国保卫战"。

红军2个方面军的进攻得到了空军第17集团军和空军第8集团军的全力掩护。18日中午,第52战斗机联队第1大队的一群Bf-109和第9近卫歼击机团的飞蛇发生空战。在这场强强碰撞中,德国人以1:0小胜。苏军拥有24架战绩的格奥尔基·库兹敏(Georgiy Kuzmin)少校被击落阵亡,胜利者海因里希·达内(Paul-Heinrich Dahne)中尉是52联队第1大队的王牌飞行员。但在数量上,红军可以集结1400架飞机对抗500架德机。8月21日、22日,仅空5集就出击了1300次,宣称击毁135台德国车辆。

在这期间,德军装备斯图卡的单位损失特别严重。第6航空队的第1俯冲轰炸机联队死伤累累,第4航空队下属的2个斯图卡联队也好不到哪里去。在整个8月,第77俯冲轰炸机联队有30架

阿尔谢尼·瓦西里耶维奇·沃罗热伊金(1912-1997),苏联空军最优秀的王牌飞行员之一,驾驶过I-16、Yak-7、Yak-9,1939年苏日远东地区的冲突中就已参战,并获得6个战果。他在卫国战争中出击300次,经历90次空战,战果为45个个人击坠和1个共同战绩,全部用Yak战机获得。两次获得"苏联英雄"称号。

1架正在起飞的La-5FN。La-5FN是第一种在性能上能与德国同期产品相媲美的苏联歼击机。随着该机型的入役,La-5系列战机的战损从1943年的1460架下降到1944年的825架。

Ju-87全损,13架毁伤。同期在和苏联空军的交锋中,第2俯冲轰炸机联队被击落击伤30架斯图卡。18日,第77俯冲轰炸机联队第3大队的斯图卡编队遭到苏军第3近卫歼击机团阿列克谢·穆拉绍夫(Aleksey Murashyov)大尉(23次空战胜利)领衔的数架La-5的攻击,这回双方记载的交战结果完全一致,德机5架被毁,穆拉绍夫梅开二度。当天的另一场空战中,第236歼击机团的瓦西里·沃罗纽科(Vasiliy Voronyuk)上演帽子戏法,2架Ju-87和1架Bf-109变成了他机身上的红星。

20日,第655强击机团的11架IL-2与一群Ju-87遭遇。IL-2们宣称打下了6架敌机,另有1

架护航的Bf-109也成了他们的枪下鬼。当天空军第8集团军上报击毁德机31架。第52战斗机联队在20日的战斗中有2名尖子被击落。其中,第85近卫歼击机团的1架Yak-1打下了卡尔·芒兹（Karl Munz）一级士官长,好在芒兹在德控区跳伞落地；而第3大队的埃里希·哈特曼少尉则是在和1架IL-2的对决中败下阵来,这架IL-2可能是由第232强击机团的叶夫多基莫夫（P.Yevdokimov）中尉驾驶的。当时已有90架战绩在身的哈特曼跳伞落地后被苏军抓获,但由于押送人员的疏忽,让哈特曼诈伤逃走,重返第3大队第9中队。这个当时看起来的小事件改变了历史：如果那些看守负责一些,未来空战之王的传奇恐怕刚一开始就结束了,苏联人将为他们的粗心大意多付出260架飞机的代价！

同样在20日,苏军的王牌团队第9近卫歼击机团也有一名尖子损失。拥有19架个人战绩的叶甫根尼·德拉尼谢夫（Yevgeniy Dranishchev）上尉的飞蛇在德控区上空引擎出了故障,就此失踪,再也未能返回基地。

3天后,近9团的另一名好手弗拉基米尔·拉夫里年科夫（Vladimir Lavrinenkov）少校（当时总战绩35架,含集体战绩6架）演绎了哈特曼经历的苏联版本。他在德控区上空驾机撞毁了1架Fw-189,跳伞后被俘。在蹲班房的日子里,他曾被送到德国机场,还与一名在此战区作战的德国顶尖王牌会过面。拉夫里年科夫后来越狱成功加入了敌后游击队,最终回到第9近卫歼击机团继续服役。

8月24日,第100近卫歼击机团的狄米特里·格林卡（Dmitriy Glinka）大尉梅开二度,战果包括1架Ju-88和1架Ju-87,个人战绩提高到29架。在1943年4月,狄米特里·格林卡已获得"苏联英雄"称号,现在因战功又一次荣膺"苏联英雄"。

在红军南方方面军的猛攻下,霍利德的第6集团军支撑不住,下属第29军有被包围在亚速海北岸的危险。德国空军派出了大批的轰炸机和斯图卡意图遏制红军的攻势,这让空战达到了高潮。27日,空8集的歼击机上报击落15架敌机。

第二天,空军第17集团军下属最精锐的歼击机团——第5近卫歼击机团的总战绩站上500架大关。该团的维塔里·波普科夫（Vitaliy Popkov）中尉在战斗中干掉了1架He-111,取得了全团第499个战果。德方记录承认第55轰炸机联队有4架He-111损失,1架被对方击落,另3架则损于事故：因领队长机的弹仓爆炸,他们被波及成了冤死鬼。当天晚些时候,在和第52战斗机联队第3大队的交火中,波普科夫再接再厉,又击落了1架Bf-109,成就了本团第500次空战胜利,他本人的战果也升至27架,其中15架是在7、8两个月内获得的。没多久,波普科夫就赢得了"苏联英雄"的金星。

8月29日,在一次空战中,52联队第3大队的顶尖人物,拥有113个战果的伯特霍尔德·科茨（Berthold Korts）少尉和他的僚机被近9团的飞蛇编队击败,2人均未能生还。当晚,塔甘罗格被红军解放。

8月31日,在塔甘罗格-米乌斯（Taganrog-

▲ 弗拉基米尔·拉夫里年科夫（前排中）和战友们在一起。拉夫里年科夫完整地参加了苏德战争,战争爆发时他在第630歼击机团飞I-15bis歼击机,从1942年6月起改飞Yak,在数周内就取得了他个人的头7个战果。后来他被调到红军中的"专家团"——第9近卫歼击机团,在传奇指挥员列夫·谢斯塔科夫中校（照片右侧）的指挥下作战。这张照片拍摄于1943年夏,当时拉夫里年科夫刚刚荣获"苏联英雄"称号。1944年7月1日,他再获"苏联英雄"的金星。拉夫里年科夫在战争中一共出击了448次,个人击坠记录为35个个人战绩和11个集体战绩。拉夫里年科夫于1988年去世。

Mius）地区，第52战斗机联队记录有6架飞机未能返回。对照苏方档案，狄米特里·格林卡大尉看来要为52联队的损失负责。狄米特里此日宣称击落3架Bf-109，总战果达到30架。而他的胞兄，同样在第100近卫歼击机团服役的鲍里斯·格林卡（Boris Glinka），当天上报击落了4架Bf-109。鲍里斯本人也是一位"苏联英雄"。

8月份，空军第8集团军统共出击15642个架次，宣称击落德机280架。但在空军的帮助下，德国第29军最终还是逃出了苏联人的包围圈。

9月8日，南方方面军解放了顿巴斯州的首府斯大林诺。当天，斯大林发布国防人民委员命令，祝贺南方方面军和西南方面军在顿巴斯的胜利。

在高加索，德军在西北部还保留有库班桥头堡，这里由德军A集团军群控制，司令官克莱斯特元帅。从2月起，苏军就多次尝试拔除这个钉子，因对手防御顽强，始终未能得手。但随着乌克兰东部被红军一点一点夺回，德国人再赖在这里，下场肯定是被全部歼灭。9月初，德军不得不开始收拾铺盖，准备跑路。原来部署在库班、装备着Bf-109的第52战斗机联队第2大队也被北调到哈尔科夫方向，他们很快就和空军第2集团军的部队交上了手。

9月5日，苏德双方在战斗中分别失去了一名尖子。52联队第2大队里拥有173架战绩的海因茨·施密特（Heinz Schmidt）上尉在和一群IL-2及其护航歼击机的交战中被击落身亡。苏联方面，空2集下属第41近卫歼击机团的头号王牌尼古拉·克列皮科夫（Nikolay Klepikov）大尉驾驶的La-5被德国战斗机击坠，大尉牺牲前的最终战绩为42架（含32个集体战绩）。据德方资料显示，克列皮科夫是败在了52联队第2大队大队长格尔哈特·巴尔克霍恩的手下。德军当日记录共击落2架La-5，全部由巴尔克霍恩包办，这是他的第165和第166次空战胜利。当天在同一空域，苏军第737歼击机团的尼古拉·巴尔丘克（Nikolay Barchuk）大尉上报连续消灭了1架Ju-87和2架Bf-109，把个人战果提高到16架（含分享战果2架）。巴尔丘克大尉稍后在一次事故中牺牲。

红军连绵的打击让南方集团军群损失惨重，冯·曼施泰因不断抱怨支撑不住了，在和希特勒反复讨价还价后，后者在9月8日同意南方集团军群南翼撤向沿第聂伯河设置的"乌龟"阵地（Schildkrotenstellung）。这部分部队主要是第6集团军，众所周知，老的第6集团军已在斯大林格勒被红军吃掉了。新编成的第6集团军现在也遭严重削弱，再不走人的话，下场不会比他们的前辈好多少。

仅仅一周之后，9月14日，曼施泰因的北翼（主要部队为第4装甲集团军和第8集团军）也吃了败仗。在中央方面军的配合下，瓦图京的沃罗涅日方面军（由空军第2集团军支援）打穿了德军防线。曼施泰因为此大告御状，指责中央集团军群司令官冯·克鲁格元帅掩护不力，导致后者被"元首"臭骂了一顿。但训斥已是于事无补，希特勒最终只能批准南方集团军群向所谓的沿第聂伯河、杰斯纳河构置的"东方壁垒"做全面退却。老曼希望完成这次撤退后，能够借助第聂伯河宽阔的河面和高耸的西岸峭壁，为他破败的集团军群提供暂时的避难所，以逃避红军强大锋芒的重击。

在9月中下旬，对阵的两军都在向第聂伯河赛跑，而制空权毫无疑问被苏方掌握。9月初，苏军统帅部对在乌克兰作战的各方面军下达了任务，要求沃罗涅日方面军沿着罗姆内、普里卢

▲ 格林卡兄弟二人合影。左为鲍里斯，右为狄米特里。
鲍里斯·格林卡，1914-1967，战绩30架；狄米特里·格林卡，1917-1979，战绩50架。

基、基辅的路线追击，咬住第4装甲集团军；科涅夫的草原方面军应进攻波尔塔瓦-克列缅丘格（Poltava-Kremenchug）方向，打败德第8集团军。而顿巴斯方向作战的2个方面军：西南方面军指向第聂伯罗彼得罗夫斯克和扎波罗热方向，对付德第1装甲集团军；南方方面军指向莫洛奇纳亚河，击溃德第6集团军，以推进到第聂伯河下游，堵住克里木德军的退路。

现在德国人只在东线最南端还控制着第聂伯河东岸的一小块地方。如果这里也被红军收复，那么驻防克里木半岛的德国第17集团军与欧亚大陆的陆上联系将被彻底切断。因此，希特勒要求第6集团军必须固守沃坦（Wotan）防线——从扎波罗热（Zaporozhye）以南至亚速海海滨的梅利托波尔（Melitopol）。这样9月份的下半月，东线一系列最激烈的空战随之展开。18日，红军精锐、第812歼击机团的4架Yak遭到一群Bf-109的掠袭，德方阵容中有3名王牌：埃里希·哈特曼少尉、弗里德里克·奥伯雷泽尔（Friedrich Obleser）和约翰尼斯·本泽克（Johannes Bunzek）。奥伯雷泽尔已有50个战果在身，本泽克的战绩也将在9月27日达到此数，而就在当天早上，哈特曼击落了2架La-5，这是他的第92和第93个战绩。仅仅数分钟，Yak被打掉3架，仅有1架狼狈逃回。德方则在战后报告取得4个击坠，哈特曼2架，奥伯雷泽尔和本泽克各获1架。

在此地的苏联歼击机部队包括装备着P-39"飞蛇"的红军头号王牌歼击机师——第9近卫歼击机师，其下属包括大名鼎鼎的第16近卫歼击机团。21日，近16团最著名的王牌飞行员波克雷什金大尉宣称获得了4个战果，前2架是Ju-87，然后他又设法击落了2架罗马尼亚空军第5轰炸机大队的Ju-88。两天后的23日，第52战斗机联队第3大队的Bf-109和第17近卫歼击机团的Yak-1在第聂伯河沿岸的扎波罗热附近空域交锋，双方各折一将，但瓦尔特·克鲁平斯基上尉斩落了红军最杰出的歼击机飞行员之一的尼古拉·斯维特索夫（Nikolay Sivtsov）上尉。斯维特索夫在牺牲

▶ 弗拉基米尔·谢梅尼欣。他指挥的第104近卫歼击机团前身是第298歼击机团。1943年8月24日获得"近卫"称号前，该团在5个月内上报击落敌机167架，自损30架，战果惊人。

前已取得了22次空战胜利（含2个集体战绩）。

部署在东线的轴心国轰炸机部队在这段时间的激战中伤了元气。第100轰炸机联队第1大队报告，他们攻击扎波罗热附近的苏军阵地时被红军歼击机拦截，损失严重。9月24日中午，在扎波罗热以东的马莱雅-托克马克（Malaya Tokmak），该大队在轰炸苏军地面部队时遭遇10架苏联歼击机，席尔克（Schilk）下士的机组被击落，马克斯·赛登施平纳（Max Seidenspinner）下士驾驶的He-111的自卫射手也挂了彩。次日，恩斯特·皮诺（Ernst Pinnau）上士的He-111被苏联歼击机击坠。

在9月26日清晨对苏方托克马昌斯克（Tokmatchansk）机场的轰炸中，毛斯（Maus）下士驾驶的He-111被打成重伤，靠着一台发动机一瘸一拐逃了回去。27日6时30分，德军的He-111在当天的首次出动中，遭到4架苏联歼击机的拦截。保罗·伦哈德（Paul Leonhard）下士的He-111被击中失控，1名机枪手阵亡，另外4人跳伞。但其中一人的降落伞被机尾挂住，和飞机一起坠向地面。剩下的人运气也不好，苏军歼击机迅速回转过来朝降落伞射击，最后该机组仅有机枪射手贝克曼（Beckmann）一人幸存。同样是27日，另一个轰炸机联队——第27轰炸机联队有6架He-111战损。

29日，第55轰炸机联队报告有3架飞机被击落击伤。在轰炸扎波罗热附近的苏军时，第100轰炸机联队第1大队再遭红军歼击机痛打，库尔特·罗

031

迪格（Kurt Roddig）下士的飞机被击毁，罗迪格跳伞但未能生还。而该机上的观察员安德里亚斯·莱希特（Andreas Leicht）上士（第100轰炸机联队第1大队最有经验的空勤人员之一，此前已有200次出动记录）的降落伞飘向了东方，落地后成了苏军的俘虏。第27轰炸机联队第3大队的He-111则在执行任务时与第104近卫歼击机团（第9近卫歼击机师下属部队之一）的8架飞蛇交火，第3大队第9中队有3架轰炸机被击落，苏军也损失了3架飞蛇：2架损于轰炸机的自卫火力，而近104团团长弗拉基米尔·谢梅尼欣（Vladimir Semenishin）少校（15个个人战绩和11个集体战绩）的P-39则被护航的埃里希·哈特曼打中，机毁人亡。谢梅尼欣在牺牲前报告，在格斗中击落3架Bf-109，不过只有1架可以得到德方资料的证实。

9月份，空军第8集团军执行了16230次空中任务，他们的支援加快了陆军往第聂伯河进发的步伐。30日，德国人撤至"东方堡垒"，试图重新组织防守。但是围追而来的红军已在大布克林（沃罗涅日方面军）以及克列缅丘格和第聂伯罗彼得罗斯克（Dnepropetrovsk）之间（草原方面军）夺取了重要的第聂伯河右岸桥头堡。"东方壁垒"从一开始就不是完璧一块。

据苏联人估算，8月份在波尔塔瓦-克列缅丘格（草原方面军攻击方向）地区的战斗让德国第4航空队付出了198架飞机的代价，而更南边的空军第8集团军宣称击坠330架德机。但德国人实际的损失只有他们估计的十分之一。苏联方面承认在8月13日至9月22日的顿巴斯战役中报销了327架飞机，而在8月26日至9月30日的切尔尼希夫-波尔塔瓦（Chernigov-Poltava）攻势中另折损了269架。

而第1装甲集团军在后撤的同时，受令必须保住左岸的扎波罗热桥头堡。在空军17集团军1000架飞机的助战下，西南方面军给德军位于扎波罗热的桥头堡的压力是越来越大。苏军的首次突破尝试在德国空军的猛烈压制下被化解了。10月2日，在一次空战中，第240歼击机团的伊万·阔日杜布上尉报告击落了3架Ju-87。其中1架斯图卡由第2俯冲轰炸机联队第8中队的伊莫·弗里彻（Immo Fritzsche）上尉驾驶，他的电信员跳伞时降落伞被飞机尾舵缠住，活活摔死了。弗里彻上尉跳伞落地后，另一名斯图卡飞行员威尔海姆·约斯维希（Wilhelm Joswig）一级士官长冒险在附近降落，带他一起飞离，挽救了这名拥有超过600次出动记录的老兵的生命。而获胜的阔日杜布则将他的个人战绩提高到10架（另有2个集体战绩）。在当日稍后的一次出击中，阔日杜布又打下了1架Bf-109。

据苏联方面的记载，"空战规模很大，卷入战斗的双方飞机遮天蔽日，常达150至200架"。10月10日，罗马尼亚空军第7战斗机大队一个四机编队的Bf-109在和飞蛇的交锋中全灭。该大队的战斗机从1943年夏季起就归属德国第4航空队指

◀ 亚历山大·波克雷什金（1913-1985），是本书将反复提到，也是任何一本讲述苏德战争的书籍中都很难跳过的名字。波克雷什金是卫国战争中苏联最著名的空战战术大师和杰出的指挥员，被誉为"苏维埃空战之父"。他于1932年入伍，隶属第55歼击机团（后来升格为第16近卫歼击机团），后指挥第9近卫歼击机师（下辖第16近卫歼击机团、第100近卫歼击机团和第104近卫歼击机团），完整地参加了苏德战争，1944年5月成为苏联历史上第一位3次"苏联英雄"称号的获得者。主要使用机种P-39。经历1650次出击，156次空战，一般认为他获得了59次空战胜利。波克雷什金在P-39的基础上发展出了一整套严密的空战战术，总结出"高度——速度——机动——火力"的空战公式，使得红军歼击机部队在战术素养上最终具备了世界一流水准。其本人也极具领导能力，带出了一大批空战英雄，很多红军顶尖王牌都出自他的门下。他于1972年升任苏联空军元帅，1985年11月13日逝世，葬于莫斯科新圣女公墓。

挥，这几名飞行员中包括当时罗马尼亚头号空战王牌亚历山德鲁·谢尔伯内斯库上尉（Alexandru Serbanescu）和利维乌·穆雷尚（Liviu Muresan，10架战绩）。穆雷尚当场阵亡，而谢尔伯内斯库则幸运生还，继续作战。不久之后，第7战斗机大队就被撤回罗马尼亚国内。

10月11日，第728歼击机团的阿尔谢尼·沃罗热伊金宣称击落2架Ju-87和1架Fw-190。第二天，阔日杜布也上演了帽子戏法，战果为2架Ju-87和1架Bf-109。

10月13日，西南方面军在空军第17集团军的掩护下再次进攻扎波罗热。为此他们动用了精锐、斯大林格勒的英雄部队：崔可夫的近卫第8集团军。10月14日下午，经过苦战之后，红军占据了扎波罗热全城。这一来，扎波罗热南面的A集团军群失去了侧翼掩护，战场态势大大恶化。

而整个"东方堡垒"的危机首先出现在曼施泰因的左翼、南方集团军群和中央集团军群的接合处。10月15日，罗科索夫斯基的中央方面军在戈梅利地段凿开了德军的第聂伯河防线，为下一步向白俄罗斯南部的进军占据了有利阵地。

草原方面军同期则准备从他们位于克列缅丘格以南的第聂伯河右岸桥头堡出击；划归支援他们的空军第5集团军得到了第7歼击机军的加强，兵力上升到442架。15日，草原方面军的攻势开始。

16日，东线德国空军出击架次达到了1727次，但仍远逊其对手的3000次出动记录。当天，红军顶级空战王牌之一——第5近卫歼击机团的伊万·瑟托夫（Ivan Sytov）上尉战死，他的最终战绩是26个个人击坠和4个分享战果。据其战友报告，瑟托夫牺牲前驾驶着La-5撞击了1架Bf-109——但这无法在德方损失记录中得到验证。从德国资料分析，瑟托夫很可能是被第52战斗机联队第2中队的瓦尔特·冉克（Walter Jahnke）一级士官长击杀，冉克上报此日在这一空域击落了1架La-5。

20日，红军各方面军进行了更名。沃罗涅日方面军、草原方面军、西南方面军、南方方面军分别变更为乌克兰第1、第2、第3、第4方面军。

▲ 反法西斯盟军头号空战王牌——伊万·阔日杜布。1920年出生，1940年入伍，他在参战前做了近3年的飞行教员，1943年3月才前往一线。他从第240歼击机团的老手们那里学到了不少实战经验，再加上自身不错的飞行技术，所以战绩上升很快。在他的头27次空战中他就击落了20架敌机，这让他于1944年2月4日赢得"苏联英雄"的金星。阔日杜布和波克雷什金是战争中仅有的两位三次荣获"苏联英雄"称号的飞行员：阔日杜布最后一次授勋是在1945年8月18日。1950年至1953年，他负责指挥援朝的苏联空军歼击机部队。阔日杜布战后官至苏联空军元帅，他逝世于1991年8月8日。

1943年红军各方面军的更名

随着战线逐渐向西移动，1943年10月20日，红军各方面军的名称进行了变更。

沃罗涅日方面军更名为乌克兰第1方面军，配属航空兵部队：空军第2集团军。

草原方面军更名为乌克兰第2方面军，配属航空兵部队：空军第5集团军。

西南方面军更名为乌克兰第3方面军，配属航空兵部队：空军第17集团军。

南方方面军更名为乌克兰第4方面军，配属航空兵部队：空军第8集团军。

中央方面军更名为白俄罗斯方面军（后又改为白俄罗斯第1方面军），配属航空兵部队：空军第16集团军.

加里宁方面军和西北方面军更名为波罗的海沿岸第1方面军，配属航空兵部队：空军第3集团军。

此外,10月8至10日,红军最高统帅部将布良斯克方面军的大部分兵力——第11、第50和第63集团军转隶给中央方面军;以布良斯克方面军的剩余部队和司令部组建了波罗的海沿岸第2方面军,部署在伊尔门湖和大卢基之间,也就是波罗的海沿岸第1方面军和沃尔霍夫方面军中间;空军第15集团军负责为他们提供空中支援。而空军第6集团军之前配属给西北方面军,1943年11月转入大本营预备队,1944年4月重返前线,划归空军第16集团军指挥。

23日,乌克兰第2方面军进抵第聂伯河以西130公里的克里沃伊罗格(Krivoy Rog)。同日,乌克兰第4方面军开始攻打由德国第6集团军(现在归德国A集团军群指挥)把守的沃坦防线,这一攻势得到了第8空军集团军900架飞机的支持。红军坦克部队迅速碾碎了"东方堡垒"的最南端,切断了克里木半岛和欧亚大陆的联系。驻防半岛的德国第17集团军这下被彻底孤立,克里木成了"红军最大的战俘营"。

在空中追击后撤的第6集团军的第9近卫歼击机师(他们的装备是美制的P-39"飞蛇")再次遭遇京特·拉尔上尉指挥的第52战斗机联队第3大队的阻截。22日,拉尔连续打下2架飞蛇,这是他的第230和第231次空战胜利,其手下败将包括第16近卫歼击机团的帕维尔·克列伊缅诺夫(Pavel Kleymenov)少尉。在交战中52联队第3大队也有1架Bf-109损失,飞行员负伤。两天后,拉尔和哈特曼各击落1架飞蛇,近16团的亚历山大·萨姆索诺夫(Aleksandr Samsonov)少尉失踪。在整个10月,拉尔的战绩不少于40架,除3架外均为歼击机。同一时间段,第240歼击机团的伊万·阔日杜布有16个战果入账;和他同团的基里尔·叶夫斯季格涅耶夫(Kirill Yevstigneyev)中尉则取得了11个战绩(含2个集体战绩),总战果达到27架(含3个集体战绩)。第302歼击机师在此期间宣称战果超过180架,第240团包揽了一半以上。

另一名苏联歼击机王牌,第116歼击机团的尼古拉·克拉斯诺夫(Nikolay Krasnov)大尉在10月份的扎波罗热战役中驾驶La-5取得了11个战绩。当月,空军第5集团军上报击落582架德机,不过这个数字夸大得过分。空5集承认有72架飞机战损,其中减员最严重的单位是第7歼击机军,损失了47架飞蛇战机和25名飞行员。

这样从9月至10月份,南方集团军群的南部防线被打得一塌糊涂,而以基辅为中心的北部防线,情况还比较稳定。沃罗涅日方面军(10月20日改名为乌克兰第1方面军)虽然在第聂伯河右岸建立了大布克林桥头堡,却一直被德国装甲部队死死压制。但在大布克林北边,红军在一个名叫柳捷日(Liutezh)的小村庄附近建立了一个偷渡点。10月底,瓦图京悄悄把近卫第3坦克集团军调到这里。11月3日,红军坦克军团在柳捷日登陆场突然发难,空军第2集团军当天在战区出击了545个架次,毫无准备的德军瞬间被冲垮!德国空军第54战斗机联队第2大队的埃里希·鲁道弗(Erich Rudorffer)上尉带领部下在空中竭力抵抗,该大队的埃米尔·朗格(Emil Lang)少尉迎来了他的高光时刻:

▲ 人类空战之王:埃里希·哈特曼(右)。他在空中取得了空前恐怕也是绝后的战绩:352架。哈特曼于1942年秋加入第52战斗机联队第3大队,1943至1944年成为德军空战王牌中的王牌,于1943年10月29日荣获骑士十字勋章,1944年3月2日获颁橡叶饰,7月2日获宝剑饰。他是空战史上第一位战绩达到300胜的战斗机飞行员,他也因此于1944年8月25日荣获钻石宝剑橡叶骑士十字勋章。战争结束后,哈特曼在苏联服了10年苦役,归国后加入联邦德国空军。他逝世于1993年9月19日。本张照片摄于1944年春的克里木,照片中间位置为第2攻击机联队第2大队大队长海因茨·弗兰克(Heinz Frank)少校。

从9时31分至9时42分，朗格在一次出击中连续打下4架IL-2和3架Yak-3B，把战绩提高到99架。下午，朗格又在战斗中先后干掉了10架苏机，战果包括Yak-7B、Yak-9和IL-2。这样朗格在一天之内击落了17架敌机，平了德国空军的传奇人物——"非洲之星"汉斯·马尔塞尤在1942年对抗英国皇家空军时创下的纪录。当天红军的牺牲者中包括第937歼击机团中拥有10架空战战绩的阿列克谢·柯里佐夫（Aleksey Koltsov）少校，他在驾驶La-5低空扫射德方机场时阵亡。

11月6日，第4航空队派出了所有可运作的轰炸机和攻击机突袭推进的红军坦克纵队，并得到了战斗机的全力护航。鲁道弗上尉也创下了一个几乎不可逾越的神迹：13时左右，鲁道弗上报在一次出击中连续击落13架敌机！这样他的个人击坠记录攀升到120架。当天在同一场空战中，第728歼击机团的7架Yak-7B在阿尔谢尼·沃罗热伊金大尉的率领下攻击了一个Ju-87编队，宣称以1架的损失消灭了11架敌机。但是第728团拥有27架战绩（含12个共享战果）的空战尖子伊戈尔·库斯托夫（Igor Kustov）上尉的Yak-7不幸被击落，库斯托夫身亡。也在6日，本战区的红军顶尖王牌——第91歼击机团的亚历山大·罗曼年科（Aleksandr Romanenko）少校（21个个人战果和5个分享战果）驾驶的Yak-9被己方地面火力误击，少校当场牺牲。最后，德国空军的努力没能阻止苏军在11月6日夺回基辅。至13日，苏方记录空军在本次攻势中付出了125架飞机的代价。瓦图京的这次奇袭战果辉煌，在乌克兰的土地上，他的方面军建成了一块横跨第聂伯河的壮观的战略立足点。

激战让德国空军大量失血，变得虚弱不堪。17日，曼施泰因集中装甲兵力反击基辅方向，第4航空队只能拼凑出区区370个战斗架次进行支援。而11月28日，红军飞机的一次奇袭更是让他们雪上加霜。第15歼击机团的10架Yak-1偷偷摸摸到了大科斯特罗马（Bolshaya Kostromka）的德军机场，此时一批第2俯冲轰炸机联队第7中队的Ju-87正在起飞，瞬间被打了个措手不及。短短数

▶ 京特·拉尔是第二次世界大战中最顶尖的空战王牌之一。1939年8月，拉尔少尉被调入第52战斗机联队第3大队，1941年11月，他被1架Yak击落，脊椎受到重创，但好歹捡回了一条命。他克服伤痛重返前线，个人最终击坠记录为275架。这张照片于1943年8月29日在马克耶夫卡（makeyevka）机场拍摄，当时拉尔用他的Bf-109 G6获得了第200个战果，刚刚降落。拉尔2009年10月逝世，终年91岁。

分钟内，2架Ju-87命丧在带队的列昂季·希里津（Leontiy Slizen）大尉的炮口下，他的战友灭掉了另外3架。这次德方人员的损失不可估量：阵亡者中包括2名俯冲轰炸老手——骑士十字勋章的获得者威尔弗里德·赫林（Wilfried Herling）上尉和汉斯·克鲁明加（Hans Krumminga）少尉。第52战斗机联队第3大队大队长京特·拉尔少校紧急起飞，宣称打下了1架苏机（这是他个人第250次空战胜利），好歹出了口恶气。当天，德军夺回了日托米尔（Zhitomir）。曼施泰因认为他的反击重创了乌克兰第1方面军，但事实远非如此，伸展过远的红军只是吃了点小亏，战局的平衡其实相当脆弱，红军下一步的攻势正在酝酿之中。

据苏方文件记载，在第聂伯河下游，9月26日至12月20日的战斗中共有430架飞机损失。南线德军节节败退，而在中央战区，战况却大有不同。

德国空军攻击机部队的改组

在1943年7月份的库尔斯克战役及随后的红军大反攻中，德国空军近距支援飞机的重要性变得越来越明显。当月，德军攻击机以及斯图卡们拼死奋战，或多或少地影响了苏军的两次大规模攻

势，否则的话德国人的境况还要更糟。

此前，近距支援部队有2名指挥官，一是"轰炸机将军"迪特里希·佩尔兹（Dietrich Peltz）上校，他的职务是德国空军轰炸机总监，领导飞Ju-87斯图卡的单位；二是"战斗机将军"阿道夫·加兰德少将，他的职务是德国空军战斗机总监，指导对地攻击机部队作战。1943年9月初，帝国元帅、德国空军总司令——戈林决定把所有的近距支援单位进行整合，由恩斯特·库普菲尔（Ernst Kupfer）上校统一指挥，后者此前是第2俯冲轰炸机联队的联队长，他也被提升为德国空军攻击机总监。1个月后，所有老的俯冲轰炸机联队和对地攻击机联队统统改编为新的攻击机联队，缩写为"SG"。

1943年10月18日改组完毕后，原来装备Ju-87"斯图卡"的第1俯冲轰炸机联队、第3俯冲轰炸机联队、第5俯冲轰炸机联队第1大队就变成了第1攻击机联队、第3攻击机联队、第5攻击机联队第1大队。唯一的例外是第1俯冲轰炸机联队第10（反坦克）中队，他们装备着扛着37毫米反坦克炮的Ju-87 G型飞机，其番号改为第77攻击机联队第10（反坦克）中队。

老的第2俯冲轰炸机联队和第77俯冲轰炸机联队则改组为俯冲轰炸机和攻击机混编的单位，其番号变为第2攻击机联队和第77攻击机联队。2个联队中原来装备着Ju-87的联队部、第1大队和第3大队保持不变，而第2攻击机联队第2大队是原来的第1俯冲轰炸机联队第2大队，第77攻击机联队第2大队是原来的第1俯冲轰炸机联队第1大队。这两个第2大队装备着Fw-190，前者还有一些Hs-123双翼机。原先的第2俯冲轰炸机联队第2大队则被解散了。

此外还成立了2个全新的单位：第9攻击机联队和第10攻击机联队。前者只有一个大队——第4大队，由布鲁诺·迈耶少校（Bruno Meyer）指挥。这是个专业反坦克的联队，从其下辖各中队的出身就可以看出来：第10（反坦克）中队，原先是第1俯冲轰炸机联队第4（反坦克）中队；第11（反坦克）中队原先是第1俯冲轰炸机联队第8（反坦克）中队；第12（反坦克）中队，原先是第2俯冲轰炸机联队第4（反坦克）中队；第13（反坦克）中队，原先是第2俯冲轰炸机联队第8（反坦克）中队；而第14（反坦克）中队的前身则是第51战斗机联队反坦克中队。 另一些装备着Fw-190的大队则编组为第10攻击机联队，这也是个混合了俯冲轰炸机和攻击机的单位，其下属部队主要从西欧调动而来，比如来自法国的第10快速轰炸机联队（SKG 10）联队部成了本联队的联队部；驻意大利的第2对地攻击机联队第1大队改编为本联队的第1大队；第2大队的前身是从法国调来的第10快速轰炸机联队第4大队；而装备着Ju-87的原第77俯冲轰炸机联队第2大队改组为10联队的第3大队。

库普菲尔还同时负责指挥德国夜间轰炸机部队作战。战争爆发后，苏军用U-2、R-5等老式双翼机在夜间袭扰的战术是如此之成功，以致德国人决定效仿，于1942年秋成立了类似的夜间袭扰单位，稍后确定名称为夜袭大队（Storkampfgruppen），现在则改组为夜战大队（Nachtschlachtgruppen）。1943年10月18日，他们完成了重组：

第1航空队夜袭大队改编为第1夜战大队和第3夜战大队；

第6航空队夜袭大队改编为第2夜战大队；

第4航空队夜袭大队大队部改编为第4夜战大队大队部；

第4航空队夜袭大队第1中队改编为第4夜战大队第1中队；

第4航空队夜袭大队第2中队改编为第4夜战大队第2中队；

第4航空队夜袭大队第3中队改编为第6夜战大队第1中队；

第4航空队夜袭大队第4中队改编为第5夜战大队第1中队；

第4航空队夜袭大队第5中队改编为第5夜战大队第2中队；

第4航空队夜袭大队第6中队改编为第6夜战大队第2中队；

第127侦察机大队（由爱沙尼亚志愿者组成）更名为第11夜战大队。

▶ 这张照片从侧面显示出1943年秋第聂伯河会战的激烈程度。在乌克兰基洛夫格勒-诺尔（Kirovograd-Nord）机场，1架Ju-87"斯图卡"正在起飞，而2架Bf-109 G6在完成战斗任务后刚刚返航。

▶ 匈牙利2/2（后更名为102/2）轰炸机中队成员在他们的1架Ju-87前的合影。从1943年秋起，该部队在第77俯冲轰炸机联队第2大队麾下作战，共执行了1200多次作战任务，投弹800余吨，该单位前后损失了其拥有的21架斯图卡中的15架。此中队于1944年1月撤回匈牙利，1944年6月中旬重返东线。1944年8月，他们换装了Fw-190。

虽然纳粹德国著名的"闪电战"模式——其基础就是战术空军和地面部队的紧密协同，但其实德军一直缺少类似红军IL-2那样的专业对地攻击机。在苏德战争爆发时，德国空军仅有的攻击机型号是早已过时的双翼机Hs-123。这种老掉牙的玩意在东线居然撑了3年，到1944年5月，最后8架才从第2攻击机联队第4中队退役，但还有40至50架仍在发挥余热。直到1942年春，较为先进的双引擎Hs-129才出现在东线。但前后矛盾的生产指令和对其他类型飞机的迫切需求严重挤压了Hs-129的产量。到1943年底，仅有664架Hs-129被生产出来，而其中495架已经损耗掉了。

这样德国人只好把Bf-109和Bf-110也拉出来执行对地攻击任务。但这两种飞机是液冷引擎，在地面火力面前很脆弱。而Fw-190的引擎是空冷式的，之前一些战斗轰炸任务显示，这种飞机很适合扮演对地攻击机的角色。于是从1942年起，各攻击机大队开始接收Fw-190。

到1943年3月，Fw-190的专业对地攻击版本——Fw-190 A5/U3被开发出来，这种飞机可挂ETC-501型炸弹挂架，装甲也做了加强。他们被配给第1对地攻击机联队，后更新为Fw-190 F2。1943年5月，Fw-190 F3也出现了，这种飞机在机翼下安装ETC-250型炸弹挂架，装备给第1对地攻击机联队第2大队。等到1943年秋对地支援单位调整完毕后，德国空军已打算让Ju-87斯图卡逐步退出白天的战斗。

在1943年夏，斯图卡部队的损失极为惨重。其实在1940年不列颠空战时，这种飞机就开始过时了，现在碰到苏军先进的歼击机更是没有好果子吃。德国人只能把慢吞吞的Ju-87丢到夜战大队中去，攻击机部队得用Fw-190来唱主角了。但由于生产过程出现问题，再加上后来的燃料危机，这一替代进行得相当缓慢。直到1944年3月，才有一个原来使用斯图卡的大队——第1攻击机联队第3大队完成换装。

但这一切的组织者迪特里希·佩尔兹上校没能看到改组的最终完成。他于1943年11月6日死于一次飞行事故。第1攻击机联队的联队长胡伯·黑斯霍尔德（Hubertus Hischhold）上校被挑选出来，接替了他的职务。

中路磐石
第三章
CHAPTER 03

尽管中路战区的中央集团军群从1942年起就承受着越来越大的压力，但总体而言他们维持了一条稳定的防线，没像他们南方的同伙那样屡次崩盘。斯大林1943年的秋季攻势准备解放2个西部加盟共和国的首都——乌克兰的基辅和白俄罗斯的明斯克，现在基辅已经收复，曼施泰因的南方集团军群一路西撤，狼狈不堪。但中央集团军群的表现要出色得多，红军很快发现他们没有足够的实力实现第二个目标。在一系列的防御战斗中，第6航空队再次扮演了"关键先生"的角色，在他们的掩护下，中央集团军群主力撤向完备的"黑豹"阵地。每当夜幕降临，红军的后方补给线还会遭到第6航空队轰炸机部队的有效袭扰。在空军的大力支援下，中央集团军群，"不仅带出了武器和车辆，还运走了大批工业设备和物资，另有30万匹马和60万头牲畜"。

但应该指出的是，这段时期红军歼击机部队的战斗力已大有进步，德国轰炸机在白天的活动明显受到限制。历史学家威廉森·默里（Williamson Murray）提供了一些有趣的数据，说明德国轰炸机机组已尽可能地避免和苏联歼击机遭遇：据第4轰炸机联队第3中队的埃尔玛·伯尔施（Elmar Boersch）少尉记录，从1943年9月7日至9月22日，他执行了25次战斗任务，其中在苏军控制地域飞行时间超过10分钟的仅有两次——一次15分钟，一次2个小时。

而有相当多的德国轰炸机单位干脆撤离了苏德战场。第1轰炸机联队在东线仅保留了第9中队，主要任务就是打火车头。第3轰炸机联队第3大队从1943年8月起就被调离；9月20日，在承受了最后一个战损后，第51轰炸机联队全体回德国整补。1943年10月13日，在东线的德国轰炸机都编入第4航空军，准备在未来执行东线的战略轰炸任务。

1943年10月6日，苏联加里宁方面军（20日更名为波罗的海沿岸第1方面军）设法在中央集团军群和北方集团军群的结合处——涅韦尔（Nevel）以东找出了德军防线的弱点，在空军第3集团军的掩护下发起突袭，一举夺回了涅韦尔。醒过神来的德国人迅速派出第6航空队的飞机，对此处的苏联陆军进行轰炸。在东线，德国轰炸机已很少以这么大的规模在白天出动了，这种高风险的近距支援任务也让他们付出了相当的代价。10日，为了支援第3装甲集团军，德国空军出击了960个架次，其中轰炸机、攻击机有496个架次，袭击了红

1架被击落的Yak-9。Yak-9于1942年末入役，装备该型飞机的单位损失率比平均数要小。到1943年末，苏联共生产了2550架Yak-9，只战损了383架。

军的集结地、坦克纵队和火炮阵地。到晚上，德国夜间轰炸机在此地区也有218次出动记录，主要目标是红军位于大卢基的铁路枢纽，战后他们报告共击中了7列红军军列。

11日，第6航空队集中了552架轰炸机和攻击机袭击了涅韦尔区域契尔尼戈夫（Chernigov）以西的红军部队。当天他们共执行了747次空中任务。第二天的数据是908次，到13日，增加到829次。第54战斗机联队第1大队的瓦尔特·诺沃特尼——现在已被提升为上尉并荣获了宝剑橡叶十字勋章，再次和空军第3集团军的飞机交上了手。10月9日，诺沃特尼上报击落8架飞机，其中1架为54联队联队史上第6000个击坠记录。11日，诺沃特尼又有4个战果入账。13日，54联队记录获得34次空战胜利（诺沃特尼一人包揽6次），自身仅损失3架。现在诺沃特尼的胜利次数达到了246次，为全军之冠。

连续的交火让双方都付出了高昂的代价。14日，第6航空队的飞机共出击722个架次——其中轰炸机和攻击机为411次——对涅韦尔地区的苏军狂轰滥炸，空战非常激烈。当天，诺沃特尼的个人战绩站上250架大关。

尽管涅韦尔被红军夺取，但是德国防线并没有崩溃。历史学家约翰·埃里克森（John Erickson）在他的书中这样描述了红军的难处："在德维纳河（Dvina）和第聂伯河（Dnieper）之间，从奥尔沙（Orsha）至维捷布斯克（Vitebsk），德军防线相当坚固。往南到罗加乔夫（Rogachev）和日洛宾（Zhlobin），沼泽、小河密布；往后又有别列津纳河（Berezina）和德鲁特河（Drut）。在人工或大自然制造的防线后面，驻扎着身经百战、意志坚强的德国东线老兵，这些成了苏联人的噩梦。所谓攻不破的'东线堡垒'也许只存在于希特勒的想象之中，但在北部，完善的防线倒确实是存在的。"

见加里宁方面军（20日更名为波罗的海沿岸第1方面军）在中央集团军群北翼打不开局面，苏联人决定到南翼去碰碰运气。10月15日，罗科索夫斯基大将的中央方面军（20日更名为白俄罗斯方面军）攻打第聂伯河沿岸的洛耶夫（Loyev），为此他得到了从北边布良斯克方面军调来的3个集团军的援助。这次进攻还得到了第3轰炸机军的集中支援。

在这一地区的交火中，第51战斗机联队的中队长安东·哈夫纳少尉的战绩于10月15日达到百架。空战双方——第6航空队的第1航空师和鲁坚科的空军第16集团军都有成名高手阵亡。18日，红军2名来自第431强击机团的IL-2王牌：伊万·洛京科（Ivan Lozenko）大尉（155次出击记录）和尼古拉·拉茨科夫（Nikolay Latskov）上尉（112次出击记录）牺牲，后均被追授"苏联英雄"称号。3天后，德国第1攻击机联队第6中队的中队长弗朗茨·罗卡（Franz Roka）上尉的Ju-87也被苏联歼击机击坠，上尉随机阵亡。

为了迟滞苏军的攻击并保护地面防线，德国攻击机和轰炸机部队只能连续作战，损失超乎寻常。10月份，第1攻击机联队记录的战损有10架。而在10月22日这一天，第4轰炸机联队第1和第3大队就有8架He-111被击落击伤。如此严重的失血让轰炸机大队的力量被大幅削弱了："本日结束时，经过两次任务，全大队只有6架飞机可以运作，正常情况下应该是40架，这太不寻常了。"

同一时期，苏联空军空勤人员依旧是新手充斥，结果和夏季一样，碰到第6航空队战斗机时往往被修理得灰头土脸。10月21日，第51战斗机联队上报击落21架苏机；第54战斗机联队则宣称击落41架，己方全部安全返航。整个10月，51联队的总战绩是220个，54联队是365个。一个很明显的事实是，在之前数个月里，红军许多最富经验的飞行员都在激烈的战斗中牺牲了。

罗科索夫斯基利用南方集团军群退却的机会，设法在洛耶夫以南渡过了第聂伯河。而北面的波罗的海沿岸第1方面军也完成了新攻势的准备工作——此时布良斯克方面军已转移到伊尔门湖（Ilmen）至大卢基（Velikiye Luki）之间，更名为波罗的海沿岸第2方面军——可以集中精力

对付中央集团军群北翼。为其提供空中掩护的空军第3集团军也得到了第1歼击机军的加强。10月29日，战火再次燃起。当天中央集团军群发生了人事变动。司令官陆军元帅冯·克鲁格在一次前线视察中负伤，他的职位由恩斯特·布施大将接任。后者之前指挥第16集团军，在防御苏联西北方面军的进攻中表现相当出色。

现在中央集团军群的中路还能勉力坚持，而两翼在重压之下只能放弃一些地盘。11月9日，波罗的海沿岸第1方面军已经威胁到涅韦尔-波罗特斯克（Nevel-Polotsk）铁路；同时白俄罗斯方面军从南面进抵戈梅利（Gomel）外围。在涅韦尔地域，德军的空中武力主要来自于著名的"诺沃特尼四重奏"：由4名空战尖子组成，包括瓦尔特·诺沃特尼上尉、卡尔·史诺尔（Karl Schnorrer）上士（34架战绩）、安东·多贝尔（Anton Dobele）一级士官长（94架战绩）和鲁道夫·拉德玛切尔（Rudolf Rademacher）一级士官长（45架战绩）。但是德国人的优势没有延续多久。11日，多贝尔首先谢幕：他的Fw-190 A4"白色11号"与1架IL-2相撞，机毁人亡。第二天大雨倾盆，诺沃特尼和史诺尔奉命紧急起飞拦截一群IL-2，诺沃特尼设法击落了1架苏机，这是他的第255次空战胜利，而史诺尔也斩获1架，这是他个人的第35个战果。但1架苏机随即机动到诺沃特尼后方，史诺尔的Fw-190 A5试图援助长机却被击中，史诺尔只能跳伞，但开伞过晚，他被狠狠地摔在了地上，头骨破裂，两条腿全折了，在医院中躺了几个月后才重返前线。诺沃特尼的座机也被打得满是窟窿，但好歹歪歪斜斜地逃回基地。11月15日，诺沃特尼取得了在东线的最后一个战果——第256个，接着他在月底被调回国内，负责组建新单位。"诺沃特尼四重奏"不存在了。

在北翼的红军已压向维捷布斯克（Vitebsk），而南翼的白俄罗斯方面军于11月26日攻占了戈梅利。最终罗科索夫斯基的大军进抵第聂伯河畔的莫吉廖夫（Mogilev）以南（这里是白俄罗斯方面军和西方方面军的结合处）——

日洛宾-普里皮亚季河上的莫济里（Mozyr）一线，在这里他们被德国援军、恶劣的天气和复杂地形所阻，而普里皮亚季大沼泽（The Pripet Marshes）更是让人望而生畏。至11月底，所有对中央集团军群的攻势都停顿了下来。

通过研究空战战例，可以看出这段时间苏联空军进步明显。12月15日，在维捷布斯克以北双方战斗机发生交火。第54战斗机联队的新任联队长冯·波宁（Hubertus Von Bonin）少校被击坠身亡。下手的应该是第3近卫歼击机团的阿列克谢·马列西耶夫（Aleksey Maresyev）上尉，据苏方记录，当天在此地域，他与其他7架La-5和6架Fw-190混战一场，上报打下了1架Fw-190。12月，第54战斗机联队记录获得71个战果，但有14架Fw-190损失。与之前对比，德国战斗机部队的击坠比明显恶化了。

尽管苏联空军在数量和质量上都在不断提高，但地面部队面对德国中央集团军群的坚强防御始终无法打开局面。不过在中央集团军群两翼，德国人却面临着新的危机。

◀ IL-2无疑是第二次世界大战中最杰出的对地攻击机之一。由于结构坚固可靠，他得到了很多人的喜爱，这种飞机的重甲环绕发动机和座舱，可保护空勤人员在最残酷的战斗中生存下来。此外，IL-2火力强，载弹量大，在苏联步兵中有"飞行坦克"和"飞行大炮"的美称，而德军则给了他另一个著名的绰号："黑死神"。

◀ 正在维护中的双座IL-2。可见有女性的地勤人员。

▲ 卡尔·史诺尔驾驶Fw-190飞翔在东线上空。这张照片是在1架Hs-126中拍摄的。

▲ "诺沃特尼四重奏"的其他3位成员。左起：多贝尔、史诺尔和拉德玛切尔。

▶ 1943年秋，瓦尔特·诺沃特尼和卡尔·史诺尔（Karl Schnorrer）在第51战斗机联队第1大队大队部里研究地图。诺沃特尼是德国战斗机部队的顶级人物之一，他在东线从1941年6月待到1943年11月，执行战斗任务超过400次，战果达256个。1943年10月19日，他成为德国国防军中第8个，也是战斗机飞行员中第5个荣获钻石宝剑骑士十字勋章的军人。战争后期，他成为Me-262喷气式战斗机部队最早的指挥官之一，并用Me-262击落了2架敌机。1944年11月8日，诺沃特尼在空战中被美国战斗机击落身亡。卡尔·史诺尔是诺沃特尼在54联队时的僚机，在1943年11月12日被击落负重伤之前已累积战果35架。1944年末，史诺尔被调到诺沃特尼指挥的喷气机部队继续作战。他活过了这场战争，个人最终击坠记录为46架。卡尔·史诺尔于1979年9月25日逝世。

▲ 诺沃特尼佩戴钻石宝剑橡叶骑士十字勋章的照片。

外篇：苏德空军
1944年初

1943年末至1944年初，苏联空军在数量上的优势相当明显。一方面红军处于上升势头；另一方面，由于损失巨大，加上其他战场的需求以及德国航空工业在产量上无法和苏联人竞争，东线德国空军的力量持续削弱。1943年5月31日，他们还拥有2500架飞机，到1944年1月，则只剩下1683架了。

1943年全年，东线德国空军在交战中损失了1135架战斗机，而1943年5月31日，其战斗机总数不过547架。这除了说明德军损失之大外，还从侧面反映出苏联空军在质量上的进步。当然，红军的战损也大得可怕。德国空军仍拥有一批顶级人物，同期他们坐骑的性能仍超过大部分的苏联歼击机：这些超级王牌让他们的对手付出了惨痛的代价。

在1943年，空战精英们的价值越发凸显。从战争爆发以来，第三帝国给予他们极高的封赏：在其他军种中，没有任何部队在获得的荣誉和公众知名度上能与德国空军战斗机部队相比。在早期这引起了一些争议，但几年仗打下来，纳粹已特别需要用这些炫目的战绩来鼓舞人心，而顶级王牌们也比以往更渴望获得个人的荣誉。到1943年底，德国空军中战果突破100架的空战王牌已有60余人，有些人达到了200架，而瓦尔特·诺沃特尼和京特·拉尔的战绩甚至站上了250架大关。毫无疑问，在战局越来越不利的情况下，这批王牌们的"英雄业绩"，对维系整个国防军的士气起到了至关重要的作用。

苏联空军在1943年记录的战斗损失超过11700架：歼击机5600架、强击机3900架、轰炸机1700架、其他型号500架。对红色空军而言，在战争开始阶段他们失血太多，为弥补巨大的缺员只能让一些没有完训的超级菜鸟早早地投入了一些战斗，现在这种势头已被基本遏制，但在1943年，他们还得继续上交高昂的学费。

苏联空军能够浴火重生，一个重要原因是苏联航空工业的生产效率优势明显。在德国入侵导致西部领土大批沦丧后，很多工厂千里迢迢搬迁到东部，但其生产能力迅速恢复且很快扩大，产出远远超过了消耗。从1941年6月到1943年底，有超过7万架苏联军用飞机从生产线飞向天空。到1944年1月，苏联空军已是一支拥有8800架作战飞机的庞大力量。

同时，苏联空军和德国空军之间的质量差距也在缩小，尽管这一过程远谈不上一蹴而就。1944年春天，2个空军集团军——空军第6集团军和空军第14集团军被转入大本营预备队，这样空勤人员获得了喘息之机，可以接受更充分的战术训练。在未来的战斗中，他们将在空中展示其训练成果。

两翼狂飙

第四章 CHAPTER 04

列宁格勒解围

1941年战争爆发后，德国北方集团军群在当年9月份就推进到列宁格勒和沃尔霍夫河（Volkhov River）一线。此后2年多双方进入相持阶段，苏军虽占有数量优势，但也拿德国人没什么办法。1943年，苏德两军在南面打得头破血流，北部相对比较平静。但到1944年初，情况发生了变化。

1944年1月14日，在海军航空兵和空军第13、第14、第15集团军1300架飞机的支援下，列宁格勒方面军、沃尔霍夫方面军和新成立的波罗的海沿岸第2方面军（原布良斯克方面军）从北、东北和东南3个方向联手进攻。前两者打击北方集团军群的主力第18集团军，后者则牵制第16集团军。德军苦心经营的从芬兰湾到伊尔门湖的所谓"北方壁垒"防线被红军突破。30日，第54战斗机联队的基地锡维尔斯卡亚（Siverskaya）失守。2月12日，随着位于沃尔霍夫河与楚德湖（Peipus Lake）中间位置的卢加（Luga）被红军夺回，沃尔霍夫方面军解散，其下属陆军单位由列宁格勒方面军和波罗的海沿岸第2方面军吸收。原来支援该方面军的空军第14集团军转入大本营预备队，后配属给新建的波罗的海沿岸第3方面军。1月26日，列宁格勒方面军和沃尔霍夫方面军将德军从列宁格勒接近地彻底驱逐，苏联方面宣布列宁格勒所遭受的900天漫长围困至此终于结束。

3月1日，北方集团军群退守俄罗斯、爱沙尼亚边界。经过一系列苦战，追击的苏军也失去了冲劲。至1944年3月，北方战区德国空军战斗机部队的2大王牌——霍尔斯特·艾德米特（Horst Ademeit）上尉和奥托·基特尔（Otto Kittel）少尉同属第54战斗机联队第1大队。另外的成名高手还包括埃里希·鲁道弗少校、海因里希·施特尔（Heinrich Sterr）少尉、阿尔宾·沃尔夫（Albin Wolf）少尉和赫尔穆特·格罗尔穆斯（Helmut Grollmus）一级士官长，他们均在第54战斗机联队第2大队服役。3月23日16时47分，沃尔夫少尉击落了1架Yak-1，这是他本人的第135次空战胜利，也是54联队史上第7000个空战战果。

29日，施特尔少尉成为第68个战绩过百的德国战斗机飞行员。但仅仅4天之后，4月2日，54联队就遭遇重大打击：拥有144架战绩的顶级空战王牌阿尔宾·沃尔夫少尉的Fw-190在普斯科夫（Pskov）东南被防空火力命中，沃尔夫未能生还。6天后，基特尔少尉射杀了他的第150个猎物，这让他赢得了十字勋章上的橡叶饰。当天鲁道弗少校也因为一连串的胜利——包括在4月7日一天内击落7架敌机——赢得了同样的荣誉，此时他的战绩是134架。从1月14日至4月1日，红军在列宁格勒周边共损失了260架飞机。

► 空军在1944年1月的列宁格勒解围战中起到了关键作用。这名站在IL-2前的飞行员是瓦西里·梅赫利克（Vasiliy Mykhlik），拍摄时间是1943年12月29日，梅赫利克刚过完他的21岁生日后不久。他的座机上绘有列宁格勒著名的景点——彼得保罗大教堂的侧影图案，文字为"为了列宁格勒"。梅赫利克从1943年5月起在第566强击机团飞IL-2，到战争结束时共执行了187次任务，因功两次荣获"苏联英雄"称号。

右岸乌克兰攻略

乌克兰的冬天远不像2年前发生关键战斗的俄罗斯那么严酷，所以红军准备在乌克兰发动冬季攻势，解放右岸乌克兰（指第聂伯河以西的乌克兰地区）。为此斯大林展开了4个乌克兰方面军。他们在1943年底的态势如下：

乌克兰第1方面军（瓦图京）占据着基辅以西，第聂伯河右岸的一个大登陆场；以南，乌克兰第2方面军（科涅夫）和乌克兰第3方面军（马利诺夫斯基）占据了另一个大登陆场，战线自切尔卡瑟至扎波罗热一线展开；而乌克兰第4方面军（托尔布欣）主力对着尼科波尔（Nikopol）桥头堡。

在此前的战斗中，南线德军沿第聂伯河构置的"东方壁垒"在红军的打击下已基本瓦解，德国人仅在卡涅夫一带还扼守着第聂伯河右岸的一小块阵地，左岸尼科波尔附近占领一个桥头堡（第6集团军控制）。

按红军最高统帅部的方案，瓦图京的乌克兰第1方面军和科涅夫的乌克兰第2方面军是进攻的主力，他们的目标是扩大在第聂伯河右岸的桥头堡，主要对手是德国第4、第1装甲集团军和第8集团军（由北而南）。

1943年12月5日，在得到加强之后，瓦图京的部队从基辅登陆场破茧而出，杀向日托米尔。尽管部署在这里的德国空军第4航空队（由奥托·德斯洛赫将军指挥）拥有1150架飞机——占整个东线飞机数量的68%——但仍无法阻止苏军的全力突破。由于气候恶劣，双方大部分的飞机都被困在了地面。仅仅3天时间，乌克兰第1方面军就在德国防线上撕开了一个宽300公里、深100公里的口子。在日托米尔，眼见红军坦克逼近，第51战斗机联队第4大队只能慌忙放弃基地溜走。大队长汉斯-埃格尔哈特·鲍勃（Hans-Ekkehard Bob）少校命令部属驾机对地攻击，这违背了从一战"红男爵"时期流传下来的德国战斗机部队的信条——"击落敌机为唯一要务"，让其手下自视甚高的"空中大腕"们大为不爽。但作为一名老牌指挥官，鲍勃少校在不列颠空战时就执行过此类任务，他很清楚处于这种环境下，攻击红军地面部队比打下几架飞机更重要！在鲍勃的严令下，德国战斗机加挂了250千克炸弹（其中填充有4千克和10千克的反人员杀伤弹）对苏联陆军进行突袭，给在开阔地上行进的俄国人带来了重大杀伤。

1月5日，乌克兰第2方面军在空军第5集团军的支援下也加入了进攻。他们从之前的目标——克里沃伊罗格转向西面，在随后发起的解放基洛夫格勒的战斗中，空5集总共执行了1100次战斗任务。8日，基洛夫格勒被红军光复。这样，在基辅东南卡涅夫地域，德国第1装甲集团军和第8集团军接合处，形成了一个向第聂伯河凸起的巨大的

▲ 1944年初,东线1架梅塞施密特Bf-109的战斗轰炸型,属第51战斗机联队第4大队。在1943年末至1944年初,汉斯-埃格尔哈特·鲍勃担任该大队的大队长,他是德国战斗机部队中执行战斗轰炸任务的先驱者之一。

▶ 阿尔宾·沃尔夫于1942年5月调到第54战斗机联队第2大队,在东线上空作战。他是"绿心联队"1943年表现最杰出的飞行员之一。这张照片摄于1944年3月23日,当天他获取了本联队第7000个空战战果。沃尔夫时年仅23岁,但战争已让他显得饱经沧桑。4月2日,沃尔夫报告击落1架Yak-9,这是他的第144次空战胜利。但很快他的Fw-190 A6 "黄色6号"就被击中,连人带机摔到了地面。阿尔宾·沃尔夫后被追授橡叶骑士十字勋章。

德军突出部。这个突出部后来引发了著名的科尔孙-舍甫琴柯夫斯基战役(西方称为切尔卡瑟之战)。当天,第525强击机团的IL-2偷袭了第51战斗机联队第4大队位于文尼察(Vinnitsa)的新基地。德国人措手不及,损失惨重。11日,第4大队再折两将,鲍勃少校的副官也被打死了。

再往南,1月10至12日,乌克兰第3方面军、第4方面军也打开了。他们准备消除第聂伯河河曲的德军尼科波尔桥头堡。在这一地区,德国空军的指挥官是久经沙场的保罗·戴希曼少将,在1943年12月,他把第1航空军的参谋机构从克里木撤到了罗马尼亚。戴希曼掌握着第4航空队的主力,其手下第1航空军里有德国战斗机部队中最优秀的单位——第52战斗机联队第1大队和第3大队,他们的对手是苏军的空军第8集团军和空军第17集团军。

1月15日,汉斯·约阿希姆·比克纳(Hans-Joachim Birkner)二级士官长宣称击落5架飞蛇。比克纳隶属第52战斗机联队第9中队,该中队在1942年赫尔曼·格拉夫当中队长的时候就赢得了善战的名声。1944年初,该中队的中队长由埃里希·哈特曼少尉担任,现在哈特曼的战绩已超过了150架。17日,哈特曼宣称击落4架苏机,而52联队第1大队的弗朗茨·沃依迪希(Franz Woidich)一级士官长报告获得了5次空战胜利,个人战绩提高到66架。时任52联队第3大队指挥官的是京特·拉尔少校,战果达250架,仅次于保持全军最高击坠记录的第54战斗机联队第1大队的瓦尔特·诺沃特尼。

在第聂伯河河曲达成突破、粉碎尼科波尔桥头堡的首次尝试未能成功,德国空军的空袭非常猛烈。苏军后勤供应紧张,而春季解冻软化了土路的路面,加剧了困难。尽管IL-2和Pe-2的活动十分积极,也不能改变这种状况。5天后,红军暂停了进攻。2个方面军调整方案,准备再战。1月30日,他们重启攻势,联手向心突击,崔可夫的近卫第8集团军又一次首先在德军防线上凿开缺口,马利诺夫斯基顺势将突击力量——第4近卫机械化军从突破口投入战斗。2月8日,红军攻克了尼科波尔,清除了德军的桥头堡。

此时,大批新型的IL-2开始装备部队,这种型号的IL-2增加了后射机枪手。尽管自卫枪手的伤亡率很高,但他们也给前来截击的德国战斗机带来了很大的麻烦。1月22日,第51战斗机联队第4大队拥有66架战绩的奥托·盖泽(Otto Gaiser)少尉在拦截4架IL-2的战斗中失踪。

1月底,空军第2集团军在基辅南边集结,此时乌克兰第1方面军和第2方面军准备在第聂伯河河畔携手完成一个双重包围圈,消灭前文所述的卡涅夫地域突出部,吃掉对方几个军。这一战役以卡涅夫地区的中心地带——科尔孙-舍甫琴柯夫斯基来命名。空军第2集团军和空军第5集团军共768架飞机为这场战役提供支援。但是战役打响时的天气很不好,浓雾、解冻和泥浆阻止了大部分的空中行动。

不过由于有2个坦克集团军——第6坦克集团军从乌克兰第1方面军地段、近卫第5坦克集团军从乌克兰第2方面军地段——西北、东南相向夹击,红军还是顺利完成了包围,兜住了德国第9军和第42军,有5.6万人在第聂伯河西岸被装进了科尔孙口袋。第8航空军立刻组成了3个运输机大队,为包围圈内的德军空运物资。由于事发突然,还要考虑打穿苏联空军歼击机的空中封锁,德军的此次行动和一年前斯大林格勒空运十分类似。在开头5天,德军就损失了44架运输机。从1月29日至2月3日,空2集和空5集执行了2900次战斗任务,宣称击落130架德机。其中最成功的飞行员是第3近卫歼击机团的皮特·巴扎诺夫(Petr Bazanov)中尉,在2月1日这天他上报击坠了4架Ju-52。而防空军第10歼击机军的军长米哈伊尔·戈洛夫尼亚(Mikhail Golovnya)少将也亲自上阵,2月3日,他干掉了2架Ju-52。

在科尔孙空域的轴心国空军力量包括第51战斗机联队第4大队和第52战斗机联队第3大队的Bf-109,此外还有匈牙利空军的"美洲狮"战斗机大队,他们在与苏联歼击机的对战中付出了不小的代价。2月1日,第5近卫歼击机团的维塔里·波普科夫上尉率领一队La-5掠袭了匈牙利人的Bf-109编队——波普科夫是在战火中成长起来的王牌飞行员,非常注意学习德国对手的战术,他的拿手好戏就是从高空高速俯冲至敌机后方,在极近距离开火;此时他已取得27次空战胜利——他的这一方法在近5团得到推广,这次他们轰掉了1架Bf-109,驾驶这架梅塞施密特的是捷尔吉·德勃蒂(Gyorgy Debrody)上尉,德勃蒂是"美洲狮"大队最优秀的飞行员之一,当时已累积战果15架。

德勃蒂上尉在座机被毁后成功跳伞,落到了苏军战线之后。他的同伴,另一名匈牙利王牌飞行员——米克洛什·凯涅莱什少尉(Miklos Kenyeres,他的战绩是17胜)见状驾机在德勃蒂坠机处附近降了下来,带着后者飞离。这是德勃蒂在半年内第二次在敌方上空被苏联歼击机击坠,但他运气不错,两次都逃了出来。两天后,凯涅莱什在空战中取得了他在战争中的最后一次胜利——1架La-5成了他的第18个战绩,但他随即也被击落,跳伞逃生。和德勃蒂一样,他落入了苏军控制地域,但他缺少德勃蒂的好运,被苏军抓获。

随着时间的推移,包围圈内的德军日子越来越不好过。南方集团军群司令官曼施泰因不得不拿出全套本事来挽救他的部下。2月8日,他投入了4个装甲师逆袭,意图打破科尔孙口袋。第8航空军也接收了不少援兵,在其帮助下,曼施泰因开头的进展还算顺畅。

与此同时,为了给科尔孙口袋内的同伙运输补给,德国人建设了一个拥有混凝土跑道的机场,准备着手进行空运,第51战斗机联队第4大队得令要保证运输机的安全。空运从2月9日开始。面对德军突破包围圈的尝试,红军进行了反冲击,为地面部队提供掩护的是空军第5集团军。而空军第2集团军得到了防空军第10歼击机军的加

◀ 弗朗茨·沃依迪希作为一名战斗机飞行员先是在北非的第27战斗机联队服役;1941年11月22日,他击落了1架澳大利亚空军的P-40,这是他的首个空战战果。1942年春,沃依迪希被调到东线的第52战斗机联队第1大队,后在约1000次战斗出动中击落了109架飞机。1944年8月,沃依迪希被调回国内参加"帝国保卫战",即对抗英美航空兵对德控地区的战略轰炸。他最后一次执行任务是驾驶火箭动力的Me-163出击,击落了1架美国重型轰炸机。弗朗茨·沃依迪希逝世于2004年7月5日。

强,他们的任务是进行空中封锁。同时,苏联轰炸机对包围圈内的防御支撑点进行系统的轰炸,歼击机则去猎杀德国运输机。9日,第910歼击机团的尼古拉·格卢什科夫(Nikolay Glushkov)大尉连续击坠了3架Ju-52。

为Ju-52提供护航的任务被交给了阿道夫·博切斯(Adolf Borchers)上尉指挥的第51战斗机联队第11中队。为了贴身伴随慢吞吞且非常脆弱的三引擎的"容克大婶",博切斯手下的那些Bf-109 G6无疑处于非常不利的境地,在斗志昂扬的苏联歼击机的袭击下损兵折将。红军飞行员在这一空域的打得顺风顺水,特别是那个"红色机鼻、执行自由猎杀任务的La-5团"——这无疑是第3近卫歼击机团——给他们的德国对手留下了深刻印象。1月份科尔孙战役打响时,博切斯还有12到14名手下,仅仅5周之后,只有彼得·卡尔登(Peter Kalden)少尉、海因茨·马夸特(Heinz Marquardt)下士、马丁·乌尔布里希(Martin Ulbrich)下士和博切斯本人幸存。

从2月9日到14日,容克运输机每天仅能向包围圈内运送100至185吨物资。由于此时各地都需要运输力量,运输机短缺,空运成本极高。2月17至18日夜间,包围圈内的德军不顾一切地突围,最终有3.6万人夺路逃回了德国防线:其中有三分之一负伤,剩下的1.9万人不是被打死,就是当了俘虏。

第51战斗机联队第4大队在科尔孙上空的窘境并不能说明此时东线德国空军的整体状况。虽然苏联空军变得越来越老道,但是德方的那些空战精英们仍在不断刷新他们的胜利纪录。2月份,除了51联队第4大队执行了对地攻击和贴身护航任务,其他德国战斗机依旧充当自由猎手,这一点这和苏联空军的基本战术有关。此时自由猎杀任务在德国空军中仍有很高的优先级,而在红军歼击机部队中则低得多。总体而言,苏联空军的行动和地面部队结合得更紧密。如果他们专注于在空中和德国飞机对抗,德国空军的击坠率会下降,损失也会增多,但一旦来自空中的压制减轻,德国陆军的战斗力就会大幅增强。苏联空军这种更强调对地支援、压制对手地面部队的打法,为红军的最终胜利投下了重要的砝码。

2月26日,第52战斗机联队第9中队的埃里希·哈特曼少尉和苏联歼击机空战3场,宣称打下了10架飞蛇。其中14时40分的战果是他第200次空战胜利,45分钟后是第201个猎物,再过5分钟,他的战绩达到了202架。这样,他成了继赫尔曼·格拉夫之后,第二个达到200架战绩的第9中队中队长,后者在1942年9月取得这一成就。

埃里希·哈特曼成长速度惊人,很重要的原因是他得到了名师指点,此人就是格拉夫原来的僚机:阿尔弗烈德·格里斯拉夫斯基(Alfred Grislawski)。格里斯拉夫斯基的秘诀就是"近距开火",哈特曼更是把这点发扬光大:他常常是逼近到30米内,再用Bf-109的30毫米炮打一个一两秒的点射,瞬间解决掉对手。52联队第3大队从

▲ 一群匈牙利空军飞行员。从1942年末起,装备Bf-109的匈牙利"美洲狮"战斗机大队被配属给德国第4航空队,大队指挥官是奥罗达·赫佩什(Aladar Heppes)少校。捷尔吉·德勃蒂(左二)是他手下优秀的飞行员之一,在1943年7月至8月共取得6个击坠记录。9月25日,德勃蒂被1架Yak-9击落,跳伞后落到敌军阵线后方20公里处,好在他逃脱了苏军的搜捕,设法渡过第聂伯河返回部队。29日在日托米尔,他又击落了1架IL-2。到1943年12月,全大队的战绩达到了100架,其中德勃蒂一人独取9架,损失仅有8架。德勃蒂活过了这场战争,个人最终战绩为26胜。捷尔吉·德勃蒂逝世于1982年2月2日。

1944年1月8日到2月28日共宣称击落76苏机架,哈特曼居功至伟,包揽其中的40架。3月2日,哈特曼因功荣获橡叶骑士十字勋章。

但德国战斗机部队的奋战不能阻挡苏联空军对德国陆军的空袭。虽然天气恶劣,红军飞行员仍以惊人的勇气出击,为红军1944年初在乌克兰的胜利做出了重要贡献。一份苏联文件这样总结:

"(1944年)1月到2月期间,苏联陆军在空军的积极配合下,粉碎了德军几个重要集团,解放了基辅州、第聂伯罗彼得罗夫斯克州、扎波罗热州;肃清了日托米尔州全部和罗夫诺州、基洛夫格勒州将近全部以及文尼察州、尼古拉耶夫州、卡梅涅茨-波多尔斯克州和沃林州部分地区的法西斯强盗;把敌人赶到远离第聂伯河的地区,为我军而后的全线进攻创造了有利条件。无论是复杂的气象条件,还是春季的泥泞时期,都阻挡不了苏联飞行员对自己部队的支援和掩护。在2个月的战斗活动中,空军第2、第5、第17和第8集团军共出动飞机31836架次,其中有13176架次用于直接空袭敌地面部队。"

在德国人的目光聚集到科尔孙突出部上之时,瓦图京趁德军装甲预备队被科尔孙的隆隆炮声吸引走的绝佳机会,用其右翼狠狠打击了曼施泰因在普里皮亚季沼泽以南伸展过度的左翼。从1月27日到2月11日,他以一次大胆的骑兵突击穿过了无人的沼泽地带,在德军防线上打开了口子并夺占了罗夫诺(Rovno)和卢茨克(Lutsk)。这是一个非常重要的战略成就。此举为日后杀入德军后方夺取了绝佳的进攻出发阵地,并可威胁中央集团军群南翼的主要防御支撑点——博布鲁伊斯克(Bobruysk)。幸好有广袤的普里皮亚季大沼泽,勉强保护着德国人脆弱的防线不遭到苏军的直接攻击。但在沼泽以南,红军的下一步进攻把战火引入了地形开阔的波兰东部地区。

抱着从南北两个方向进攻以削弱中央集团军群的目的,红军的西方方面军和波罗的海沿岸第1方面军在2月初再次发动进攻,意图对德军防线进行纵深突破并夺取中央集团军群北边的重要据点维捷布斯克(Vitebsk)。这次苏联人没能得手,和以往

◀ 1架三引擎的容克Ju-52型运输机。二战中Ju-52对德军贡献巨大,在东线尤其明显。

◀ 一群苏联歼击机飞行员在执行任务前研究地图。背景的La-5FN机身上绘有两排红星,看来是一名王牌飞行员的座驾。

一样，红军死伤惨重却啃不穿德军坚固的防线。在空中，空军第1集团军和空军第3集团军面对精锐的第51战斗机联队也是损兵折将。2月6日，51联队第3大队报告击落12架苏机，己方无一损失，其中奥托·沃费尔（Otto Wurfel）一级士官长击落了5架，而京特·沙克（Gunther Schack）少尉上演帽子戏法。第二天，沃费尔再接再厉，又打下了4架，全联队当天的战绩是9架，伤亡依旧是零。9日，沃费尔再添2个战果，12日又是3个。21日，51联队宣称以1架飞机的代价击落22架苏机，沃费尔包揽其中的6架。22日，51联队第3大队、第1大队大队部共取得25架战绩，中队长安东·哈夫纳一级士官长一人独取7架，沃费尔则梅开二度；而德方的损失只有2架而已。23日，空战力度有所减弱，但是51联队第3大队的运气很不好，隶属该部的2名顶尖王牌——奥托·沃费尔少尉（最终战绩79架）和他的僚机海因里希·迪特尔曼（Heinrich Dittlmann）一级士官长（最终战绩57架）均在这一天被击落，再也未能返回基地。

21日，苏联方面也有老手阵亡。执行过175次任务，拥有40辆坦克、2列火车击毁记录并炸毁地面飞机18架的红军IL-2王牌——尤里·济科夫（Yuriy Zykov）上尉在罗加乔夫（Rogachev）附近被击落牺牲。济科夫后被追授"苏联英雄"称号。

在意识到德军在南方战区的防守更为薄弱后，红军最高统帅部随即决定把重点转向这里。1944年3月，尽管春季泥泞还未结束，红军就准备发动新攻势：4个乌克兰方面军将全线出击，旨在将德国势力驱逐出乌克兰。但在此之前，红军意外损失了乌克兰第1方面军司令员瓦图京大将。2月29日，他在前线视察时遭到乌克兰民族主义者的袭击导致负伤，1个月后宣告不治。卫国战争中一颗耀眼的名将之星陨落了。格奥尔基·朱可夫元帅接替了他的职务。

由于彻底失去了第聂伯河天险，南线德军，特别是南方集团军群司令官施泰因所部在乌克兰中部平原上处境艰难。在他麾下，从北至南，第4装甲集团军防守着罗夫诺-杜布诺（Dubno）区域。从科尔孙口袋败退下来的2个集团军：第1装甲集团军防守在文尼察地区；第8集团军驻守于兹韦尼哥罗德卡和乌曼一线。

两军阵线的大致对应关系是：乌克兰第1方面军当面敌人为德国第4、第1装甲集团军（属德国南方集团军群）；乌克兰第2方面军主要针对德第8集团军（属南方集团军群，后划归A集团军群）；乌克兰第3方面军对面是德第6集团军和罗马尼亚第3集团军（属克莱斯特元帅指挥的德国A集团军群）；乌克兰第4方面军则对位驻防克里木半岛的德国第17集团军（属A集团军群）。

粉碎德军的主要努力仍然由乌克兰第1方面军和第2方面军实施。斯大林最重要的坦克突击力量——6个坦克集团军，将分配给这2个方面军节制。

苏联最高统帅部试图让德国人相信苏军主攻方向将指向南方集团军群的中部——文尼察，但其实红军将主攻方向向北移动，3月4日，朱可夫指挥乌克兰第1方面军右翼从舍佩托夫卡（Shepetovka）和杜布诺向西南方向汹汹杀来，给了南方集团军群下属第1、第4装甲集团军的结合部重重一击！德国人再次被打了个措手不及，脆弱防线几乎顷刻间土崩瓦解！红军很快打开一个宽100公里，纵深10至15公里的缺口，并将坦克集团军投入战斗以扩张战果。

3月5日，在朱可夫的方面军已展开进攻而德军的战役预备队被调走之际，乌克兰第2方面军也加入了攻势。他们一开始就投入了坦克集团军，突向西乌克兰的主要铁路节点和补给站：乌曼（Uman）。

6日，更南边的乌克兰第3方面军也动手了，他们的目标是南布格河和敖德萨。在该方面军地段红军没有坦克集团军，主要纵深突击集团是普利耶夫（Pliyev）中将指挥的第4近卫骑兵军和第4近卫机械化军。他们在渗入敌防线后迅速突向德军后方，为其提供空中支援的是空军第17集团军，后者派出了有歼击机贴身护航IL-2，以阻止德国空军压制普利耶夫快速集群，此外还安排了LI-2运输机空运补给。7日，在空17集2个强击机团——第672强击机团和第951强击机团的

◀ 苏德空军都是战术空军,在战争中履行着"飞行炮兵"的角色,所以对攻击(强击)机部队中的杰出人物,双方都是不吝犒赏。在西方和国内名气极大,有史上最成功的攻击机飞行员之称的汉斯·鲁德尔是纳粹德国最高军事荣誉——金钻石宝剑橡叶骑士十字勋章的唯一获得者。苏联方面,荣获"苏联英雄"称号的2271名飞行员中,最大的群体来自IL-2部队:共860人,超过了歼击机部队的数字(836人)。而65名两次荣膺"苏联英雄"的飞行员中,也是强击机王牌们独占鳌头:27人。

本张照片中的亚历山大·尼古拉耶维奇·叶菲莫夫(Aleksandr Nicolayevich Yefimov)是苏联空军强击机部队中最著名的人物,堪称"红军中的鲁德尔"。他生于1923年,1942年8月从航校毕业加入第198强击机团,到1944年7月,他已执行了超过100次作战任务,3个月后他被授予"苏联英雄"称号。战争结束时他在第62近卫强击机团担任领航主任,总出击次数为222次,消灭敌机92架(对地攻击中摧毁85架,空战中击落7架),为强击机飞行员中的最高纪录,因赫赫战功于1945年8月8日第二次获得"苏联英雄"称号。另据西方书籍介绍,他也是红军强击机飞行员中头号反坦克王牌,先后击毁坦克126辆。但笔者未能找到相关的俄文资料加以证实。

战后,叶菲莫夫继续在苏联空军中服役,1975年晋升为空军元帅,1984至1990年任苏联空军司令兼国防部副部长。2012年8月31日逝世,葬于莫斯科新圣女公墓。

◀ 尤里·济科夫和他的IL-2。在1944年初,济科夫无疑是最杰出的IL-2飞行员之一。1942年,时年20岁的他加入第688强击机团(后升格为第59近卫强击机团),参加了斯大林格勒战役、库尔斯克战役,并随后推进到白俄罗斯。他的个人战绩包括摧毁地面敌机20架、坦克40辆、火车2辆、油罐车20台、高炮22门。1944年2月21日,济科夫在他的第175次任务中阵亡。他可能是被第51战斗机联队第3大队的保罗·霍尔曼(Paul Hollmann)上士击落的。尤里·济科夫后被追授"苏联英雄"称号。

◀ IL-2的自卫枪手们堪称苏联飞行部队中的无名英雄。相对那些强击机王牌,他们几乎毫无名气,但正是靠他们编织的自卫火网驱逐了德国战斗机,才能让IL-2飞行员们无后顾之忧,放心地投入进攻。同理,因为是德机的重点攻击对象,自卫枪手们也是苏联空军中伤亡最惨重的群体之一。因人员匮乏,IL-2自卫枪手中有不少女性。本张照片摄于1943年5月,第804强击机团(隶属加里宁方面军)的IL-2自卫枪手安娜·彼得洛芙娜·博格达诺娃(Anna Petrovna Bogdanova)军士正在检查她的机枪。

炸射下，驻防特罗伊茨科-萨福诺沃（Troitsko-Safonovo）的德军机械化步兵被驱散，德国第4航空队的战斗机未能进行拦截。当天，第52战斗机联队第1大队记录损失了6架Bf-109，但没能打下一架敌机。

3月8日，12架第10攻击机联队的Fw-190拦截了6架为普利耶夫集群进行空运的LI-2。在和护航的第866歼击机团的6架Yak-9的交锋中，苏联方面宣称打下了2架福克，己方无一损失。德方损失记录证实了这一战绩。

在苏军本轮的攻势中，德国第4航空队战斗机部队表现极差。3月9日，52联队第7中队的瓦尔特·克鲁平斯基（Walter Krupinski）上尉上报打下了1架"LaGG-3"（这是他的第175个战绩），德国人才算有了一个遮羞布。52联队第1、第3大队在3月9日总共只有2个战果，自己倒是报销了3架飞机。

3月10日，在装备着空射火箭的IL-2的掩护下，乌克兰第2方面军的坦克收复了乌曼。52联队第3大队只能放弃了此地设施完善的机场。

丢掉了乌曼机场的第3大队转场到文尼察东机场（Vinnitsa-East），但IL-2们迅速追上来一通猛炸，逼得德国人只安稳了4天就必须继续挪窝。这回他们改以普罗斯库罗夫（Proskurov）机场为基地，但很快普罗斯库罗夫也遭到巡逻的苏联歼击机的封锁。为改变被动局面，3月13日，第9中队的汉斯·达默斯（Hans Dammers）少尉升空挑战苏联歼击机，在空战中他轰掉了1架La-5，但他的Bf-109 G6也被这架La-5的碎片击中失控。达默斯只能跳伞，但降落伞被飞机尾翼缠住，他重重地摔在了地上。这名第9中队最杰出的空战尖子之一虽然没有当场死亡，但还是在4天后于斯坦尼斯洛（Stanislau）的军方医院里宣告不治。

在达默斯最后一战的当天，红军也蒙受了重大损失：第19歼击机团老资格的飞行员列夫·利沃维奇·谢斯塔科夫（Lev Shestakov）上校阵亡。谢斯塔科夫参加过西班牙内战，取得了8个个人战绩和31个共享战果。在卫国战争中，他又先后击落了24架敌机（含8个共同战绩），总战绩达到63架（含39个分享战果），是红军中最耀眼的尖子飞行员之一。13日，在追击1架斯图卡时，他的La-5被其后射火力击中（一说因故障坠毁），坠机牺牲。

一周后，乌克兰第1方面军左翼部队解放了文尼察。这是一个重大的胜利，因为希特勒的东线大本营原先就设在这里。

南线德军一败涂地，在中路战区坚守的中央集团军群就成了红军最高统帅部的眼中钉肉中刺，欲拔之而后快。2月24日，苏联人在白俄罗斯第1方面军（前白俄罗斯方面军）和乌克兰第1方面军之间组建第2白俄罗斯方面军，帕维尔·库罗奇金（Pavel Kurochkin）上将担任司令员，费奥多尔·波雷宁中将（Fyodor Polynin）的空军第6集团军负责为他们提供空中支援。他们准备利用乌克兰第1方面军之前争得的有利战略态势——后者击败了德国南方集团军群的北翼，收复了罗夫诺和卢茨克——打垮德国第2集团军，向西冲入波兰平原。由于西北面有辽阔的普里皮亚季沼泽，中央集团军群南翼现在还算比较安全。但苏联空军第6集团军控制了天空，让德国第2集团军饱受空袭之苦。3月19日，第148近卫歼击机团的尼古拉·察斯内克（Nikolay Chasnyk）迎来了他的幸运日，当天他驾驶Yak-9连斩对方4架——1架Ju-87和3架Ju-88，其中1架Ju-88是和另一个战友分享的，这让他的战绩提高到22胜（含9个分享战果）。在整个3月份，第148近卫歼击机团上报取得27个战果，己方损失为零。

由于拥有制空权，第2白俄罗斯方面军起初的进展非常顺利，位于卢茨克西北75公里的科韦利（Kovel）被围。但早已习惯防御的中央集团军群并不慌张，用坚强的防守扛住了库罗奇金的攻势。而随着第6航空队部分兵力南调，卡尔·海因茨·韦伯（Karl Heinz Weber）上尉指挥的第51战斗机联队第7中队迅速成为这一空域空战的主角，空军第6集团军的好日子也结束了。

3月30日，德国第56装甲军发起对科韦利的解围行动，为他们提供掩护的51联队第7中队当天就打下了8架IL-2。不过战局并非一边倒，4月3日，在和一小群苏联歼击机的交锋中，51联队击落了4架苏机,但也付出了3名飞行员阵亡的代价。第二天,第56装甲军冲到了科韦利,将防线重新连为一片。

得知这一消息的斯大林大为光火,立刻取消了第2白俄罗斯方面军的番号,将其单位遣散到白俄罗斯方面军和乌克兰第1方面军中。库罗奇金本人被降为乌克兰第1方面军下属第60集团军的司令员,而空军第6集团军则被划给空军第16集团军指挥。

在南方集团军群和A集团军群一路溃退的背景下,中央集团军群的这些小成绩成为东线德军少有的亮色。3月21日,乌克兰第2方面军在莫吉廖夫-波多利斯基(Mogilev-Podolskiy)横渡德涅斯特河(Dnestr),掐断了第8集团军和北邻第1装甲集团军之间的联系,第8集团军只得转隶A集团军群。数月前第4航空队集结起来的战斗机单位现在已分散到各个战区:由于北方集团军群在列宁格勒地区连吃败仗,第54战斗机联队已全部派往第1航空队;而第51战斗机联队第4大队则被划给第6航空队,调到科韦利地区救火。这样驻西乌克兰对抗苏联空军第2集团军、空军第5集团军、空军第17集团军的战斗机部队只剩下了2个大队,面对由空军第5集团军掩护的乌克兰第2方面军自然是力不从心,只能眼睁睁地看着苏联人过河。

同日,在乌克兰第2方面军北边的乌克兰第1方面军也开始突向德涅斯特河,空军第2集团军派出2个大机群为陆军开路,每个机群由60至100架IL-2、Pe-2、波士顿轰炸机组成,并有歼击机伴随护航。第52战斗机联队第3大队与之进行了激烈的空战。很显然,乌克兰第1方面军和乌克兰第2方面军在给德国第1装甲集团军编织一个包围网,而德军却无力阻止红军的行动。当天,52联队第3大队损失1架Bf-109,宣称击落了至少6架苏机,将整个大队的战绩提高到3500胜,其中有400胜是从1943年10月起获得的,对应付出的代价是42架飞机。而往后2个月,全大队将再增添100个战果,自损飞机22架。

往南,德国第6和第8集团军要阻止乌克兰第3方面军突向南布格河(Bug)流域,为他们提供支援的是第52战斗机联队第1大队。3月22日,空军第17集团军对沃兹涅先斯克(Voznesensk)的

火车站进行了密集轰炸,52联队第1大队未能击落1架苏机。经过数小时的战斗,在IL-2和Pe-2的有效掩护下,乌克兰第3方面军的部队拿下了沃兹涅先斯克,在布格河对岸取得了一个立足点。

30日,乌克兰第1方面军、第2方面军完成了包围(主要依靠前者),朱可夫在德涅斯特河以北的卡缅涅茨-波多利斯基(Kamenets-Podolskiy)地区兜住了汉斯·胡贝大将的第1装甲集团军,德军30万人陷入了包围。

为避免搞一个斯大林格勒第二,曼施泰因命令胡贝立刻突围。尽管包围圈往南离德军主防线最近,但是苏联空军的积极行动让胡贝已不可能向南逃逸。曼施泰因在回忆录中承认,"若渡过德涅斯特河撤离,那将在敌方航空兵的攻击下丢掉大部分重装备",胡贝只好舍近求远,向西突击。

东线南翼的一连串的危机让"元首"最终失去了对曼施泰因等人的信任。3月30日,希特勒进行了高层人事变动,解除了南方集团军群司令官曼施泰因元帅和A集团军群司令官克莱斯特元帅的职务。莫德尔大将被提升为元帅,执掌南方集团军群。4月5日,南方集团军群更名为北乌克兰集团军群。同一天,A集团军群重组为南乌克兰集团军群,新任司令官为费迪南·舍尔纳大将。

空军第2集团军以凶狠的空袭为老曼等人送

▶ 埃里希·冯·曼施泰因,这位被西方认为是希特勒手下最优秀的统帅,终其一生都未改变对苏联军队的鄙视态度,对苏军的学习能力和进步视而不见。其实到1943年下半年,与之对阵的红军将领无论在战略方向的选定、战役谋划、大纵深进攻的组织能力上,都已经达到甚至超过了他的水平。从库尔斯克战役起,他对苏军的战略动向和兵力部署的预判就鲜有正确的时候,常被打得措手不及狼狈不堪。

行。29日，被围的第1装甲集团军部队报告："敌机以日益猛烈的轰炸杀伤我军"；次日再报："敌机的攻击持续了一整天"。

但随着春季到来，地面化冻对红军产生了极为不利的影响。苏联空军的一线土质机场上烂泥成堆，飞机无法起飞。而德国和罗马尼亚空军的飞机有永备机场做基地，仍具备打击能力。3月份，第4航空队出动了21000个战斗架次。弗里茨·莫齐克（Fritz Morzik）少将组织了对第1装甲集团军的空运补给。

4月4日，从西线调来的第2党卫军装甲军（下辖2个满员的党卫军装甲师）从德军主防线向东进攻苏军的包围圈。3天后他们和向西突击的第1装甲集团军接上了头，苏军围歼第1装甲集团军的计划宣告失败。

4月10日，乌克兰第3方面军解放了敖德萨。由于春季泥泞剥夺了双方的机动能力，南方战区的战火逐渐平息。在4个月的战斗中红军重创了对手，解放了乌克兰的大部分地区，前出到罗马尼亚和波兰的国境线，在普里皮亚季大沼泽和喀尔巴阡山北部之间打进了一个东西长300公里的楔子。而这一带也是欧洲的焦点所在：不过四分之一世纪的时间，却在各种势力手中易手达6次之多，成了乌克兰民族主义者、波兰人、苏联人和德国势力竞相表演的舞台，而犹太人则在这一系列争斗中成了最大的牺牲品。在1941年夏，德军就是以这一战略要地为踏板，歼灭了苏联西南方面军，横扫整个乌克兰。

而3年之后的1944年春，形势倒转，兵强马壮的乌克兰第1方面军占据了这一地区，往东深入德国中央集团军群南翼300公里。理论上，他们可以转向西北，在中央集团群身后穿过波兰平原直达东普鲁士的波罗的海沿岸，将中央集团军群和北方集团军群装在一个超级巨大的包围圈内！虽然这一设想最终没有实施，但红军在南线的胜利，为后来的巴格拉季昂战役打下了坚实的基础，而在巴格拉季昂战役中，纳粹德军遭到了他们在二战中最惨重的失败。

在1943至1944年的冬季–春季攻势中，红军最后一个胜利就是在4月15日收复了利沃夫以东、乌克兰西部的捷尔诺波尔（即塔诺波尔，Tarnopol），并肃清了驻防德军。从第聂伯河至波兰、罗马尼亚边境的大范围进攻作锻炼了苏联空军。尽管恶劣的天气限制了红军的出击强度，在乌克兰的4个空军集团军——空2集、空5集、空8集和空17集还是集结了2360架飞机，平均一天执行274次战斗任务。从1943年12月24日至1944年4月17日，苏军总的出击架次为31000次，投掷炸弹7000吨，宣称在地面和空中消灭轴心国飞机1400架。

更重要的是，红军航空兵在西乌克兰的诸战役中受到了锻炼。空地协同得到了特别加强，驻地面部队的空军代表可通过电台直接联络空中支援。从1943年末起，苏联空军羽翼日渐丰满，战斗力大幅提高。红军可以承受长期的战损而不必以大批不合格的菜鸟飞行员来弥补缺员，这是战争爆发以来的第一次。在本次攻势发动时，红军4个空军集团军拥有飞机2360架，到攻势结束时损失了676架。在战况不是那么激烈的其他战区，情形也大致相同。这使得一线的红军航空兵有机会生存下来，积累战斗经验；同时随着训练手段的改善，那些新毕业的飞行员较之以往变得更有威胁。此外，装备也愈加先进了，老的机型，比如单座的IL-2、La-5的早期型、Yak-7B等都被新型号逐渐取代，而新飞机的性能已不亚于德国最好的同类产品了。

在1943年末至1944年初的乌克兰战场，双方的损失情况也反映了两军在质量上的差距。苏军仍大大高估了战果，在这一时间段，第4航空队在乌克兰的实际损失只有苏军宣称的1400架战果的三分之一。这也意味着苏机和轴心国飞机的交换比大约是1.5∶1，而在1943年夏季的库尔斯克战役中，这一比率是4∶1。

如果考察德机损失数和第4航空队在战役打响前的保有量，我们会得到另一个有趣的图景。和苏军在战斗中损失了约三分之一的力量相比，第4航空队在乌克兰的战损比例达到40%，其中攻击机部队——第2攻击机联队、第9攻击机联队、第10攻击机联队和第77攻击机联队总共损失飞机

▲ 1架Ju-52拖曳着1架DFS-230滑翔机。当第1装甲集团军于1944年3月底被包围在卡缅涅茨-波多利斯基地区后，捷尔诺波尔的德国守军主要依靠第2滑翔机大队由He-111拖曳的DFS-230滑翔机运送补给。由于苏军防空炮火猛烈，这类空投只能在清晨或者黄昏进行。在轰炸苏军高炮阵地的同时，滑翔机接近围城并在2000至2500米的高度被释放。

175架，是战前数量的一半！德国战斗机在乌克兰一般保持在125架左右，战斗中约有50架损失。

德国空军对南线陆军的空运行动

1944年3月初，乌克兰第1方面军向南突击，挫败了德军阻止其逼近德涅斯特河的企图。作为回应，希特勒下令将捷尔诺波尔"要塞化"，要像1942年到1943年时的杰米扬斯克（Demyansk）一样，成为"攻不破的堡垒"。这一来不可避免地，捷尔诺波尔被红军包围了。在杰米扬斯克之战中，德国空军的空运有力地支援了被围部队，现在他们打算故伎重演。为此，德军将动用第4航空军下属5个运输机大队——4个装备Ju-52、1个装备He-111；加上2个装备He-111的轰炸机大队；此外，还有装备DFS-230滑翔机的第2滑翔机大队。

当第1装甲集团军于3月底被包围在德涅斯特河以北的卡缅涅茨-波多利斯基地区时，空运的组织工作也就绪。曾经成功领导了杰米扬斯克空运的弗里茨·莫齐克少将被任命为第2空运指挥部的指挥官，他手里约有150架Ju-52，此外还可以得到100架He-111轰炸机的支援。除了开头阶段，对第1装甲集团军进行的空运补给可以说相当成功。

3月31日夜，只有14架Ju-52降落在包围圈内，仅运入了8吨物资。第二天，第1装甲集团军再次要求"充分的空运补给"。随着包围圈内机场设施的完善，4月1日，情况大有好转，有57架Ju-52飞入，带进了75吨物资。3天后，集团军报告，"部队手里已有了充足的弹药和燃料"。

在第1装甲集团军向西突围的过程中，其他物资可以就地筹措，只有弹药需要运输机运送。驱逐苏机、保护突围部队的任务落到了第51战斗机联队第4大队的头上。在此区域的空战比较有限，主要是战斗机之间的较量。事实上，朱可夫误以为胡贝会向南突围，所以空2集将其大部分歼击机、强击机都集中到了包围圈南部。而在捷尔诺波尔，苏联空军主要是在夜间出动，以第208夜航轰炸机师和第326夜航轰炸机师的U-2轻型轰炸机进行袭扰。

以利沃夫为基地的第52战斗机联队第3大队则负责给运输机提供护航。对他们而言，一个重大利好是，由于春季的泥泞，再加上苏军补给线已伸展过远燃料不足，在这样一个关键时间点上，苏联空军的活动强度却大大下降了。从3月29日至4月5日，第3大队可以不受限制地飞临包围圈上空，几乎没有遭遇苏机的拦截。在这些天里，全大队有4次作战损失，仅获得2个战果，分属京特·拉尔少校和弗里德雷克·奥伯雷泽尔中尉。

4月7日，第1装甲集团军冲出包围圈，和北乌克兰集团军群主力会合。空运工作成功地挽救了这支部队，让轴心国在乌克兰和罗马尼亚的战线不至于彻底坍塌。但捷尔诺波尔的守军坚持不下去了。4月15日，捷尔诺波尔被红军夺回，4600名守军中，仅有55人设法逃回了本方战线。

但颇具讽刺意味的是，飞机挽救了汉斯·胡贝大将的集团军，却坑了胡贝本人。4月20日，希特勒生日当天，胡贝从元首手里接过钻石宝剑橡叶骑士十字勋章。次日，他搭载1架He-111从萨尔茨堡-艾恩灵机场（Salzburg-Ainring）起飞前往柏林，不料飞机很快因故障坠毁，胡贝当场身亡。这样，从1944年3月到4月，南方集团军群司令官、A集团军群司令官和第1装甲集团军司令官统统都换人了。

半岛鹰翔

第五章
CHAPTER 05

　　就规模而言，1944年4月至5月初的克里木战役在苏德战争诸战役中并不算很大。但是如果比较一下，就会发现，这个战役和随后进行的巴格拉季昂战役颇有类似之处：苏联方面虽有一定的数量优势，但是地利却被德国人掌握，若想在战斗中出其不意获得全胜，就要看红军的战役谋划、应变能力以及空地协同的水平了。苏联空军在本次战役中发挥了重要作用，收获了宝贵的经验教训。总体而言，收复克里木的行动，堪称巴格拉季昂战役成功的预演。

　　到1944年初，乌克兰的大部分地区已被苏军夺回。但是克里木半岛还在德国人手中。驻扎在克里木半岛的是德国第17集团军，由埃尔温·耶内克（Erwin Jaenecke）将军指挥，兵力为23.5万人。由于路上交通已被切断，其后勤补给只能从罗马尼亚由海上或空运而来。希特勒反对放弃克里木，因为这将导致苏联人对罗马尼亚油田的威胁，也会动摇罗马尼亚、保加利亚等东南欧小喽啰跟着德国老大继续混下去的决心。

　　从地形上来说，地处黑海之滨的克里木半岛，用一个几乎四面环水的硕大岛屿来形容更为贴切。他和亚欧大陆的陆上联系，只有西北角一条仅有10公里宽的彼列科普地峡（Perekop Isthmus）。地峡往东是锡瓦什湖，这是一片由星罗棋布的小岛和礁湖构成的相对较浅的水域，狭窄的湖泊一直向西南方向延伸到黑海。从1943年底开始，克里木就受到红军两个方面的威胁。东边，从高加索尾追德军而来的北高加索方面军（1943年11月20日改组为独立滨海方面军）以部分兵力横渡刻赤海峡，在刻赤附近建立了一个小登陆场。北边，乌克兰第4方面军从大陆逼来，但若想继续南下就很麻烦：彼列科普地峡极为狭窄，能够被德军的炮火覆盖。虽然苏军此前也在锡瓦什湖（Sivash Lagoon）建立了一个小的前进基地，不过指望通过锡瓦什湖运送大量兵员和重装备似乎难度过大。半岛上的战略要地——西南端的塞瓦斯托波尔（Sevastopol）在古代就是防御设施严密的城堡，在苏德战争初期，1941至1942年，苏联人曾坚守该要塞长达274天。总之，克里木的地形易守难攻，希特勒希望德军能在此长期坚持。在岛上，德国第17集团军的总体部署为：刻赤方向，面对苏联独立滨海集团军的登陆场，德方展开了第5军，指挥官为阿尔门丁格尔上

► 格尔哈特·巴尔克霍恩正准备驾驶他的Bf-109 G6起飞，他是在东线成长起来的德国战斗机部队的核心人物之一。德国空战精英们的作战经验之丰富，在历史上可谓极其罕见，格尔哈特·巴尔克霍恩就是其中的代表。1940年他就来到了前线，但在不列颠空战中一无所获，还有一次被击落坠入英吉利海峡。1941年6月，巴尔克霍恩被调到东普鲁士，参加了1941年6月22日突袭苏联的"巴巴罗萨"行动。在接下来的十天内，第52战斗机联队第2大队执行了数百次战斗任务，主要是拦截那些没有护航机保护的苏联中型轰炸机，如SB、DB-3等，先后击落苏机30架，本方无损失。巴尔克霍恩少尉在这样的战斗中集聚经验，1941年7月2日，在他的第120次出动中，他射落了1架双引擎的DB-3轰炸机，这是他个人的首次空战胜利。两年半之后，1944年1月23日12时15分，巴尔克霍恩在克里木上空消灭了1架P-39，这是他的第238个战果，当他降落时，他的出击次数达到了1000次！巴尔克霍恩的最终战绩为301胜，是人类空战史排名第二的击坠王。他战后加入联邦德国空军，官至空军少将。格尔哈特·巴尔克霍恩于1983年1月8日死于一次交通事故。

将。德军在该方向构筑了4道防御地带。德军的防御重点是阻止红军乌克兰第4方面军由北进入克里木，为此将第49山地军部署在半岛北部。第17集团军战前判断，锡瓦什湖地形和气候恶劣，不会作为俄国人的主攻方向，所以将主力第50步兵师摆在彼列科普。在锡瓦什沿岸防守的则是第336步兵师和2个罗马尼亚师。集团军预备队也部署在第49山地军后方，包括第111步兵师和克里木山地团。

而红军最高统帅部在1944年春季泥泞结束前就开始谋划解放克里木。其基本企图是，以乌克兰第4方面军（司令员：托尔布欣大将）由北面，即彼列科普和锡瓦什湖；独立滨海集团军（司令员：叶廖缅科大将）从东面，即刻赤登陆场，突入克里木半岛，共同攻击辛菲罗波尔（Simferopol）-塞瓦斯托波尔总方向，阻止德第17集团军撤退并将其就地分割歼灭。主攻部队是北边的乌克兰第4方面军。其下属近卫第2集团军陈兵于彼列科普地峡，而第51集团军则部署于锡瓦什湖。为了达成进攻的突然性，红军决定出其不意，不是以战斗力更强、地形相对更有利的近卫第2集团军主攻，而是用第51集团军在锡瓦什湖地区打开突破口，再让坦克突击集群——第19坦克军从此处杀入德军纵深！战役预计将在2周内结束。

苏军上述集团总兵力共有46.24万人（陆空军42万人）。而在飞机方面的优势则更大。在东侧，红军展开了空军第4集团军以及黑海舰队海军航空兵；而北方则部署着空军第8集团军；统共约1250架飞机支援此次行动。轴心国方面的空军兵力要弱小得多。当保罗·戴希曼少将的第1航空军司令部于1943年12月从克里木转移到罗马尼亚后，克里木所属的空军单位由所谓鲍尔行动指挥总部（Einsatzstab Bauer，鲍尔上校时任第1航空军参谋长）节制。

在克里木，轴心国战斗机部队的主力是第52战斗机联队第2大队，由格尔哈特·巴尔克霍恩上尉统领。巴尔克霍恩是德国最优秀的战斗机飞行员和指挥官之一，从1943年初的库班桥头堡再到克里木，他一直在这一地带和苏联空军对抗。1944年1月，第2大队宣称在克里木上空总共击落苏机72架，己方折损19架。此外，在2月13日前的12周里，该大队上报共获得350次胜利，大队长本人包揽了其中的60个战果。这一来他的战绩突破250架大关,达到了251架,获得了回家休假的权利。3月2日,巴尔克霍恩为他的橡叶骑士十字勋章加上了宝剑。现在他的战绩比京特·拉尔多1架;与排在他前面的,当时全军最高纪录保持者——诺沃特尼也只有5架的差距。3月底,已荣升少校的巴尔克霍恩重返前线。他马上发现,虽然只离开短短一段时间,苏联空军力量却有了明显的增强。4月1日,巴尔克霍恩还未来得及增添新的战果,苏联歼击机飞行员就给他好好上了一课,把他从天上揍了下来,不过他及时逃生,没有受伤。但几天后,彼列科普地峡上空的战局就变得一团糟了。

在很多书籍的描述中,1944年4月8日开始的克里木进攻战役,是以红军炮兵猛轰彼列科普地峡的德军阵地开头的。但其实从7日起,空军第8集团军就火力全开,对德方战线进行了密集轰炸。瓦西里·菲林(Vasiliy Filin)少将的第7强击机军派出了IL-2,对德军浅近后方的炮兵阵地和机动车辆

发动攻击并取得了相当的成功。巴尔克霍恩命令2大队全体上阵进行拦截,激烈的空战随之展开。大部分战斗是在双方战斗机之间进行的,苏军歼击机在多数情况下成功掩护了强击机,挫败了Bf-109挡住IL-2、减轻地面部队压力的企图。在交锋中,52联队第6中队中队长赫尔穆特·利普弗特少尉(Helmut Lipfert)回忆苏联飞行员,"飞得很好,转向很灵活"。不过,拥有一批顶级人物让52联队在战斗中还是占了些便宜。在1944年1月前,第2大队的中王牌飞行员约占三分之一,其中击坠记录超过40架的就有11人之多!他们是:

格尔哈特·巴尔克霍恩上尉(251胜)、奥托·弗内克德少尉(Otto Fonnekold,116胜)、威尔海姆·巴茨中尉(Wilhelm Batz,101胜)、汉斯·瓦尔德曼少尉(Hans Waldmann,93胜)、赫尔穆特·利普弗特少尉(90胜)、海因里希·斯特姆少尉(Heinrich Sturm,90胜)、海因茨·萨克森伯格二级士官长(Heinz Sachsenberg,76胜)、莱因霍尔德·霍夫曼二级士官长(Reinhold Hoffmann,56胜)、彼得·达特曼二级士官长(Peter Duttmann,55胜)、瓦尔特·沃尔夫隆姆少尉(Walter Wolfrum,51胜)和安德烈亚斯·施特尔上士(Andreas Sterl,46胜)。

当一小队Bf-109设法突破了红军歼击机的防御网,得以攻击IL-2时,立刻制造了一场屠杀:德国飞行员宣称在10分钟内击杀了7架苏联强击机。其中,安德烈亚斯·施特尔上士一个人就打掉了5架,当天他统共击落了7架苏机。4月7日,在克里木上空,德国战斗机和高炮上报消灭了29架苏联军机。

不过战役才刚刚开始!第二天,乌克兰第4方面军发动了进攻。第7强击机军的108架强击机对德国战线进行了不间断的空袭,紧接着红军地面部队在硝烟中涌过德军阵地前的无人地带。德军的防御支撑点被菲林少将的IL-2一个接一个地从空中捣毁。第52战斗机联队第2大队的王牌们经过一天血战,宣称以2架的损失击坠了超过30架苏机。其中,海因里希·斯特姆包揽8架,威尔海姆·巴茨则获得了6个战果。而参战的第2攻击机联队第2大队(他们装备着Fw-190)则宣称打下了2架Yak-9

▲ 一群第52战斗机联队第2大队的飞行员站在1架Bf-109 G6前,地点是克里木的格拉马蒂科沃(Grammatikovo)机场。彼得·达特曼二级士官长(左起第二人)、瓦尔特·沃尔夫隆姆少尉(右起第二人)正和海因茨·埃瓦尔德下士(Heinz Ewald,最右侧)讨论刚刚结束的一场空战。埃瓦尔德当时还算一名新手,战绩"只有"21架。此时,第2大队已成为德国空军中无可非议的精锐。埃瓦尔德活过了这场战争,逝于2003年3月14日,他的最终战绩是84架。本张照片摄于1944年4月1日,数天后苏军就发起了克里木进攻战役。彼得·达特曼于2001年1月9日逝世。

◀ 德米特里·兹乌辛（Dmitriy Zyuzin）上尉与他的P-39"飞蛇"歼击机。他服役于黑海舰队航空兵第11近卫歼击机团，他的座机上绘有15个红星——在1944年春季的克里木战役中，兹乌辛是红军中经验最丰富的飞行员之一，战争爆发之时他即参战，到1943年12月1日时已经执行了500次战斗任务。1944年5月16日，兹乌辛荣获"苏联英雄"称号并被提升为上校。德米特里·兹乌辛于1976年7月12日辞世。

◀ 赫尔穆特·利普弗特，德国空战精英中的后起之秀。1916年8月6日出生，1941年从坦克部队转到空军接受飞行训练，后调到第52战斗联队参与东线的战斗。1943年1月30日，他在个人第18次战斗出动中首次击落苏机。1943年9月，利普弗特担任第52战斗机联队第6中队中队长，到年底他的战绩为80架；1944年4月突破百架，10月24日达到150架。1945年2月15日，利普弗特成为第53战斗机联队第1大队大队长。2月25日，他与罗马尼亚空军头号战斗机王牌康斯坦丁·坎塔库济诺上尉（1905-1958，608次出击，210次空战，69架击坠记录）在空中遭遇（当时罗马尼亚已反正加入盟军一方），在这场二战中著名的王牌对决中，他轻松地将对手斩于马下。4月8日，他取得了第200次空战胜利，是迄今为止最后一位突破200胜大关的战斗机飞行员。赫尔穆特·利普弗特的个人最终战绩为203架。战后利普弗特成为一名教师，逝世于1990年8月10日。

◀ 威尔海姆·巴茨，1916年5月21日出生，1935年加入德国空军。1942年12月份来到前线前他一直担任教官，故飞行技术极为精湛。1943年3月11日在空中首开记录，1943年5月成为第52战斗机联队第5中队中队长，此时他的击坠记录为17架。随后他的战绩疯狂增长，到年底时已攀升到75架。1944年2月，他因病退出战斗2周，重返蓝天后威力不减，1944年3月22日突破百胜大关。4月19日，他接替回国的京特·拉尔担任第52战斗机联队第3大队大队长。6月份在罗马尼亚上空，他和美国陆航的战机交锋，先后击落2架P-51和1架B-24。1944年8月17日，他取得了第200次空战胜利，1945年1月31日，他被调到第52战斗机联队第2大队担任大队长。终战时他一共出击445次，总战绩237架，在战斗中先后被击落过4次。战后巴茨加入联邦德国空军，以上校军衔退休。威尔海姆·巴茨逝世于1988年8月11日。

▲ 一张著名的照片——世界头两位击坠王的合影。左：哈特曼，右：巴尔克霍恩。

和1架IL-2。但战后比对红军的损失记录，就会知道德国人的牛皮吹得实在太大了。

在彼列科普方向，苏军近卫第2集团军首先夺占了阿尔米扬斯克（Armyansk）。9日，德国陆军报告："俄国空军赢得了空中优势，对我军本地域的地面部队非常不利，在遭受空袭时仅能获得很少的掩护。"第7强击机军的一群IL-2直接炸掉了德国"迈克尔"号装甲列车的弹药车厢，减轻了苏联陆军的压力。

德方决定加强克里木的空中力量。9日，得到第3攻击机联队第10（反坦克）中队Ju-87加强的第4轰炸机联队第1大队从罗马尼亚转场至萨拉布茨（Sarabuz）。不过，指望空军第8集团军拱手让出好不容易夺来的制空权，那是根本不可能的。

看到近卫第2集团军攻势猛烈，德国人赶紧将预备队第111步兵师拉了上来，协助第50步兵师防守，但这正中了俄国人的圈套：他们预设的突破地带是在东边的锡瓦什湖！在锡瓦什湖方向，第51集团军有一个约10公里宽的小桥头堡，由于立足点过小，所以来自空中的掩护尤为重要。10日，第7强击机军派出了100架IL-2，此外还得到黑海舰队航空兵第29轰炸机团和第40轰炸机团共36架Pe-2的支援，对当面敌方据守的30.3高地集中轰炸，协助陆军夺下了这个关键的阵地，导致德国人整条防线的

坍塌！通往德国后方托马绍夫卡（Tomashevka）的道路被打开了。几个小时之后，第51集团军攻克了托马绍夫卡。从这里，红军可以迂回到彼列科普地峡南边，驻守彼列科普的德罗军队再不逃跑，后路就要被切断了！地面战斗刚打两天，胜负的天平已经倒向了苏联一边！

第17集团军无计可施，只能执行"阿德勒"（Adler）计划，全体向岛西南的塞瓦斯托波尔撤退。在岛东面，得益于空军第4集团军侦察机的工作，苏联人迅速判明了德军的动向。第二天晚上，空4集司令员康斯坦丁·韦尔希宁（Konstantin Vershinin）将军命令第132轰炸机师的IL-4全力轰炸向西撤退的德国第5军。事后德方文件也承认红军飞机这回干得相当漂亮：

"4月10至11日夜间，刻赤西北第73、第98师的数个连就再没有讯息了。第289掷弹兵团团长接到报告，其下属的第85营被打散了。其他部队事后汇报了情况，'贝格特（Begert）营在空袭中被彻底打垮，贝格特及很多部下被打死打伤'。"

4月11日天一亮，空4集下属第214强击机师和第230强击机师的IL-2就起飞追击。而从刻赤撤往岛西南的地势本来就很狭窄，机动车辆一多就导致了交通堵塞。"黑死神"以4至5架的编队规模源源而来，把德罗军队炸得人仰马翻。

在岛西北，第19坦克军从第51集团军的突破地带投入了战斗，向德军后方发展胜利！第7强击机军的IL-2和他们配合得非常默契，11日，红军坦克南下冲进了扎恩考伊（Dzhankoy）。据德方记录，当天他们损失了9架飞机（含7架Fw-190、Bf-109），消灭苏机17架。除1架外，所有战果均由52联队第2大队的尖子们获得，达特曼打下了6架，瓦尔德曼上演帽子戏法，而利普弗特梅开二度。后者在占科伊（Dzhankoy）击落的1架IL-2让他战绩站上了百架大关。第二天，瓦尔特·沃尔夫隆姆少尉轰下来2架Yak，把个人战绩提高到66架。据苏方第812歼击机团团史，此战他们损失了1架Yak-1和1架Yak-9；2名飞行员牺牲，其中包括拥有8架战绩的王牌飞行员彼得·别斯卡廖夫（Petr Peskaryov）中尉。

◀ 一群驻扎在东线第1驱逐机联队第2大队的空勤人员,背景是他们的1架Bf-110战斗机。可见机头上的黄蜂标志,这是他们的特色涂装。Bf-110在不列颠空战中搞臭了名声,但其实这种双发战斗机是很好的多面手,可以适应日间战斗机、夜间战斗机、对地攻击机、侦察机多种角色。第1驱逐机联队在东线的表现一直很不错,1943年春,他们被调到法国去给德国海军的U艇护航。1943年4月13日至5月15日,第1驱逐机联队第2大队转场到了罗马尼亚的马马亚(Mamaia),给塞瓦斯托波尔的海运和空运护航。护航中的首次空战胜利出现在4月19日,飞行员上报击落了4架IL-4,其中有3架得到了苏方记录的证实。4月24日,他们报告击坠2架A-20,红军黑海舰队航空兵第13近卫轰炸机团承认有1架A-20损失;德国人同时宣称打下了1架P-40——但实际应该是1架P-39。第2大队在东线的下一场空战发生在5月6日,米勒(Miller)少尉轰下了1架IL-4,不过有3架Bf-110未能返航。到塞瓦斯托波尔被攻克,第2大队再没有其他损失,另取得了7次空战胜利。

◀ 装有6台发动机的Me-323泰坦式运输机是战争中最大的陆上运输机。他可以被视为是有动力的Me-321滑翔机,可运载12吨货物。与之相比较,德国空军的标准运输机Ju-52可以运载18名士兵或2吨货物,而美国的C-47型运输机可携带28名伞兵或2.7吨货物。

11日,保罗·戴希曼少将的第1航空军司令部返回克里木,接手指挥空中防御。第27轰炸机联队也赶来增援,其下属He-111的机组成员得令,带弹从罗马尼亚前往萨拉布茨,再从萨拉布茨起飞,飞到彼列科普地峡上空轰炸后返回罗马尼亚。据轰炸机机组报告,当天他们击毁约44辆红军坦克。

此外,德国人还组织了一支相当可观的运输机队支援第17集团军。弗里茨·莫齐克少将的运输机部队再次出马,此前他们在西乌克兰完成了为被围的第1装甲集团军空运补给的任务,现在又赶到这里救火。由厄尔德曼(Erdmann)上校指挥的第2运输机联队和施罗德(Schroder)上校率领的第3运输机联队的主力机型是三发的被德国士兵昵称为"容克大婶"的Ju-52,此外还有六发的大家伙Me-323,甚至包括意大利制造的SM.81和Go 242滑翔机。运输机在罗马尼亚和克里木上空穿梭,将补给运到岛上,回程时将伤员及被定义为"消耗品"的军方疏散人员捎回。为了保证"容克大婶"的安全,驻扎在法国的第1驱逐机联队第2大队转场到了罗马尼亚,用Bf-110远程战斗机提供护航,也保护来往于塞瓦斯托波尔的海上运输通道。

事实上,从12日起,轴心国方面已经开始将不必要的人员疏散到罗马尼亚东南的康斯坦察港(Constanta)。此项任务主要还是由德罗船只来完成。由于苏联飞机的把大部分精力放在了对地支援和追炸逃向塞瓦斯托波尔的敌人上,所以刚开始海运受到的空中干扰十分轻微,在头5天就接走了6.7万人,包括3.6万名德国和9600名罗马尼亚士兵。可以说撤离组织得相当成功,特别是考虑到4月10日敖德萨港(Odessa)已被红军光复、通过黑海前往克里木的航程倍增的前提下。

德国第5军原也指望通过海路将岛东苏达克(Sudak)地区兵力撤往岛西,但他们的运气就差多了。4月13日,运送这批队伍的船只遭到空军第4

集团军和黑海舰队航空兵的集中打击，一些驳船被打沉，从海路撤退的计划被迫取消。第5军只能硬着头皮通过几条狭窄的道路翻越克里木南部山区。苏联空军乘机大开杀戒，据苏方文献记载：

"尽管推进速度很快，但航空兵和陆军之间的协同没有中断过。这是由于强击机师的首长们都在陆军兵团指挥所直接指挥航空兵战场作战的结果。航空兵对撤退敌军的空袭，即使在夜间也没有间断。因为汽车沿山路行驶时不得不打开车灯，所以撤退的敌行军纵队很容易被发现。轰炸机在消灭敌人有生力量和技术兵器的同时，还制造塌方，拦阻敌军。

"由于克里木南海岸山地地形复杂，强击机机动受到限制，只能以小编队进行活动。攻击目标时得采用向纵深疏开的战斗编队，多半是距离为300至500米的双机或中队跟进队形，飞向目标要由山向海沿山谷、河谷或深沟实施，接近目标则在稍高于该地域最高点的高度上进行。在大起伏的地形条件下，再次进入比较困难。根据地形和目标特点，一般采用小角度俯冲轰炸或水平轰炸。"

而根据德方的记录，"沿海道路上一片狼藉。到处是烧毁的机动车辆和伤亡的马匹，情形可怖！在这里，每个人的怯懦或勇敢，惊慌失措或献身精神统统暴露无遗。冒着猛烈的空袭和游击队的伏击，也得益于部分还能运作的车辆，第5军的剩余兵力总算抵达了塞瓦斯托波尔的堡垒区"。

在和苏军航空兵的对抗中，第52战斗机联队第2大队的王牌群体取得了炫目的个人战绩。而且他们得到了第2攻击机联队第2大队部分飞行老手的支援，后者开着Fw-190 F3也执行了一些战斗拦截任务，这里面最有名的人物是奥古斯特·兰伯特（August Lambert）少尉。但很明显，Bf-109和Fw-190数量太少，无法缓解地面德罗联军所遭受的沉重压力。这样，京特·拉尔（Gunther Rall）少校指挥的第52战斗机联队第3大队紧急转场到塞瓦斯托波尔-赫尔索涅斯机场（Sevastopol-khersonez）。拉尔手下的飞行员将面临此前从未有过的恶战。

4月14日，第52战斗机联队共2个大队、第3攻击机联队第2大队，以及第4轰炸机联队第1大队和第27轰炸机联队的He-111倾巢而出，试图驱赶苏联飞机，并迟滞地面苏军的推进。据苏方估算，当天在乌克兰第4方面军上空，德机出现了150个架次。在交锋中德军损兵折将：52联队损失4架Bf-109，而在苏机对赫尔索涅斯机场的空袭中，第2攻击机联队第2大队和第3攻击机联队第3大队又有多架飞机被毁。而德军上报的战果仅有4架，其中52联队第2大队的莱因霍尔德·霍夫曼二级士官长包揽了其中的3架。

第二天一早，52联队第2大队的飞机就紧急起飞，拦截前来袭击他们机场的IL-2。瓦尔特·沃尔夫隆姆后来写道：

"我们攻击了由Yak-9掩护的10架IL-2的编队，在第一轮交火中我就敲掉了1架IL-2。接着我和1架护航战斗机纠缠在一块，并设法将其击落，这是我个人第70个战绩。但当我试图攻击另一架IL-2时，座机被其后射机枪连连命中，一下就着火了，我也被严重烧伤。幸好战斗是在低空进行，我赶紧迫降，在塞瓦斯托波尔西南5公里处着地。我被送到康斯坦察，住进了医院。也正因此，我才能在塞瓦斯托波尔最后的战斗中幸存了下来。"

4月14至16日，52联队第2大队有3名王牌飞行员——巴茨上尉、斯特姆上尉和沃尔夫隆姆少尉接连在战斗中挂彩，这下让第2大队伤了元气。尽管京特·拉尔少校在16日连续击落2架La-5（这是他的第272和273个战绩），但对战局已是于事无补。这也是拉尔在东线最后的战果。两天后，他奉调回国，接手第11战斗机联队第2大队的指挥，参加"帝国保卫战"，对抗空袭德国本土的英美航空兵去了。

这时苏军开始派出更多的飞机对轴心国往来塞瓦斯托波尔的航运进行空袭，让德罗联军方面的处境更加恶化。4月15日夜间和16日，红军远程航空兵（ADD）的233架轰炸机飞机袭击了塞瓦斯托波尔港口，事后他们报告打沉了一些满载货物的驳船。而德国第52战斗机联队第3大队则记载：

▲ 这些道格拉斯A-20轰炸机属于黑海舰队航空兵第13近卫轰炸机团,团长为米哈伊尔·库罗奇金（Mikhail Kurochkin）中校。这种美制的轰炸机在1944年春克里木战役的反舰作战中表现出色,但损失也不小。4月10日至5月12日,该团损失了14架A-20。

"苏联的对地攻击机和轰炸机对赫尔索涅斯机场进行了多轮袭击。此类空袭（1944年4月16日）击伤了7架Bf-109。由于没有零件储备,所有受损的飞机都无法修复了。"

在1944年4月至5月的克里木空战中,德方很多成名高手上报的空战战果较以前有明显增大。他们所宣称的战绩,不仅无法契合同期苏联方面的损失记录,就是按德国人自己的记载也是一笔糊涂账。比如据国防军公报（Wehrmachtsbericht）记载,4月17日在克里木,德国空军击落苏机29架,其中第2攻击机联队第2大队的奥古斯特·兰伯特少尉的战果不少于12架。但在德国航空部的战果报告中,兰伯特当天的战绩仅有5架,全部是IL-2。

在17日取得重大胜利的德国飞行员还有52联队第2大队的格尔哈特·霍夫曼（Gerhard Hoffmann）二级士官长,当天他报告在塞瓦斯托波尔上空击落了5架苏机。其中1架Yak-9由康斯坦丁·科马尔季金（Konstantin Komardinkin）中尉驾驶,中尉随机阵亡。隶属第274歼击机团的科马尔季金于1943年11月荣获"苏联英雄"称号,是红军在本战区最优秀的飞行员之一,在一年的前线生涯中共取得了22个个人战绩和1个分享战绩。

毫无疑问,1944年4月克里木的战斗中,苏联空军在击败轴心国军队的过程中起了关键性的作用。克里木北部的主要突破就是在飞机支援下完成的,而在岛西部,苏联空军也迸发出前所未有的效率,把德国第5军炸得狼狈不堪。据德方记载,从刻赤半岛撤往塞瓦斯托波尔的7天中,第5军丢掉了70%的大炮和75%的反坦克装备。

4月8至17日,德国第1航空军在克里木共出击2390个架次,上报击落232架苏机。不过这个宣称的战绩明显和苏军的空袭强度不相匹配。等轴心国军队全部撤入塞瓦斯托波尔后,第17集团军只剩下了12.4万人,和10天前的23.5万人相比,足足少了11.1万人！考虑到已有4.7万人陆续撤离,简单计算就可明白,德罗联军至此已报销了6.4万人：包括阵亡、失踪和被俘。造成这一悲剧的重要原因就是苏方的空中优势。

而苏联黑海舰队航空兵现在集中火力攻击罗马尼亚和塞瓦斯托波尔之间的航运。18日,第36鱼雷轰炸机团（MTAP）下属的4架美制A-20G攻击机攻击了大型蒸汽船奥尔巴·尤利亚号（Alba Iulia, 5700吨）,炸死500人。但随后天气转坏,阻止了红军的进一步行动。

4月19日,第135近卫轰炸机团派出18架Pe-2轰炸了塞瓦斯托波尔附近的德军。返航中,由中队长叶夫根尼·维什尼亚科夫（Yevgeniy Vishnyakov）大尉指挥的四机编队被1架Fw-190发现。由于护航的第3歼击机军的Yak跟丢了轰炸机,让这架孤零零的Fw-190偷袭得手,一连打下了包括维什尼亚科夫大尉在内的3架Pe-2，大尉当场牺牲。战后苏方承认，这架Fw-190表现得极为老辣，攻击前总能找到Pe-2防御火力的死角。而按德方记录，这名德国飞行员很可能就是兰伯特少尉。当天德国人上报空战击坠36架苏机，而第2攻击机联队第2大队和第3攻击机联队第3大队在对辛菲罗波尔机场的空袭中，另击毁苏机22架。

不过这些小挫败并不能阻止黑海舰队航空兵，等天气晴好，他们马上就让轴心国船只吃到了苦头。22日，黑海舰队航空兵第13近卫轰炸机团的A-20投下的炸弹命中了坦克运输舰奥萨格号（Ossag，2793吨），使其遭受重创，最终沉没。而A-20们在和前来拦截的德机的交锋中也没怎么吃亏，虽然损失了2架，但是其自卫火力也干下来2架第52战斗机联队第6中队的Bf-109，其中1架由费迪南·克拉森（Ferdinand Klassen）少尉驾驶，这名拥有20架战绩的王牌的座机一头撞入大海，机毁人亡。克拉森的中队长，赫尔穆特·利普弗特少尉则操纵着受伤的Bf-109以机腹迫降在克尔森海角附近的海岸线边，这是利普弗特在不到2周的时间内第二次被对手从克里木上空打下来。随后，黑海舰队航空兵第40轰炸机团的6架Pe-2攻击了敌运输船队，罗马尼亚驱逐舰费迪南国王号（Regele Ferdinand）被命中一弹，但万幸的是这是枚哑弹。

23日，红军的第51集团军从塞瓦斯托波尔北边发起了猛烈攻势。空军第8集团军派出大批飞机提供掩护，并攻击了位于克尔森的德国机场，第52战斗机联队第2大队又有3架宝贵的Bf-109被炸成了废铝。据德方记载：

"在一次空袭中，一枚俄制的750千克的炸弹被俄国对地攻击机的机枪火力引爆，产生的冲击严重损坏了3架Bf-109的机身。因配件缺乏，只能报废了事。"

到25日，驻塞瓦斯托波尔的德国空军只剩下46架飞机。这一数字包括第52战斗机联队第2、第3大队的16架Bf-109；第2攻击机联队第2大队、第3攻击机联队第3大队的21架对地攻击机（主要是Fw-190和Ju-87）；此外还有9架海上侦察机。也

在这一天，黑海舰队航空兵第47强击机团的12架IL-2打沉了列奥号（Leo）驳船，当时这条船上载有1045人，正从塞瓦斯托波尔撤退，最终只有约750人幸存。

第二天的交战又让第2攻击机联队第2大队损失了4架Fw-190，第52战斗机联队也有2架Bf-109减员。如此德国人只能更加依赖他们阵中的飞行老手。当日，巴尔克霍恩少校宣称击落了3架Yak-7，第二天他又取得一次空战胜利，这样他就打破了由瓦尔特·诺沃特尼创下的256架战绩的纪录。28日，巴尔克霍恩再接再厉，再次上演帽子戏法，战果均为Yak-7。但是少数德国尖子的出色发挥无法动摇苏军的制空权。第3攻击机联队第3大队在不到3周的时间内就消耗掉25架Ju-87，只能撤离战区，回德国整编换装Fw-190。一同撤离的还有在克里木战区仅呆了2周的第3攻击机联队第10（反坦克）中队。

眼见战局已定，双方都进行了重大的人事调整。4月底，康斯坦丁·韦尔希宁将军和他的空军第4集团军司令部被调往白俄罗斯方向，那里成立了的新的白俄罗斯第2方面军，韦尔希宁及其同僚将指挥这个方面军的空中行动。而空军第4集团军的单位被转入空军第8集团军，让后者的规模猛增到1000余架。

德国方面，由于第17集团军司令官耶内克一直絮絮叨叨地要求干脆放弃塞瓦斯托波尔，对此感到极不耐烦的希特勒索性炒了他的鱿鱼。尽管元首下令绝对禁止撤退，"不惜一切代价坚守"——但仍有一些"不必要的人物"陆续通过海上或空中离开，每天都有8艘运输船和其他一些小型船只穿梭往返于塞瓦斯托波尔和罗马尼亚，越来越多的人脚底抹油逃之夭夭了。

4月底到5月初，由于天气恶劣，能见度低下，苏联空军一时拿这些船只没啥办法。从4月14至27日，黑海舰队航空兵有12架飞机在阻截行动中被击落，所取得的战果为：打沉了1艘油轮、1艘驳船；击伤了数艘运输船、1艘驱逐舰、2艘武装运输船和2艘猎潜舰。

28日，护航舰F406和R37号被苏联飞机击伤。

▶ 在德国空军中，He-111 Z型大概是最独特的改装飞机之一，"Z"表双体之意。这是将2架He-111用特殊的改装套件及第5台发动机连接在一起，如此动力加强了，载重能力也提高了，可以运载重型的梅塞施密特Me-321型货运滑翔机，也可运送130名全副武装的士兵或22吨货物。这张照片就是1架停在克里木半岛的He-111 Z。

▶ 1944年飞翔在黑海上空的Pe-2，隶属黑海航空兵第40轰炸机团。

4月17日至5月3日，大约有4万名轴心国人员离去，总撤退人数达到9万人。5月3日，天气放晴，黑海舰队航空兵立刻派出了数个编队，黑海舰队航空兵第40轰炸机团的40架Pe-2和第13近卫轰炸机团的波士顿轰炸机轰沉了猎潜舰UJ2304号、尤纳克号（Junak）机动驳船以及数艘驳船，等德国战斗机赶到现场，苏联轰炸机早已无影无踪了。

第二天，等黑海舰队航空兵再来寻觅战机时，吃过苦头的德国人提前做好了准备。第52战斗机联队第2大队的15架Bf-109拦截了黑海舰队第8近卫强击机团和第47强击机团的24架IL-2及其23架护航歼击机。德机占据高度优势掠袭对手，有3名德国王牌均报告梅开二度：格尔哈特·霍夫曼二级士官长击落了2架IL-2；汉斯·瓦尔德曼少尉，1架IL-2和1架Yak；赫尔穆特·利普弗特中尉，2架Yak。苏联方面的实际损失为3架IL-2和1架Yak-9。德机均全身而退，在他们的干扰下，苏机的攻击毫无准头，仅有1枚炸弹击中机动驳船卡尔大公号（Erzherzog Karl），杀死了24名乘员。

在黑海舰队航空兵进行反舰战斗的同时，空军第8集团军和远程航空兵从4月30日起，以日益猛烈的轰炸软化德军围绕塞瓦斯托波尔的防线。5月4日，空袭达到高潮，共有2000吨炸弹丢到了德军的头上。

苏联空军在克里木战役中损失相对轻微。到5月4日，在持续4周的较量中，他们付出的代价不超过155架飞机，同期德国战斗机部队宣称战绩有300个，高估了约一倍。但在塞瓦斯托波尔攻防战后期，空战强度加大，苏军战损呈直线上升趋势。5月4日，激烈的空战打了整整一天，第52战斗机联队第2和第3大队宣称击落15架苏机，而兰伯特少尉一人另干掉了9架。苏军的牺牲者中包括第402歼击机团的沙米里·阿布德拉希托夫（Shamil Abdrashitov）中尉，他在赫尔索涅斯角（Kap Kherzonez）上空被击坠。阿布德拉希托夫是空8集最优秀的空战尖子之一，阵亡前已有17架击坠记录。

第二天，近卫第2集团军在空军的全力掩护下开始攻打塞瓦斯托波尔。德方文件承认，"俄国人的空袭对我方打击极大"。第17集团军则报告："赫尔索涅斯机场遭到120架俄国飞机的轰炸。"

尽管整体局势糟糕透顶，德国空战王牌们仍在拼死回击。5月5日，接替京特·拉尔担任52联队第3中队中队长的威尔海姆·巴茨上尉打下了2架La-5，这是他的第129和第130次空战胜利。第9

中队中队长埃里希·哈特曼少尉则在3次空战中挑落了6个对手，总战绩达到了221胜。而第2攻击机联队第2大队的兰伯特少尉在次日创下了一个新的纪录，当天他报告击落苏机14架。7日，52联队的高手们继续大开杀戒，第2大队的彼得·达特曼少尉，9次胜利，总战绩达到91胜；海因茨·萨克森伯格二级士官长，6次击坠，总战绩升至82胜；第4中队的汉斯·瓦尔德曼少尉同样也获得了6个战果，击坠记录达到120架。

但空军第8集团军的飞机仍控制着天空。7日，城南的第51集团军和滨海集团军也投入了进攻，兵锋直指萨彭山高地（Sapun Heights）。在攻击前，IL-2和Pe-2先用炸弹把德军阵地好好洗刷了一遍，在飞机的掩护下，红军步兵夺取了普兹里高地（Puzyr Hill），并进抵萨彭山山麓。在苏方报告中，他们这样描述了夺取萨彭山德军阵地的过程：

"敌人从第二道堑壕以有组织的火力迎击我步兵，致使步兵前进受阻。在此紧急关头，由大尉M.T.斯捷潘尼谢夫、N.P.阿尼西莫夫和中尉V.G.科津科夫指挥的3批六机编队的强击机依次前来支援陆军。根据无线电指引，强击机连续几次进入攻击阵位，准确射击萨彭山上的堑壕。由于第1近卫强击机师飞行员坚决果敢的突击，敌人遭到很大损失，被迫停止了射击。"

7日下午，红军夺取了英克尔曼山（Inkerman），通往塞瓦斯托波尔的道路敞开了。8日，巴尔克霍恩击落了1架Yak-7和1架IL-2，这是德国战斗机部队在克里木半岛上空最后的作战行动。剩下的13架德国战斗机从赫尔索涅斯机场飞往欧洲大陆，急于闪人的地勤人员只能搭乘战斗机，蜷缩在狭小的机身内撤离。当日，希特勒终于承认战局无法挽回，同意第17集团军从塞瓦斯托波尔离开克里木。此时包围圈内还有6.4万人。10日夜至11日晨，德国运输机编队执行了最后一批撤离任务。50架Ju-52降在危机四伏的机场，运走了1000名伤员。

同时，有190艘总共可载87000人的船只起航，准备将第17集团军的残余力量全部接走。海面乌云低垂，刮起了8级大风，轮船喷出的黑烟遮挡了人们的视线。尽管如此，波罗的海舰队航空兵仍以极大地勇气投入了袭船战。10日，天一亮他们就飞到了海上，专拣大型运输船下手，2773吨的托特里亚号（Totlia）和3600吨的特扎号（Teja）最为显眼，遭到了苏机的集中攻击。5时45分，搭载了4000人的托特里亚号首先遭难，被3枚炸弹命中，燃起了熊熊大火并开始失控，数小时后爆炸沉没；而特扎号没有躲过鱼雷轰炸机的突袭，15时从海面上消失；共有约1万名士兵溺毙。5月11日一早，黑海舰队航空兵第47强击机团的12架IL-2围攻了3162吨的罗马尼亚号（Romania）布雷舰，打炸了其运载的军火。同时，第8近卫强击机团的6名IL-2飞行员空袭了多瑙河号（Danubius）运输船，取得了数枚命中弹，多瑙河号顿时变成了海上喷发的火山。两舰只有很少的幸存者。另一艘德国运输船赫尔加号（Helga，2200吨）亦被IL-2轰沉。

12日，第8近卫强击机团的11架IL-2干掉了德国机动驳船盖泽莱希号（Geisereich，712吨）；而黑海舰队航空兵第40轰炸机团的12架Pe-2则将1309吨的杜洛斯托号（Durostor）运输船打成重伤，后者被拖到康斯坦察港后还是沉没了。除了这些大型船只，一些小家伙，比如猎潜舰UJ 2313号、UJ 2314号、UJ 310号，以及3艘救生船、5艘拖轮、11艘驳船和一些其他小型舰只也被苏联空军送入了海底。

在袭船战进行的时刻，仍有德军后卫部队在塞瓦斯托波尔顽抗，其高射火力还相当猛烈。5月5

◀ 奥古斯特·兰伯特，1916-1945。德国空军攻击机部队的头号空战王牌，1944年的克里木空战是他最辉煌的时刻。1945年4月17日，时任第77攻击机联队第8中队中队长的他率部从德雷斯顿起飞，准备攻击推进中的苏军部队，却遭遇了美军P-51"野马"的袭击，被击坠身亡。他的空战总战绩是116架，全部在东线取得。

◀ 1944年5月,黑海舰队航空兵第6近卫歼击机团的Yak-9D编队在塞瓦斯托波尔上空巡逻。"白色22号"的飞行员是米哈伊尔·格里布(Mikhail Grib)上尉,在战争中他一共执行了400多次战斗任务,击落17架敌机。"白色31号"由弗拉基米尔·沃罗诺夫(Vladimir Voronov)中尉驾驶。

◀ 克里木德军失败的标志。这张照片摄于被苏军攻占的赫尔索涅斯机场,近景是1架Fw-190 G3的残骸,该机原由第2攻击机联队第2大队大队长海因茨·弗兰克少校驾驶。

日至5月12日,有111架苏机在塞瓦斯托波尔空域被击落。虽然德国人准备了可运送87000人的船只,但从5月10日至5月12日仅接走25677人,苏联空军和黑海舰队航空兵对海运的袭扰取得了成功。

5月12日,塞瓦斯托波尔获得解放,克里木战役结束,残余守军2.6万人被俘。轴心国军队在克里木之战阶段的损失总数至今仍没有完全搞清,我们知道的是在4月12日其兵力为23.5万人,后有12.1万人从海路、2.1万人从空中撤离,剩下的人基本全部损失,此外,逃走的人中数以万计的伤兵也应该计算在内。苏军的损失为17754人阵亡或失踪,67065人负伤。

在1944年4至5月的克里木之战中,双方空军都高估了自身的战果。苏军上报击落297架轴心国飞机;德国方面,仅第52战斗机联队第2、第3大队就宣称从4月8日至5月12日取得了432次空战胜利。而双方的实际战损,苏机有266架,轴心国大约为200架。后者的损失包括68架Fw-190和Bf-109、25架第3攻击机联队第3大队的Ju-87、80至100架运输机,以及一些侦察机和罗马尼亚王军的飞机。

克里木战役让苏联空军掌握了很多空地协同方面的技巧,在德国第5军从岛东往西逃往塞瓦斯托波尔时,韦尔希宁的空军第4集团军对他们的空袭也打得非常漂亮。在克里木获得的实战经验,将被苏联空军在后续的巴格拉季昂战役中发扬光大。

获胜的苏军进行了重组。韦尔希宁及空军第4集团军司令部被调往东线中部,参加即将开打的巴格拉季昂战役,而在克里木战役中表现出色的第1近卫强击机师也加入了空4集,一起北上。第1近卫强击机师由斯捷潘·普鲁特科夫(Stepan Prutkov)上校指挥,该师在4月至5月初共有1796次出击记录,上报取得了击毁坦克63辆、飞机91架的战果。

而费多尔·托尔布欣将军则被调往乌克兰第3方面军担任司令员,准备罗马尼亚进攻战役,乌克兰第4方面军则被解散。托尔布欣的一些老部队也跟随他前往新单位。在那里他们将攻入罗马尼亚,并把那些从克里木逃走的老对头们一网打尽。

◀ 在1944年4至5月份的克里木战役中,尼古拉·切尔诺科夫(Nikolay Chelnokov)中校担任黑海舰队航空兵第8近卫强击机团的团长。切尔诺科夫是参加过苏芬战争的老兵,在对芬作战中就执行过40次轰炸任务。1941年他被调到IL-2部队,在执行了58次对地攻击任务后,于1942年6月荣获"苏联英雄"称号。这架"白色27号"的IL-2就是克里木战役时切尔诺科夫的座驾。在克里木战役的反舰作战中,近8团击沉了24艘海船,获得了以城市"菲奥多西亚"(feodosiyskiy)命名的荣誉。在克里木之战结束后,切尔诺科夫的近8团被调入波罗的海舰队航空兵,在战争最后几个月参加了与波罗的海德国舰队的战斗。1944年8月19日,切尔诺科夫第二次荣膺"苏联英雄"。到战争结束,他一共执行了270次对地攻击任务。

1944年春克里木战役双方空军作战序列

1.苏联航空兵部队

空军第4集团军(司令员:康斯坦丁·维尔希宁将军,支援独立滨海方面军)

  第214强击机师

  第230强击机师

  第229歼击机师

  第329歼击机师

  第132轰炸机师

  第3668侦察航空团

  第55校射航空中队

空军第8集团军(司令员:季莫费伊·赫留金将军,支援乌克兰第4方面军)

  第7强击机军(第206强击机师、第289强击机师、第236歼击机师)

  第3歼击机军(第265歼击机师、第278歼击机师)

  第6近卫轰炸机师

  第1近卫强击机师

  第6近卫歼击机师

  第2近卫夜航轰炸机师

  第8侦察航空团

  第100校射航空团

  第406夜航轰炸机团

  第678运输航空团

  第87民航团

黑海舰队航空兵

  第7歼击机团、第25歼击机团、第43歼击机团、第6近卫歼击机团、第11近卫歼击机团、第23强击机团、第47强击机团、第8近卫强击机团

  第13俯冲轰炸机师(第29轰炸机团、第40轰炸机团、第9歼击机团、第43歼击机团)

  第11强击机师

  第2近卫鱼雷轰炸机师(第5近卫鱼雷轰炸机团,第36鱼雷轰炸机团)

  第30侦察航空团

2.轴心国航空兵部队

  第52战斗机联队第2大队

  第52战斗机联队第15中队

  第2攻击机联队第2大队

  第3攻击机联队第3大队

  第125海上侦察机大队第1中队、第2中队

  第6夜战大队第2中队

  德国空军特别侦察机中队(装备Bf-110和He-111)

  罗马尼亚空军第20侦察机中队(装备IAR-39)

  罗马尼亚空军第49战斗机中队(装备IAR-38)

  罗马尼亚空军第3俯冲轰炸机中队(装备Ju-87)

外篇：黑十字与红星
1944

当战争进入到1944年，德国空军依靠梅塞施密特Bf-109的性能优势横扫东线的时代，已经一去不复返了。

在"巴巴罗萨"计划执行之初，Bf-109的同期型号对当时的苏联歼击机享有大约一年多的技术优势。战争的第一年，Bf-109和苏联飞机的空战交换比高达1:12。不过苏联的飞机设计师和技术人员在艰苦的战时条件下，一直没有放弃对德国的技术追赶。到1944年上半年，双方战机的性能差距已经非常微小，而到年中，天平已经开始向苏联一方倾斜了。

1944年大多数的苏联歼击机团已经装备了不逊于Bf-109和Fw-190的现代化战机。最普遍的机型是Yak-9，大约有三分之一的团在使用。另有四分之一的团装备了各种型号的La-5。剩下的份额被Yak-1（约占15%）、P-39（约占15%）和YAK-7（约占10%）瓜分。至于已经过时的P-40和LAGG-3，只有极少数还在服役。此外，有一些防空军部队装备了从英国进口的喷火。

和西方盟军不同，美制P-39"飞蛇"歼击机一直深受红军飞行员的喜爱。虽然到了1944年，飞蛇在各方面性能已经明显逊于最新式的德国战斗机，但由于其低空性能良好、火力强大、通信设备优良，仍有一些苏联空军的精英部队坚持继续使用P-39直至战争结束，并取得了很好的战绩。而在太平洋和西欧战场，P-39从1943年末起就基本退出了一线的战斗。另有一个有趣的事实是：苏联空军在卫国战争中的最后一个战果是飞蛇打下的，而德国空军在大战的最后一个击坠记录也是1架苏军的P-39。

当首批Yak-9入役时，他和德国最好的战斗机还是存在一些细微的差距。但到了1944年4月，Yak-9的最新型号——Yak-9U开始投入使用（U为Ulushchenny的缩写，表提高之意），其装备了新型号的发动机——1500马力的VK-107A，可以在5000米高度达到672公里的最高时速。通过与俘获的德制Bf-109G6、Fw-190A进行对比测试，Yak-9U有一定优势。至1945年8月，Yak-9U的总产量为3921架。

当1942年夏季La-5刚刚服役时，还不是德国一线战机的对手。不过设计师拉沃齐金的努力在La-5后继型号La-5F、La-5FN上还是看到了成效：到1943年中期，La-5FN成为第一种在性能上与Bf-109、Fw-190同期型号基本等同的苏制歼击机。整个1943年，苏联一共生产了1500架La-5FN。La-5FN的翼展仅有9.8米，甚至比老式的波利卡尔波夫I-16（德国人称之为"耗子"）还要短。这使得La-5FN成为战争中最小、最轻的战斗机之一，也在德国人那边获得了"大耗子"的绰号。

在对地攻击和昼间轰炸方面，IL-2和Pe-2仍然是当仁不让的主力。1943年，红军解放了顿河地区，夺回了有色金属产地，从1944年起，IL-2终于可以装上全金属机翼，结构强度大大加强了：这是后期IL-2部队战损率明显降低的重要原因之一。

此外，随着形势的好转，苏联可以腾出一些生产能力，这样图波列夫设计的Tu-2双引擎中性轰炸机又投产了。其实早在1942年，Tu-2就被设计出来，1942年11月，空军第3集团军也接收了一小批这种机型，但是因为战况紧急，前线急需歼击机，故Tu-2生产被暂停，转产YAK了。现在重启生产线，到1944年6月，第334轰炸机师已全部换装Tu-2。Tu-2很受苏联机组的欢迎，因为他比以快速著称的Pe-2还快80公里/小时左右，在8800米高度甚至能飞出600公里/小时的速度！不过Tu-2并没有取代Pe-2红军标准昼间轰炸机的地位，因为他是一种水平轰炸机，而Pe-2除了水平轰炸外，还有一定的俯冲轰炸能力。到战争结束时，苏联一共量产了约1000架Tu-2。

在夜间轰炸机部队中，仍是波利卡尔波夫设计的老式的、双翼的U-2教练机唱主角，因为执行这类任务很少会面对敌方战斗机，主要起袭扰作用。1944年7月30日，30年代的苏联战斗机大王——著名的飞机设计师波利卡尔波夫逝世。为了纪念他，红军的夜间轰炸机团U-2都改称为Po-2（PO表其姓氏）。

另一种在1944年的苏联空军中被推广的武器是DAG-10火箭弹。这是一种被认为是很有效的轰炸机、强击机的自卫武器，对IL-2的后座自卫射手特别重要。DAG-10内置10枚各重2千克的AG-2型榴弹头，均配有小型自动降落伞，在发射出去后3至4秒炸开，会有130个弹片分布在半径10至50米的圆周内，形成一片杀伤弹幕。DAG-10是由DAG-5发展而来的，DAG-5内含5个AG-1或AG-2型弹头，在1941年就在单座的IL-2上装备过。

1944年6月30日，第5轰炸机师的Pe-2轰炸了位于鲍里索夫（Borisov）的德国机场，机组成员事后报告，他们运用DAG-10成功打下了5架尾随攻击他们的Fw-190。于是上级很快下令，所有的IL-2、B-25、PE-8和LI-2都要装载DAG-10以加强自卫火力。

到1944年中期，苏联方面还有一项重要的技术进步，就是所有的军用机都装备了可靠的无线电发射和接受设备，大大提高了空中指挥效率。

相对而言，德国空军在技术上不能说是原地踏步，但在进步的幅度上确有不如。在巴格拉季昂战役开始时，大部分的攻击机部队已淘汰了老式的Ju-87"斯图卡"，主力换成了较为先进的Fw-190的攻击型。1944年春天，第1攻击机联队的联队部、第3大队已经全部装备了Fw-190，而第1大队在6月和7月份仍是Fw-190和Ju-87混装。第2"殷麦曼"攻击机联队的第2大队全部飞Fw-190，第1中队则是既有Fw-190也有Ju-87，而由著名的俯冲轰炸王牌鲁德尔少校指挥的第3大队仍在使用老式的斯图卡去对付苏联坦克。其他部队的情况要好些。第3攻击机联队于6月份全部换装Fw-190，只在联队部保留了1架Ju-87用到7月份。第5攻击机联队第1大队到6月份已完成了从Ju-87改装Fw-190的工作，而第10攻击机联队在春季就已全部装备了Fw-190。

如果分析德国空军相对他们的苏联对手还在哪些方面占据明显优势的话，恐怕也仅有战斗经验这一条了。从第二次世界大战爆发以来，德军空军已经培养出了一个精锐飞行员的核心群体：这批飞行员从西班牙内战中总结出了现代空战的基本理念，历经1939年的波兰、1940年的法国和不列颠诸战役,他们已成为久经考验的空中武士;1941年6月22日苏德战争爆发时,那些对现代空战毫无概念的苏联新手立马就撞上了身经百战的德国飞行员,被修理得灰头土脸也是意料之中的事情。在东线,这批德国老手在残酷的苏德空战中继续历练,到1944年,已成为人类空战史上空前绝后的顶级专家:一个常被忽略的事实是,在第二次世界大战中,德军始终把最优秀、最富有经验的飞行员集中部署在东线,这种现象一直持续到战争结束。

在这方面我们可以举个例子。同样在1944年,西方盟军对德国本土的战略轰炸步入正轨,德国空军不得不在本土部署防卫力量。8月份,在西线对抗美国陆航的第53战斗机联队第3大队里有4名老手:弗朗茨·戈茨少校(Franz Gotz,骑士勋章获得者)、阿尔弗烈德·格里斯拉夫斯基上尉(骑士勋章获得者)、阿尔弗烈德·塞德尔中尉(Alfred Seidl,28架战绩)和弗里德里希·希尔上士(Friedrich Scheer,15架战绩)。剩下的人全都缺乏经验,还有的干脆是基本训练都没完成的年轻人,大多数人的飞行时间不足10个小时!而同一时期,在东线作战的第52战斗机联队,战绩过百的超级王牌就不少于13人。

在残酷的实战中,红军飞行员中的优秀团体也开始逐步形成,到1944年,这批飞行员就空中经验而言,已不逊色于英国皇家空军和美国陆军航空队中的同行。他们中最出色的代表包括亚历山大·波克雷什金(50架战绩)、格里高利·列奇卡洛夫大尉(47架战绩)和伊万·阔日杜布少校(46架战绩)等人。

在新手的培养上,苏德双方面临的境况更是完全不同了。到1944年,苏联空军已经从1941年的大混乱和大失败中恢复过来,新飞行员在上前线前已有机会得到较为完整的训练了。而德国空军就没有这种好事了。德国本土现在持续遭到美国陆航战斗机掩护的重型轰炸机的猛烈轰炸,在两线夹击中,持续失血的德国空军已没有喘息的机会,不得不把大量没有完训的学员派上战场。雪上加霜的是,从1944年5月起,西方盟军已把战略轰炸的目标指向了德国的燃料工业,受困于燃料缺乏,德军不得不降低了飞行员的训练标准。无疑,从1944年中期起,从航校毕业的苏联新手的平均水平已超过了那些新入役的德国飞行员,东线德国空军人员素质上的优势被稀释,这在后期将成为真正的灾难。

红军的铁拳：巴格拉季昂

第六章
CHAPTER 06

暗流涌动

　　从1943年7月德军在库尔斯克发动进攻起，一年的东线苦战让德国国防军承受了高达190万人的损失，但这并不意味着东线德军就成了没牙的老虎：到1944年6月，希特勒仍在东线囤积了263.5万人的庞大兵力。由于建立了较为完备的防御工事网和大量永备支撑点，再加上中部地区一直不是双方争夺的重点，所以德国中央集团军群此前能够顶住苏军的进攻，保存了大量富有经验的老兵。和其他地方的被俄国大棒揍得晕头转向的军团不同，中央集团军群至此还保持着较为高昂的士气，也成为现时德军在东线最强大、最完整的重兵集团。德军内部也认为，红军后面就是再动手，也不可能先拿中央集团军群开刀。

　　但是德国人也很清楚，红军正在准备的攻势，肯定是战争打响以来最为凶狠和猛烈的。为了多少抵销些俄国人的进攻力量，德军病急乱投医，一些旁门左道的主意居然也被付诸实施。第200轰炸机联队第1中队准备派出一架Ju-290运输机，从罗马尼亚的济利斯塔基地（Zilistea）出发，在高加索卡尔梅克地区空投30多名卡尔梅克蒙古民族独立运动分子，在苏联腹地煽动暴乱以达到牵制目的，该计划代号"盐湖"，行动时间定在5月22日夜间。不料这架Ju-290停在机场尚未出动，就被苏军发现。这个四发大家伙顿时引起了红军的兴趣，第933歼击机团迅速派出了4架"飓风"歼击机，在德国运输机还没来得及起飞之前，一阵扫射把他打成了筛子。于是乎"盐湖"计划也就没有下文了。

　　随着进攻时间的逼近，德国人也嗅出情况越来越不妙了。苏联人的进攻一定会来，但问题是会从哪儿来？对此，被誉为希特勒手下最能干的元帅——冯·曼施泰因早就有了定论："关键点在南部，其重要性是怎么强调都不过分的。"确实，一旦南线防御再出问题，让苏军夺占了罗马尼亚油田，希特勒就很难把战争继续下去了。于是德军仍把第4航空队部署在南部，这也是当时德军在东线兵力最强的航空队，拥有948架飞机，其中战斗机186架。

　　但是斯大林并不打算按着希特勒的路子出牌。红军统帅部的目光落在远在南方和罗马尼亚北边的地区。相对德军的第4航空队，其当面的苏联空军第5集团军的实力被大大削弱了，其下属的一些精锐部队和飞行员被悄悄调往北部，空缺以及在此前冬季战斗中的损失则由一些缺乏经验的菜鸟来填补。以最精锐的第9近卫歼击机师为例，此时有30%至40%的飞行员都是新手。

　　在5月末，南方德军进行了一些有限的进攻

◀ 尼古拉·库拉耶夫是反法西斯盟军中最著名的空战王牌之一。他于1941年11月作为歼击机飞行员参战,在1942年8月获得了头2个战绩。1943年5月14日他在空中梅开二度,8天之后,他复制了这一胜利。此后,他在空战中连续取胜且多次在一天内击落数架敌机:其中6次梅开二度;1943年7月7日、1943年7月12日、1943年12月15日、1944年4月18日上演帽子戏法;1943年7月5日和1944年4月25日更是在一天内斩获4架。1944年5月30日是库拉耶夫最成功的日子,他上报击坠了5架敌机。不过当天第129近卫歼击机团的六机编队和德国战斗机交手,仅有库拉耶夫安全返航。1944年8月14日,库拉耶夫和一名新手编队出击时遭到德机偷袭,库拉耶夫身负重伤,但仍设法干掉了2架德机,迫降后他被立即送往医院,康复后再未投入一线战斗。尼古拉·库拉耶夫的最终战绩为60胜,包括5个分享战绩,这是他在240次战斗任务、69次空战中取得的。他两次荣获"苏联英雄"称号,1972年晋升为上将,1985年9月27日逝世。

以改善防御态势。第4航空队频繁出击,获得了德国空军在苏德战争中最后一次战术性胜利。为了帮助抵抗德军逆袭的地面部队,苏联空军派出了IL-2,因为要贴身掩护强击机,红军的护航歼击机无法保持高速,结果连遭德军第52战斗机联队游猎战斗机的袭击。52联队全体都参与了此项自由猎杀任务,不少飞行员每天都飞六七个架次,有的甚至更多,取得了很大的战果。5月30至31日,德军飞行员报告他们在雅西地区击落了至少156架苏军飞机。大部分的击坠记录由那些少数极富经验的顶级专家们获得,特别是52联队中那些排名前十的尖子,包括格尔哈特·巴尔克霍恩少校、威尔海姆·巴茨上尉、赫尔穆特·利普弗特中尉、埃里希·哈特曼少尉、弗朗兹·绍尔少尉（Franz Schall）、瓦尔特·沃尔夫鲁姆少尉、海因茨·萨克森伯格少尉、奥托·弗内克德少尉、汉斯·瓦尔德曼少尉和汉斯·约阿希姆·比克纳上士。例如31日,52联队第3中队取得的25个战绩中,有21个归功于3名飞行员:巴茨、哈特曼和比克纳。第2大队的瓦尔特·沃尔夫鲁姆继5月20日打下6架苏机后,5月30日报告取得战果11架,第二天又有6架进账。5月31日也是德国战斗机部队超级尖子威尔海姆·巴茨在战争中最成功的一天:他从6时30分至19时30分一共出击了7次,宣称打下了15架苏机——6架IL-2、5架P-39和4架La-5。巴茨本人后来对此仅有一句简短的总结:"我今天真够走运……"

苏联空军的确在雅西地区的空中战役中蒙受了不小的损失。5月30日,第129近卫歼击机团报告,该团6架飞蛇和50架德机的进行了一场艰苦的战斗,仅有1架返航,其余全被击落。唯一返回的飞行员是空战王牌尼古拉·库拉耶夫大尉,他在这次出动中也被打伤了大腿,但上报击落了5架敌机:2架Bf-109、1架Ju-87、1架Ju-88和1架Hs-126。而据德军第52战斗机联队记录,该联队的王牌奥托·佛恩克德和瓦尔特·沃尔夫鲁姆在这次遭遇中各击落了3架苏机。在这一天的其他战斗中,3位红军王牌——第144近卫强击机团的鲍里斯·夏波夫中尉（Boris Shapov, 8架战绩）、第667强击机团伊布拉希姆·加兹祖林上尉（Ibragim Gazzizullin, 鞑靼人, 7架战绩）和第85近卫歼击机团的伊万·列昂诺夫少校（Ivan Leonov, 5架个人战绩和6个集体战绩）阵亡。其中夏波夫的座机是被弗郎兹·绍尔少尉或者汉斯·瓦尔德曼少尉击落的,2人均为52联队极富经验的王牌飞行员。

对苏军来说更大的打击还在后面。在31日的空战中,第52战斗机联队第1大队的Bf-109和第2攻击机联队第2大队的Fw-190利用巧妙的占位取得了战术优势,突袭了红军第16近卫歼击机团的飞蛇。仅仅几分钟,就有5架P-39被击落,其中2架归功于52联队第1大队的王牌安东·雷施少尉（Anton Resch）。5名苏军飞行员中有2人跳伞生

▲ 1944年6月9日，在一次纪念会上，第943强击机团的格奥尔基·帕尔申（Georgiy Parshin）大尉正在对巴里诺娃（Praskovii Barinova）女士和他的女儿表达谢意，他身后的这架IL-2是母女俩捐献的。这架飞机是苏联军民反抗德国侵略军的缩影，机身上的文字为"为巴里诺夫一家复仇"。巴里诺娃家住列宁格勒，1941年到1944年1月，列宁格勒被封锁900天中，上百万居民死于饥饿和冻馁，巴里诺娃的丈夫和儿子都于1942年在前线阵亡。而德国人同样也对IL-2王牌帕尔申欠下了血债——1942年10月，他在奥廖尔附近的家被德军烧毁，父亲也遭杀害。在拍摄这张照片时，帕尔申已执行了140余次空中任务，击毁11辆德国坦克，击落4架德机。数周后，1944年7月2日，帕尔申率领第943强击机团的IL-2突击了位于芬兰伊莫拉（Immola）的德军机场，据德国和芬兰方面的记录，有40架德机和芬机不得不进行修理，其中15架全毁。1944年8月19日，帕尔申荣获"苏联英雄"称号。到战争结束，他用IL-2击落了10架德机，成为最高IL-2空战王牌。1945年4月19日，格奥尔基·帕尔申再次荣获"苏联英雄"称号。

中，他已经以这种方式干掉了50多架德机，荣获"苏联英雄"称号，就空战的个人成就而言和波克雷什金不相上下。不过此时德军战斗机部队已经发展出了指定僚机专门掩护编队后方的战术，而红军并没有类似的章法，所以在空战中指挥员的指挥呼应极其重要，否则那些缺乏经验的飞行员很难生存。像列奇卡洛夫那种自由发挥的打法显然不适合充斥着菜鸟的苏联空军。波克雷什金后来写道："脱离编队去追求击落敌机的做法会导致阵型被破坏，我们严肃地批评了列奇卡洛夫这种无视战场纪律的行为。作为团长他违反了领导和战术原则，只顾着去增长个人战绩。"波克雷什金免去了列奇卡洛夫的职务。这是同样才华横溢但个性截然相反的两位"苏联英雄"的第一次激烈冲突，但不是最后一次。波克雷什金任命另一位著名的红军王牌鲍里斯·格林卡少校接任第16近卫歼击机团团长。

虽然未能在雅西空战中获胜，但这种小挫败已无法影响红军飞行员的整体质量，而在这些战斗中存活下来的人只会越战越强。另要特别指出的是，苏军的损失并没有德国人宣称的那么大。据苏联方面的记载，5月30日空军第5集团军损失飞机

还，1人牺牲，2人失踪。第16近卫歼击机团是红军中赫赫有名的王牌团，"苏维埃空战之父"、3次"苏联英雄"称号的获得者亚历山大·波克雷什金曾任该团团长，现任该团的直属上级——第9近卫歼击机师的师长。老部队被打得如此狼狈让波克雷什金大为光火，下令严查。一番分析检讨之后，谴责的拳头砸向了波克雷什金的继任者：格利高里·列奇卡洛夫。

列奇卡洛夫也是从1941年起就参战的老资格了，但与极为强调战术纪律和团队战术的波克雷什金不同，他是天生的独行侠，其战斗风格倒是很像那些喜爱自由猎杀的德国王牌。到1944年年

▲ 在这张照片上，亚历山大·波克雷什金正在格利高里·列奇卡洛夫的座机机翼上写文件。可见这架P-39机身上有55枚红星，这是列奇卡洛夫1944年初的战绩，不过得到官方确定的只有52架。当时波克雷什金的确认战绩也是52架。

36架，31日损失34架。德方高估战果在1倍以上。在整个5月，空军第5集团军全部损失为146架（65架P-39，33架Yak-1、YAK-7B和Yak-9D，12架La-5，28架IL-2和8架P-2），其中战损121架。

一些苏军老手也让德国人付出了相当的代价。5月30日，第52战斗机联队报告有7个战损，第10攻击机联队损失5架，第2攻击机联队至少损失了2架。31日，52联队损失了2名好手：第8中队的卡尔·舒马赫上士（Karl Schumacher）驾驶他的Bf-109 G6在空战中被1架苏军歼击机击坠身亡，最终战果56架；而第2大队的大队长，未来人类空战史上的第二号王牌格尔哈特·巴尔克霍恩少校在当天的第6次出动时拦截了一群苏军的轰炸机，这时一架P-39突然从后面窜出来对其猛烈开火，将他的Bf-109打得千疮百孔，巴尔克霍恩的右臂和腿也被击伤，鲜血淋漓，好不容易才迫降成功，保住了性命。对于究竟是谁打中了这位在空中神一般的人物，目前还没有定论。由于P-39往往装备给苏军的精英部队，比如波克雷什金指挥的第9近卫歼击机师，因此有人附会是波克雷什金本人赢得了这场王牌对决，但其实波克雷什金当时并不在这一空域中。

这次受伤让巴尔克霍恩在医院里躺了4个月，而对其心理上的影响持续了更长的时间。据他回忆，当他1944年10月重返战场坐回Bf-109的座舱时，一时间怎么也克制不了紧张情绪。在飞战斗任务时就更明显了，有任何东西飞在他后方都让他心惊胆战，哪怕明知是友机。足足用了几周时间，他才从这种境况中摆脱出来。

雅西上空的战斗在接下来的日子仍在进行中，不过强度有所下降。引领风骚的仍是52联队那一小群顶级专家们。6月1日，一架由卡尔·穆兹少尉（Karl Munz）击落的P-39成为第1大队在战争中的第2000个击坠记录。当天整个联队宣称击落19架飞机。中队长埃里希·哈特曼包揽了其中的6个，将总战绩提高到237架。6月2日，联队报告总战果18个，不过联队长迪特里希·赫拉巴克中校（Dietrich Hrabak）在刚刚击毁1架IL-2后

▲ 帕维尔·契比诺加大尉于1944年6月6日驾驶他的P-39Q飞蛇"白色100号"击落了2架Bf-109，其中1架可能是由于尔根·诺德曼上士驾驶的，后者是拥有36架击坠记录的王牌飞行员。本图为契比诺加大尉和他座驾的合影，机身上涂有24次胜利标志。契比诺加时年32岁，是第508歼击机团年纪最大的飞行员之一，在全军飞行员中也不算年轻了。1942年初他在第27歼击机团开始他的战争生涯，在获得11个战绩后，于1943年10月调到装备P-39的第508歼击机团。他个人击坠记录为28架，大部分是驾驶P-39取得的。战争中第508歼击机团（于1944年10月升格为第213近卫歼击机团）共执行了5306次战斗任务，总战绩为311架；自损112架（其中96架为战斗损失），牺牲飞行员52人。帕维尔·契比诺加于1963年逝世。

就被苏机击落，但他迫降成功，只受了点小伤。

6月4日，创下第1大队第2000个击坠记录的穆兹再创佳绩，连续打下了1架IL-2和1架Yak-9，将个人战绩提高到33架。那名Yak飞行员跳伞后被俘，在审讯中承认他是第152近卫歼击机团的团长瓦西里·梅尔库舍夫（Vasiliy Merkushev），一名拥有29架战绩的王牌飞行员，"苏联英雄"称号的获得者。他随身皮包里的一些机密文件也被德国人缴获。因为这个原因，倒霉的梅尔库舍夫在战后获刑10年，被剥夺了"苏联英雄"称号。也是在4日，哈特曼连续击落了7架苏机，将战绩提高到250架，赶上了负伤住院的巴尔克霍恩。6月6日，52联队总战绩为10架，其中5架归属于哈特曼。同一天，52联队第1大队拥有36架击坠记录的王牌飞行员于尔根·诺德曼上士（Jurgen

Nordmann）在空战中被1架P-39打伤。胜利者很可能是苏军第508歼击机团的帕维尔·契比诺加大尉（Pavel Chepinoga），他在当时当地宣称击落2架Bf-109，将个人战绩提高到24架。

6月8日，52联队报告在雅西地区击落14架敌机，由5名尖子分享，萨克森伯格少尉5架（总战绩达到百架大关）、比克纳上士4架、赫拉巴克中校2架、巴茨上尉2架（一架La-5成为他的第170架个战果）、海因茨·埃瓦尔德少尉（Heinz Ewald）1架。

南部的一系列战斗将德国武装力量的注意力吸引到了罗马尼亚地区。这无疑对苏军有利，掩盖了他们正在积极准备巴格拉季昂战役，消灭德国中央集团军群、解放白俄罗斯的意图。巴格拉季昂是19世纪俄罗斯抗击拿破仑的名将，以他名字命名的这次攻势将是战争爆发以来苏军组织的最大规模的战役。苏联最高统帅部从1944年4月末就开始着手准备进攻，首先是一系列的伪装和欺骗：事实上，苏军在南方和北方都发动了佯攻，雅西地区的激烈空战很好地配合了这个意图，在两翼看上去打得非常热闹的时刻，大批苏军悄悄地向中路集结，盘踞在白俄罗斯地区两年半之久的德中央集团军群大难临头了。

为准备进攻，苏军进行了重组。4月24日，西方方面军一分为二，改编为白俄罗斯第2和第3方面军。从1943年2月起担任西方方面军司令员的瓦西里·索科洛夫斯基上将，因为始终未能打破德国中央集团军群的防御，被贬到乌克兰第1方面军去当参谋长了。而格里高利·扎哈罗夫上将被任命为新设立的白俄罗斯第2方面军司令员。原来负责为西方方面军提供空中掩护的空军第1集团军也进行了人事变更，司令员米哈伊尔·格罗莫夫中将调任前线航空兵军训总部部长，原空军第8集团军的司令员季莫费伊·赫留金（Timofey Khryukin）上将——红军最优秀的空军指挥官之一，此前对克里木空战取胜做出过重大贡献——来承接这一关键性的岗位，他的飞机将在未来的攻势中支持新组建的白俄罗斯第3方面军。

其实类似的架构先前也曾搞过。但在4月初，红军对德中央集团军群西南翼的攻势被挫败，所以被暂时放弃了。当时负责配合"第2白俄罗斯方面军"的是空军第6集团军，所以这回空6集被配属给空军第16集团军，而空军第16集团军负责支援白俄罗斯第1方面军的进攻。在克里木上空立下战功，由康斯坦丁·韦尔希宁中将指挥的空军第4集团军也从南方调到了中部地区。通过以上调动可以发现，在1944年5月份成功指挥了克里木空中战役的空军第8、第4集团军的首长都被调到了中央方向，显然斯大林准备用他们的经验复制一次南线的胜利。为了准备巴格拉季昂攻势，格奥尔基·朱可夫元帅和亚历山大·华西列夫斯基元帅被派来协调指挥，伊万·科涅夫元帅接替朱可夫担任乌克兰第1方面军司令员。科涅夫的乌克兰第2方面军改由原乌克兰第3方面军司令马利诺夫斯基大将指挥，而在5月份取得了克里木战役胜利的费多尔·托尔布欣大将则担任了马利诺夫斯基原来的职位。

到1944年6月中旬，红军已经在中部战区秘密集结了167万人、4000多辆坦克和自行火炮、24000门大炮和迫击炮以及5327架飞机，准备把盘踞在所谓"白俄罗斯阳台"的整个中央集团军群一口吞掉！这个行动的前提包括中央集团军群南边的北乌克兰集团军群也无法在普里皮亚季沼泽

▲ 这张被修饰过的照片可谓1944年苏联空军的"标准形象"：一群Pe-2在以小角度俯冲攻击，其上空有一对Yak-3提供护航。其实当时Pe-2在实施是水平轰炸，为让图像显得更有冲击力，后期做了一些修饰调整。

以南地区长期坚守。

在中央集团军群扼守的北部和中部防线，红军从北向南，依次排开了4个方面军：

波罗的海沿岸第1方面军，由空军第3集团军支援，部署在维捷布斯克（Vitebsk）北部。

白俄罗斯第3方面军，由空军第1集团军支援，部署在维捷布斯克和奥尔沙（Orsha）中间。

白俄罗斯第2方面军，由空军第4集团军支援，部署在奥尔沙和莫吉廖夫（Mogilev）东南地区之间。

至于从特别关键的中央集团军群南翼地区突破的任务，由最强大、最精锐的罗科索夫斯基大将的白俄罗斯第1方面军实施。负责掩护白俄罗斯第1方面军的，是空军第16集团军以及空军第6集团军。而当时空军第16集团军的飞机之多，也为各空军集团军之冠。

红军的欺骗和伪装工作卓有成效，成功掩盖了其真实意图。德军的眼睛一直死死盯在南部：白俄罗斯地区河流沼泽密布，道路桥梁情况恶劣，地形极不适合大兵团机动，那些只会仗着人多势众傻里傻气蛮干的俄国佬怎么可能有能力在这种地段实施突破？就是有战斗，也不过是牵制性的小打小闹罢了。这种思维深深影响了德军高层，以至于当俄国大棒落下时，他们一下被打晕了头，在很长一段时间内都茫然不知所措！

总体而言，德国方面对中央集团军群即将面临的打击是缺乏准备的。冯·格莱姆中将的第6航空队，也就是负责支援中央集团军群的德国空军部队，其实力并不强劲，下辖的战斗机占东线德军战斗机的四分之一，攻击机只有六分之一。在巴格拉季昂战役发动前夕，排除隶属于第4航空队那些可对波罗的海和黑海地区进行袭扰的远程轰炸机，纳粹空军在东线的实力如下：

攻击机：第4航空队390架，第1航空队70架，第3航空队20架，第5航空队100架，总数580架。

战斗机：第4航空队160架，第1航空队105架，第3航空队30架，第5航空队100架，总数395架。

驱逐机（主要指Bf-110双引擎战斗机）：第4航空队45架，第1航空队15架，第5航空队15架，第6航空队30架，总数105架。

夜间攻击机：第4航空队75架，第1航空队95架，第5航空队10架，第6航空队45架，总数225架。

战略侦察机：第4航空队45架，第1航空队25架，第5航空队10架，第6航空队35架，总数115架。

战术侦察机：第4航空队80架，第1航空队40架，第5航空队15架，第6航空队95架，总数105架。

海岸侦察机：第4航空队15架，第1航空队10架，第5航空队5架，总数30架。

也就是说，第6航空队只有战斗机和攻击机各百架，指望用这点兵力抵挡铺天盖地而来的红军飞机根本是痴人说梦。当然，德军可以随时动用405架双引擎轰炸机去支援中央集团军群，但在苏联空军已经掌控空权的情况下，德国人在白天出动轰炸机已经很困难了。

箭在弦上

根据"巴格拉季昂"作战计划，空军第16集团军被配属给白俄罗斯第1方面军，协助其从"白俄罗斯阳台"南段突破，为此他们进行了大量的准备工作。

从1944年4月起，空军第16集团军就开始集结部队，包括：

第3轰炸机军（下辖第241轰炸机师和第301轰炸机师）、第6混合航空军（辖第211轰炸机师和第282夜航轰炸机师）、第271夜航轰炸机师、第2近卫强击机师、第299强击机师、第234歼击机师、第283歼击机师、第286歼击机师、第16校射航空团、第98校射航空团和第65独立侦察机中队。

在数月苦战之后，各航空师的实力下降到只有40到60架飞机，集团军总兵力不过658架。但由于第2白俄罗斯方面军解散，费奥多尔·波雷宁的空军第6集团军被划归空军第16集团军指挥，大大增强了后者的实力。为避免指挥体系混乱，谢尔盖·鲁坚科被提升为上将，成了波雷宁的上级。

空军第6集团军的任务被明确为给白俄罗斯第1方面军的左翼（相对德国中央集团军群，则对着他们控制地域的西南角）提供掩护。1944年4月底，空6集重返前线，这时他们的实力为：

第3近卫强击机师（辖第33近卫强击机团、第70近卫强击机团和第71近卫强击机团）、第336歼击机师（辖第163歼击机团、第265歼击机团和第483歼击机团）、第242夜航轰炸机师（辖第661夜航轰炸机团、第717夜航轰炸机团和第997夜航轰炸机团）、第71航空侦察团和第93校射航空团。空6集总飞机数为263架。

1944年5月和6月，空军第16集团军又补充了以下部队：

第4强击机军（辖第196强击机师和第199强击机师）、第8歼击机军（辖第215歼击机师）、第300强击机师、第1近卫歼击机师、第19歼击机师、第283歼击机师和第132轰炸机师（归属第6混合航空军指挥）。

这些单位之前都部署在距前线200至300公里的后方，空军第16集团军派出经过战火考验的飞行员，以老带新，传授经验。这样在白俄罗斯之战打响前，新飞行员的技战术水平有了很大提高。在3个月内，空16集的菜鸟们总的战术训练架次达到了27000次。

获得大批援兵后，在"巴格拉季昂"战役开始前，空军第16集团军可运作的飞机有2319架，包括1108架歼击机、661架IL-2、331架日间轰炸机、149架夜间轰炸机和70架侦察机。而空军第6集团军也得到了补充，实力膨胀到321架飞机。

红军还进行了卓有成效的欺敌活动，包括隐蔽新机场、用纸板制作假飞机等。造成的结果是从1944年1月至9月，德国空军傻乎乎地攻击了红军假机场多达128次，而对真目标的空袭只有3次。同时，红军侦察机完成了对白俄罗斯第1方面军当面的德国防御阵地的航拍工作。

挽救"老朋友"

从6月19日开始，中央集团军群所辖地区已经是乱成一团：为了配合即将发动的攻势，白俄罗斯的苏联游击队在德军后方大肆骚扰。20日夜间，游击战士在明斯克以西的铁路线上一共引爆了10500个爆炸装置，闹得德国人整夜不得安宁。连续3个晚上，中央集团军群7条供应铁路上一共发生了40000起爆炸，严重影响了德军的后勤支援。与此同时，19日，朱可夫和最高统帅部代表诺维科夫空军主帅、戈洛瓦诺夫将军一起敲定了巴格拉季昂战役空中支援的细节。诺维科夫将具体协调指挥航空兵活动，而远程航空兵司令员亚历山大·戈洛瓦诺夫也将贡献出700架轰炸机参与进攻。红色空军历史上最大规模的行动即将展开！

但是德国人至此还是懵然不觉，其注意力被一连串的事件吸引开了：6月6日，西方发起了第二战场的开辟——诺曼底登陆战役打响，两线夹击德国的战略目标终于达成。此外，在巴格拉季昂之前，红军在南北两端都有动作，以迷惑德军对东线主攻方向的判断。在南边，苏德飞机在罗马尼亚的雅西地区爆发了激烈空战，而在北边，红军对德国人的盟友芬兰动手了！

6月9日，在列宁格勒北边的卡累利阿地峡的芬军防线遭到了苏联空军的猛烈攻击。先是155架IL-2和215架轰炸机狂轰滥炸，紧接着苏联歼击机连续起飞406个架次，将芬兰空军驱逐出空中！

随着形势的不断恶化，希特勒十分担心那些"老朋友"会抛弃他，如果芬兰站在纳粹这边，除了保证德国人的镍矿供应，还可以让德军随时威胁西方支援苏联的主动脉——摩尔曼斯克航线，所以支援芬兰是德国的既定方针。但芬兰方面很早就怀疑，当年随德国人进军东方以夺回1939年苏芬战争中被苏联强占的土地的决策是个错误。这种疑虑随着德军相继兵败莫斯科和斯大林格勒后变得更加明显了。因此除了战争的第一个半年打得比较狠外，芬军基本是躲在防线后面观望。不过在1944年3月，赫尔辛基方面还是拒绝了苏联人提出的和谈条件，认为太过苛刻了。

斯大林不是个有耐心的人。如果让芬兰军队继续控制着南卡累利阿的苏联领土，那么列宁格勒仍在轴心国军队的直接威胁之下。既然芬兰人不识相，那就让飞机大炮去说话吧！

从1941年末芬军攻到1939年的苏芬国境线

最后的空战：剑指柏林

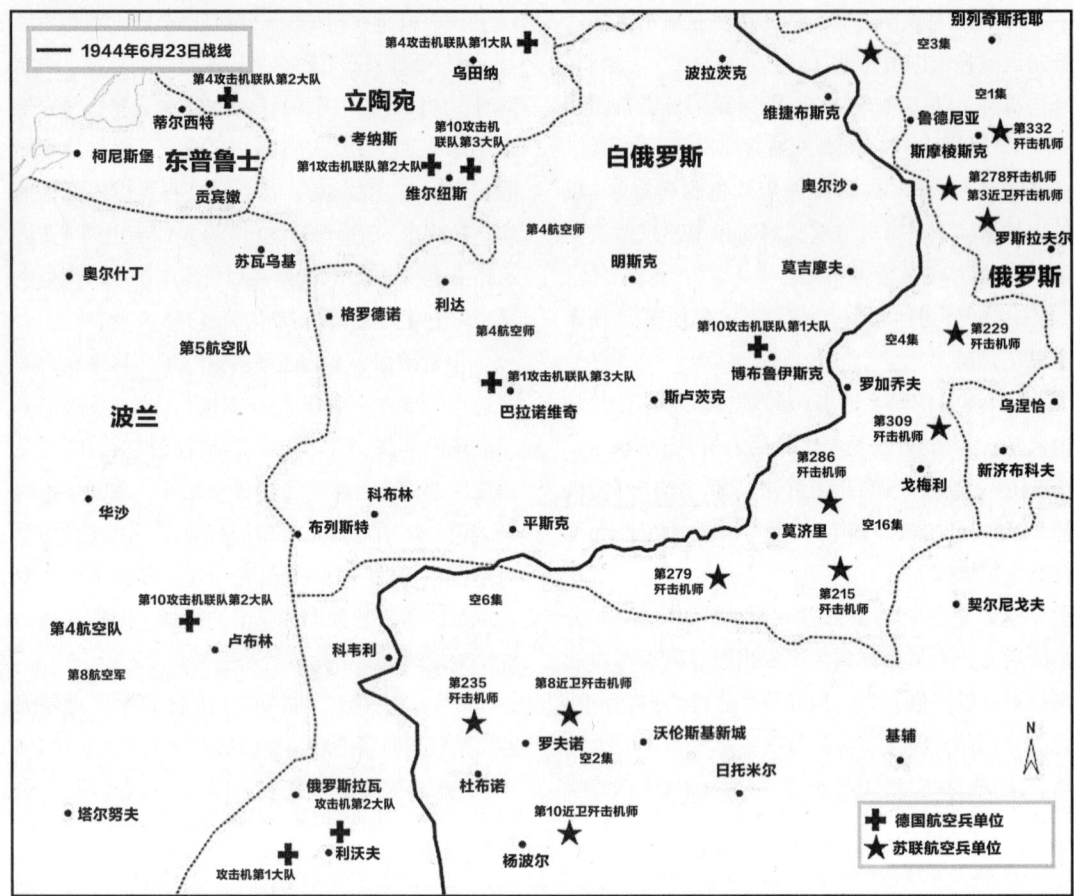

▼ 1943年6月，苏联空军在白俄罗斯、乌克兰北部地区的部署情况略图

后，苏芬战线其实已平静了好长一段时间。现在苏方开始增兵开打，除了夺回领土，也是为了引开德军对白俄罗斯地区的注意力，并促使希特勒分散兵力，从已并不强大的中路继续抽兵支援北方。事实上德国人果然中计了。

6月9日，在飞机轰炸过不久，37.5万红军战士在800辆坦克的伴随下发动了进攻。考虑到芬军在所谓"曼纳林"防线后囤积了27万人，红军在地面并不具备压倒性优势。但在空中，局势就完全不同了：红军的飞机成了胜利的保障。芬兰空军只有200架飞机，苏联空军第13集团军有1600架！尽管芬军飞行员素质很高，但1:8的巨大劣势使其也无法发挥作用了。在猛烈的空中绞杀下，芬军的士气大受打击，出现了数以千计的逃兵。

6月13日，德国第3攻击机联队联队长库尔特·库尔迈中校（Kurt Kuhlmey）接到希特勒的个人指示，让他立刻带1个中队赶到芬兰。接着又有4个大队——第3攻击机联队第1大队、第5攻击机联队第1大队、第54战斗机联队第2大队和第5近距侦察机大队第1中队也进驻芬兰，他们组成了库尔迈特别大队来支援盟友。这样在巴格拉季昂战役打响、白俄罗斯前线急需飞机时，却有相当一部分德国精锐被诱到了北边。虽然库尔迈手下的飞行员宣称在5周内以41架飞机的代价干掉了苏联人150架飞机和200辆坦克，但是到了6月20日，红军已连续突破3道防线，夺占了抵抗枢纽维堡（vyborg），这些小小的战术胜利也变得毫无价值了。

东线的德国战略空军

为准备对苏联的战略轰炸，德国空军在1943年10月14日将大部分的轰炸机部队都划拨给鲁道夫·迈斯特尔（Rudolf Meister）将军的第4航空军管辖。从1943年8月起，帝国元帅赫尔曼·戈林就命令对战略轰炸行动进行研究，主题为"对俄国军事工业的摧毁"。戈林要求在战略轰炸进行前，首先进行一些基础性工作和训练。11月26日，他对第4航空军发了特别指示：

"我的意图是用重型轰炸机部队——这些部队要得到一些特殊单位的加强——对俄国军事工业开始系统性的打击。这将由第4航空军司令部统一实施。

重轰单位的任务是毁灭俄国人的军火生产，让俄国人大批的坦克、大炮和飞机在抵达前线之前就化为乌有。重型轰炸机出现在战场将极大提高东线部队的信心，确信我军比以往更加强大。"

由于红军歼击机部队日渐成熟，在白天出击无疑会有惨重的损失，所以战略轰炸只能放在晚上进行。从1943年末到1944年初，整个冬天，轰炸机机组成员都忙于进行远程导航和夜间轰炸训练。

1944年3月27日夜至28日晨，第4航空军的战略进攻大幕拉开，行动代号为"鹪鹩"（Zaunkonig）。其轰炸机空袭了位于萨尔内（Sarny）的火车站，挑选出来的机组在无线电导航下先丢下照明弹指示目标，本次行动取得了成功。下一次的行动时间定在3月31日夜，挨炸的依旧是萨尔内火车站。在间隔了3个晚上后，德国人再次光临了这里。从此第4航空军的空袭成了惯例，主要目标是苏联的铁路枢纽，4月份，他们轰炸了科罗斯坚（Korosten）、基辅达尔尼察区（Kiev-Darnytsia）、法斯托夫（Fastov）、萨尔内、舍佩utilities卡和大卢基。从5月25日起又对各铁路枢纽组织了一轮远程轰炸。在6月初，还对卡扎京（Kazatin）、法斯托夫、日梅林卡（Zhmerinka）、普罗斯库罗夫（Proskurov）、基辅达尔尼察区和戈梅利东等火车站各进行了一次夜间空袭。

每次作战都有180至190架He-111参与，平均一次能投掷200吨炸弹。单次出击的最高纪录是4月30夜至5月1日晨创下的，当夜德国人以252架轰炸机空袭了兹多尔布尼夫（Sdolbunov）。

到6月份，第4航空军又被追加了任务：空袭有美国轰炸机降落的苏联机场。1943年冬至1944年春，德国人东迁了不少工厂，将他们搬到英美战略轰炸机的作战半径之外。但盟军很快想出了对策，即进行所谓的穿梭轰炸，美国轰炸机从英国或者意大利起飞，对德控地区轰炸后向东飞行，降落在苏军基地加油装弹，完毕后向西回航，途中再请德国人吃一轮炸弹。1944年2月1日，苏联方面同意开放机场，于是相关设备和补给品迅速运往阿尔汉格尔斯克（Arkhangelsk）。同时，苏联人在乌克兰地区新建空军基地，机场总数增加了四分之一，到6月初，已有450名美军人员和36000吨物资到位。

6月2日，美国陆军航空兵第15航空队的130架B-17在70架P-51野马式战斗机的护航下，轰炸了匈牙利境内位于德布雷增（Debreczen）的铁路货运编组站。然后美机继续东行，轰炸机在米尔格德罗（Mirgorod）和波尔塔瓦（Poltava）机场着陆，战斗机则飞往皮里亚京（Piryatin）。16日，他们从苏军基地出发回航，顺道空袭了罗马尼亚位于加拉迪（Galati）的机场。首次穿梭轰炸取得了成功。

盟军的这种做法让德国人大吃一惊，他们马上开始着手反制措施。很显然，终结穿梭轰炸最好的办法就是第4航空军出动飞机，乘美机停留在苏联基地时，将其摧毁在地面。

6月21日，美国陆航第3轰炸机师的145架B-17在61架护航战斗机的掩护下攻击了德国境内的燃料工厂，然后飞往苏联。第3轰炸机师由2个联队组成，其中第45联队（拥有72架飞机）在波尔塔瓦着陆，而第13联队则前往米尔格德罗。在美国轰炸机飞越前线之前，第4航空军司令部就获得了相关信息。他们立刻命令四引擎的He-177做好准备，要给美国佬一个大的惊喜。

第4轰炸机联队挑选出20人编成导航机机组成员，在攻击前投下照明弹，从0时30分至1时45分，德国人在波尔塔瓦机场倾泻了100吨炸弹。15

◀ 空袭之后一片狼藉的波尔塔瓦机场,可见美国飞机的残骸。

◀ He-111是德国空军在战争中打满全场的机型之一。这架迫降的He-111属后期型号,隶属于第4轰炸机联队。

分钟之后,第二波德机光临,他们携带的主要是SD-2型球形炸弹,把跑道搞得千疮百孔难以修复。第4轰炸机联队、第53轰炸机联队和第55轰炸机联队共200架飞机参与了本次行动。

由于德国人基本保持在是4000至5000米的高空投弹,再加上苏联机场的防御设施不够完善,德机均全身而退。红军的一个夜间歼击机团——防空军第802歼击机团紧急起飞试图拦截,但其装备的Yak-9并没有安装合适的夜战设备,未能搜索到敌机。在这场空袭中,44架B-17和15架美军或苏军的飞机全损,另有26架B-17受伤。第二天,第4航空军又袭击了米尔格德罗,但第13联队已经转场到扎波罗日,所以逃过一劫。

这次德国人干得是如此彻底,迫使盟军放弃了穿梭轰炸方式。在波尔塔瓦空袭2小时之后,红军发起了巴格拉季昂战役,数天后,德国陆军被打得一败涂地,迈斯特尔将军的轰炸机部队不得不去直接支援地面部队作战,这样就回到了1943年秋季以前的状态。再过2个月,由于缺乏燃料,德国空军的大部分双引擎轰炸机单位只能解散了事。

当第二次世界大战结束时,美国陆军航空兵司令卡尔·安德鲁·斯帕茨上将见到戈林时承认,空袭波尔塔瓦是有史以来敌人对美国陆航实施的最成功的一次袭击。已经沦为阶下囚的戈林回答说:"那是最美好的时光!"

闪电突袭

1944年6月22日,苏德战争爆发3周年纪念日,巴格拉季昂战役正式打响!在中央集团军群北翼,驻守维捷布斯克地区的莱因哈特的第3装甲集团军遭到了第一轮打击。红军飞机率先出动,远程航空兵的轰炸机在地面部队进攻前一共出动了约1000架次,轰炸了德军的防御支撑点和炮兵阵地。值得一提的是,全部由女飞行员组成的第46夜航轰炸机团也参与了战斗。时任该团中尉的飞行员赖莎·日托娃·余诗娜(zhitova-yushina)后来回忆基地当时的境况:

"我们的飞机以3分钟为间隔连续出动,宛如一条传输带:每3分钟,就有一架轰鸣而起。当接近机场和跑道时,我们大喊着:'加油,装弹,快!',都急着去炸那些德国佬!"

日托娃·余诗娜从1943年7月参战,到1945年战争结束时,她一共执行了535次轰炸任务。

当天在第46团，谢拉菲玛·阿莫索娃大尉（Serafima Amosova）、拉丽萨·罗扎诺娃上尉（Larisa Rozanova）、卓娅·帕尔菲诺娃中尉（Zoya Parfyonova）和叶卡捷琳娜·里娅博娃中尉各机组，在短短一个夜晚就完成了3至4次战斗出动。

4时整，被派来协调巴格拉季昂战役北翼指挥的大本营代表——亚历山大·华西列夫斯基元帅向斯大林汇报，波罗的海沿岸第1方面军和白俄罗斯第3方面军已经做好战斗准备。1个小时之后，波罗的海沿岸第1方面军司令员伊万·巴格拉米杨大将命令炮兵开火。16分钟后，波罗的海沿岸第1方面军下属的第6近卫集团军和第43集团军主力，在第1坦克军的支援下，向维捷布斯克北部的乌斯曼上将（Wuthmann）指挥的德国第9军冲来；与此同时，白俄罗斯第3方面军开始攻击德国第9集团军位于维捷布斯克南面的阵地；南北夹击准备将德军围歼！

德军的防御阵地修得相当坚固，但是红军的王牌是空中优势。在以前的战役中，为了打破德军前沿的反坦克支撑点，红军的装甲矛头往往要付出很大代价，以致缺乏后继的冲劲。这次红军采取了新的战术：面对德军一线的坚固工事，不再一开始就投入坦克硬拼，而是先用飞机开道，第一波攻击由步兵在IL-2的掩护下先行打开突破口。

尼古拉·帕皮温（Nikolay Papivin）中将的空军第3集团军全力出击以支援陆军的攻势。从1943年起，该集团军就不断扩充兵力，现在已经具有1112架的规模：403架歼击机、386架IL-2、73架轰炸机（主要是U-2夜间轰炸机）、32架炮兵校射机、20架侦察机和198架运输联络机。帕皮温给波罗的海沿岸第1方面军每个集团军都配备了一个师的IL-2，而每个强击机师指定一个歼击机师来护航：第211强击机师由第259歼击机师掩护，支援第6近卫集团军；第332强击机师由第190歼击机师掩护，支援第43集团军；而当第1坦克军突破时，第335强击机师助其开道，上空防卫则由第5近卫歼击机师负责。在南边，为切尔尼亚霍夫斯基的白俄罗斯第3方面军的进攻提供支援的空军第1集团军也做了类似的组织配置。

因为觉得当前的打击不过是骚扰，所以冯·格莱姆将军的第6航空队主力按兵不动。红军飞机几乎是横行无忌，所受抵抗不值一提。在进攻的第一天，苏联空军第3集团军出击828架次，但上报只击落11架德机。而第6航空队在空3集辖区干脆连1架苏联飞机都没打下来。在卓有成效的空中支援下，苏军迅速撕开了德国人的防线。到23日日终前，近卫第6集团军和第43集团军推进了16公里，打开了一个30公里宽的突破口，严重威胁着德国中央集团军群和北方集团军群的联系。

历史学家约翰·艾瑞克森（John Erickson）这样描述红军的战术变化及迅速取得成功的原因：

"在6月23日的攻势中，德军已经感觉到苏联人采用了新的战术。红军尖兵攻向防线，向各个方向突击。接着大批步兵在炮火的掩护下紧随先遣营进行扫荡，一旦用步兵进攻打穿了防线，大量坦克就涌入突破口。同时，那些对地攻击机以此前未见的庞大规模出现，猛烈轰炸德军的防御支撑点和炮兵阵地。苏军的步兵、炮兵、飞机和坦克就这样以立体阵势碾向德军。到6月23日正午，第23近卫步兵军（隶属近卫第6集团军）在右翼别洛博罗多夫的第43集团军的协助下，已夺占了位于突破地带中央的舒米利诺（Sirotino）。巴格拉米扬下令调来更多的飞机支援，红军步兵完成了清场，布科特夫的第1坦克军从突破地段冲向德军后方。如果不是大雨冲坏了道路，红军的战果还要更大。"

在波罗的海沿岸第1方面军不断扩大中央集团军群和北方集团军群间的突破口时，白俄罗斯第3方面军在维捷布斯克南面的进攻也在获得进展。进攻前，160架Pe-2先用炸弹把德国阵地"深耕"了一遍。空军第1集团军司令员赫留金将军依据克里木战役中的经验，将手下的IL-2以12分钟为间隔分批连续出击，无情的空中压制始终盘桓在德国防卫部队上空，并迫使其连连败退。6月23日，空1集一共出击877架次。

在白俄罗斯第3方面军南边，整个战线中部，扎哈罗夫的白俄罗斯第2方面军亦投入了战斗，进攻在莫吉廖夫地区的德国第4集团军。德国第4集团军的司令官是6月5日刚刚上任的冯·蒂佩尔斯基尔步兵上将。他的第4集团军是中央集团军群中装甲车辆最多、实力最强的集团军，扼守着"白俄罗斯阳台"的中段，主要防御支撑点是奥尔沙和已经所谓"要塞化"的莫吉廖夫。此前他已得到命令，在任何情况下，都得死守住第聂伯河一线。对这一地区的重要性，红军当然也很清楚。和赫留金一起指挥过克里木空战、从空中痛打德国第17集团军的空军第4集团军司令员韦尔希宁中将也自知责任重大，虽然任务艰巨，不过之前的胜利体验让他和他的部下都充满信心。

总体而言，白俄罗斯第2方面军所拥有的装甲力量相对德国方面并不算强大。但飞机是红军的杀手锏。进攻一开始，韦尔希宁就放出了他的强击机群，类似德国的闪击战模式，哪里抵抗激烈，红军飞机就会很快赶来将德国人炸上天！一些IL-2被专门派往无人地带，摧毁德军设置的铁丝网，炸毁雷区，为步兵进攻开辟通道。另有部分由老手驾驶的IL-2则负担起"定点清除"的任务，专门去给德国的装甲车辆"开天窗"！同时在德军后方，红军轰炸机也在不断地摧毁桥梁、攻击德方指挥部。对于德国人的火炮，韦尔希宁还特别予以"关照"。在进攻发起前，他就派出了侦察机，仔细侦察了第4集团军防御纵深30公里的区域，特别标注了炮兵阵地。这样在23日晨进攻发起时，几乎每一门德国火炮的位置都印在了苏军指挥员的脑海中。历史学家保罗·卡雷尔（Paul Carell）这样评价：

"对德国炮兵的空袭是致命的杀招，是决定第聂伯河至贝尔齐纳河诸战役结果的关键。由于德国步兵和装甲部队的兵力在这一带均数量不足，故火炮成了防御阵地的支柱。但是德国炮兵阵地遭到苏方精心组织的空中打击，被大量摧毁，无法发挥作用。德军防线的脊梁被打断了，步兵再也无法对抗苏军摩托化和机械化的钢铁洪流，德国军队遭到和西线类似的进退两难的境况。苏联攻击机还对撤退中的德军一路追着打，特别是在桥梁和瓶颈路段，这使得局势更加恶化，整个路况变得混乱不堪。车辆难以掉头，所有运输都被阻断了。面对如此猛烈的大范围空袭，德军上下都是措手不及。没有什么比制空权被苏联人夺取这一点更能说明东线战场的根本转折了。"

闻所未闻的猛烈空袭，把整个中央集团军群都打傻了。就是专门防空的高炮部队，都失去了和苏机对抗的勇气，不敢开火以免暴露位置招来打击。在战败2个月后，第18高炮师的分析总结中称："在战区中高炮部队失利的一个原因就是畏惧对方的猛烈空袭……这也是被炸怕了的结果。"

在战线北翼，红军航空兵的机会更多。23日，空3集一共出击764架次。希特勒要求把位于这一地区的维捷布斯克"要塞化"，成为德维纳河上的堡垒。"元首"命令必须不惜一切代价守住该城，这样在苏军向西挺进时可随时威胁其侧翼。第51战斗机联队的联队部负责掩护支援维捷布斯克的反击力量。23日，在一连串激烈的空战中，一些德国王牌宣称共击落敌机22架，除5架外均为IL-2。威尔海姆·哈布纳（Wilhelm Hubner）少尉打下了8架，埃德温·蒂尔（Edwin Thiel）上尉5架，弗里茨·吕德克（Fritz Ludecke）上士3架。其中吕德克击落的1架Yak-9是由第65近卫歼击机团的安德烈·波波夫（Andrey Popov）大尉驾驶的，大尉本人当时已经拥有21架击坠记录，是"苏联英雄"称号获得者。他跳伞后落入德军控制区，故被列入了失踪名单。但最后他还是设法逃脱了敌军搜捕，回到部队继续作战。

尽管51联队直属中队拼死力战，但仍然不能阻止空军第3集团军的行动。赶来增援的德军饱受空袭之苦。德军总部下令北方集团军群抽调第12装甲师、第212步兵师和第277、第909突击炮旅支援中央集团集群，但是部队和车辆还在路上就被炸得七零八落了。

另一支从维捷布斯克西南赶来的德国装甲部队则被第11航空侦察团的飞行员发现。这项情报被迅速发到了空3集司令部，随后转到了巴格拉米杨手里。如果这批坦克反击到位，将严重影响波罗的海沿岸第1方面军的攻击进度，空3集立刻放出了轰炸机群。巴格拉米扬严令必须在德国增援部队到达前控制住德维纳河两岸。24日，空3集加大了打击力度，出击架次达到了1210次。在空军的大力支援下，苏军第43集团军终于成功渡过了德维纳河，突向德第3装甲集团军的后方!

在波罗的海沿岸第1方面军左翼，白俄罗斯第3方面军也在克服阻力向维捷布斯克以南挺进。德军在基列耶沃（Kireyevo）和戈尔马尼（Gormany）地区的工事修得相当坚固，但是空1集的162架Pe-2从空中将其炸得粉碎。少数试图反击的Fw-190攻击机则遭到了苏军歼击机的坚决拦截。24日，由第51战斗机联队的4架Bf-109掩护的4架Fw-190在和第63近卫歼击机团的4架La-5FN的空战中大败亏输，仅仅20分钟，5架德机被击落。4架苏机全部由王牌飞行员驾驶，白诺夫（Bainov）上尉击落了2架Bf-109，瓦西里·萨韦廖夫（Vasiliy Savelyov）少校和A.F.伊格纳季耶夫（A.F.Ignatyev）中尉各击落1架Bf-109，萨夫罗诺夫（Safronov）中尉则解决了1架Fw-190。苏军只损失了1架飞机，飞行员萨夫罗诺夫跳伞获救。那些Fw-190很可能隶属于第1攻击机联队第3大队，当天该单位确认损失5架Fw-190 F8。第63近卫歼击机团隶属于第3近卫歼击机师，师长是斯大林的二儿子——瓦西里·斯大林。

北翼和中部相继开打，战役的下一阶段要轮到南部康斯坦丁·罗科索夫斯基大将的白俄罗斯第1方面军出手了。他们当面的敌人是驻守在"白俄罗斯阳台"东南角的德国第9集团军。在"巴格拉季昂"计划中的诸攻势中，白俄罗斯第1方面军承担着战略性突破的任务，兵锋指向白俄罗斯首都——明斯克。一旦达成目标，德军西撤的道路将被切断，中央集团军群主力尤其是第4集团军将无路可逃。罗科索夫斯基计划首先用戈尔巴托夫（Gorbatov）将军的第3集团军打击德国第9集团军和第4集团军的结合部。第199强击机师将具体配合这一攻势，该师的师长是红军中著名

的强击机指挥员伊万·维诺格拉多夫上校（Ivan Vinogradov）。

6月23日夜，红军在白俄罗斯南部的攻势开始。空军第16集团军司令鲁坚科将军和负责协调南翼指挥的大本营代表朱可夫元帅在当日晚间进驻了戈尔巴托夫的观察所。但老天爷这会是站在德国人这边的：在一个低气压的影响下，出击地域乌云低垂，阴雨不断，而且天气在未来几天还有恶化的趋向。这无疑使得空中支援大受影响。尽管如此，红军飞行员还是尽了全力，6月24日零点开始，远程航空兵的IL-4和空军第16集团军下属的第242、第271夜航轰炸机团的Po-2对当面的德国第9集团军的后方和防御支持点进行了轰炸，轰炸的规模连朱可夫这样久经战阵的统帅都感到意外。同时，第6轰炸机军的轰炸机对博布鲁伊斯克的德国空军基地也进行了空袭。鲁坚科将军后来回忆：

"零点整，第一批大型炸弹从天而降。爆炸产生的巨大震动让朱可夫元帅都感到震惊，他立刻下令调查有没有自己人被误炸的事情发生。冲击波的力量之大，确实让人感觉炸点近了。我们不禁紧张起来。但最终戈尔巴托夫将军和斯克里普科（skripko）回复说从观察塔看，轰炸确实是命中了敌军阵地。但这只让我们略有放松，毕竟在这漆黑的夜晚，直接对敌人的一线阵地进行如此猛烈的轰炸，机组成员微小的失误都可能会造成误击事件。

"越来越多的我机飞抵目标投弹，巨大的爆炸声几乎让我们失聪。同时天气也变得更加恶劣，大雨倾盆，整个地带都被浓雾笼罩。突然间所有声音都消失了，陷入了神秘的静谧。斯克里普科将军报告，飞行员已经看不到任何地标，无法进行攻击了。返回的远程轰炸机飞行员也确认能见度几乎为零。是停止空中行动的时候了。"

此时红军夜间轰炸机在德国第9集团军头顶上已经出击了313个架次。无论如何，攻击是不可能延后了。朱可夫下令大炮开火。6月24日3时55分，数千门重炮、自行火炮和喀秋莎火箭炮加入

▲ 1944年夏，1架在跑道上的La-5FN。

"炮火合唱曲"之中。炮击持续了2个小时。6时整，第3集团军发动了进攻，第48集团军则在其右翼掩护。由于能见度极差，空16集只派出了少部分老手驾驶的IL-2，他们多以双机编队出击，但浓雾掩盖了目标，空袭成效很小，在一些地段还发生了误炸自己人的事件，第382强击机团甚至把炸弹丢到了罗科索夫斯基的司令部所在的树林里！不过方面军司令员运气不错，没有受伤。

红军地面部队很快冲到了德军苦心经营的阵地前。因沼泽密布，再加上德军的据点都经过精心布置，苏联人每前进一步都非常困难。在这一带，不少德军炮兵阵地一开始没有被苏联侦察机发现，此时他们在一线观察哨的无线电指引下开炮，给红军的进攻带来了极大的麻烦，整个攻势停顿了下来。对红军有利的是，天气在一点点好转，乌云开始消散。在白俄罗斯第1方面军南翼的帕里奇（Parichi），红军也做好了攻击准备，这一地段的天气比北边要好。7时整，第65集团军发起了冲击，第28集团军在其左翼配合。气象条件允许空16集可以全力出动，第2近卫强击机团和第299强击机团的IL-2对驻守在这一区域的德国第41装甲军进行了大规模空袭。在飞机的配合下，红军的进攻矛头第18步兵师几乎立刻就突破了德国人的防线。

眼见势头不对，德军赶紧派出了战斗机驱逐苏联强击机，但红军第8歼击机军的护航歼击机马上冲了上来，在第41装甲军头顶上，双方飞机混战成一团。24日，德国第51"莫尔德斯"战斗机联队第3大队报告击落9架IL-2和2架La-5，联队头号王牌安东·哈夫纳（Anton Hafner）少尉上演帽子戏法，击落3架IL-2。但是德国人宣称的战果看来大大高估了，苏军记载的损失不过一两架而已。而51联队却有2名飞行员——亚历山大·莫尔德斯和卡尔·布施阵亡。

苏联第116近卫歼击机团的8架Yak-1在"苏联英雄"尼古拉·奈焦诺夫（Nikolay Naidyonov）的带领下出击，全部安全返航，并报告他们击落了3架Fw-190。在当天上午的另一场空战中，第946强击机团的IL-2及时结成了防御圆阵，让前来攻击的德国战斗机无功而返，后座射手还打下来一架Fw-190。

在德国第9集团军北翼，红军仍是无法取得突破。当天气稍一好转，鲁坚科立刻派出了大批飞机前往支援。第3轰炸机军派出298架轰炸机进行了两波轰炸，Pe-2在800至1500米的高度俯冲投弹；同时第4强击机军的IL-2在低空攻击了德国的炮兵阵地和防御支撑点。尽管遭到了如此猛烈的空袭，德军的抵抗依旧顽强！第3和第48集团军苦战一番，也仅仅夺取了一两道战壕而已。而德国第20装甲师则开始发动了逆袭。

但在南翼，德军的境况却是越来越糟糕了。蜂拥而来的红军步兵和飞机一阵猛打，第41装甲军就已经抵挡不住。13时，第18步兵师夺取了他们的第一个战术目标，进攻转入下一阶段。13时30分，红军侦察机联系上了第1近卫坦克军，红军坦克在40架IL-2的支援下出动了。军长帕诺夫少将（M F panov）通过电台连发3次暗号："奔流"（the river is flowing）!第1近卫坦克军的大批坦克超越步兵涌入突破口。德军"费迪南德"自行火炮赶来拦截，15分钟后，空军代表又招来了另一批35架IL-2，苏机俯冲攻击取得了很大战果，红军坦克迅速碾过德国自行火炮和各类反坦克武器，一路向前猛冲！

24日，在帕里奇上空，除了第51战斗机联队第3大队在上午出动了一些战斗机，第6航空队在白俄罗斯第1方面军和空军第16集团军的猛攻面前就再没什么作为了。下午，51联队第8中队的哈夫纳少尉宣称在罗加乔夫（Rogachev）地区击落2架Yak-9。苏联方面记录德国空军在方面军战斗区域上空只出现了143个架次。而与之相对比的是，苏联空16集当日一共出击了3291个架次，报告击毁6辆坦克、94门大炮和382台各类车辆，另在空战中击落20架德机。到晚间，红军在帕里奇地区已经打开了一个宽24公里，深8公里的突破口。一份德国文件揭示了苏联空军那无休止的空袭严重影响了德军的士气：

"沿公路后撤的行军纵队遭到了俄国人极为凶狠的空中打击，而德国战斗机却连个影子都看不到，这使得士气降到了最低点。有时候，就是我们自己的鹳式（Fi-156 Storch）联络机出现在空中都会引起巨大的恐慌，人群四处奔逃寻找隐蔽所。除了造成严重的伤亡，空袭还造成了另外一个后果：为了尽快逃跑，军人在没有遭到攻击的情况下就将车辆和武器丢弃或干脆毁掉，各类装备沿着撤退线路扔得到处都是。"

也在24日，德国统帅部总算搞清楚他们等了很久的苏联夏季攻势已经正式开始了。在明斯克的中央集团军群总部，中央集团军群司令官冯·布施元帅向德军总参谋长蔡兹勒大将做了汇报，分析了当前面临的严重形势，要求允许第3装甲集团军撤退并请求援兵。但在位于东普鲁士的大本营，希特勒和帝国元帅戈林协商过后，断然禁止任何撤退，戈林还痛斥了这种"失败主义倾向"。不过增兵请求得到了批准。希特勒下令调来2个装甲师，而戈林也保证将从东线其他地段拼凑飞机来支援布施：第54战斗机联队第2、第3中队从第1航空队中调出，部署到波洛茨克（Polotsk）。这样在东普鲁士，对抗整个苏联空军第13集团军的德国战斗机部队，就只剩下54联队的直属中队了。

随着危机加剧，德国人只好继续拆东墙补西墙。在意大利，盟军已在6月6日解放了罗马并继续向北推进，但第4攻击机联队的联队部、第1大队和2大队还是从亚平宁半岛调到了中央集团军群方向。甚至境况严峻的法国前线也贡献了2个大队：第11战斗机联队第3大队和第4攻击机联队第3大队。在红军的攻势进一步发展时，第10攻击机联队的联队部、第1、第2大队和第52战斗机联队的第3大队也从罗马尼亚转场到了波兰南部。

到25日，在中央集团军群东南翼，局势越来越有利于苏方。空军第16集团军出动了2737个架次，协助白俄罗斯第1方面军夺取了帕里奇，并在格卢特斯克（Glutsk）地区进抵普季奇河（Ptich River）。这样一来，抵挡苏联第3集团军和第48集团军进攻的重要枢纽——罗加乔夫的侧翼被包抄了，整个德国第9集团军的防线面临彻底崩溃的危险。为缓解地面部队的压力，第51战斗机联队第3大队连续出击，有3名飞行员在当天上演了帽子戏法，分别是京特·沙克（gunther schack）中尉、安东·哈夫纳少尉和约瑟夫·加夫尔（Josef Gabl）一级士官长。

如前文所述，白俄罗斯地区水网交织、沼泽密布，并不太适合装甲部队驰骋，所以苏军在巴格拉季昂战役中仅仅配备了1个坦克集团军（近卫第5坦克集团军，配属在白俄罗斯第3集团军方向）用于纵深攻击，此前他们一直按兵不动等待步兵打开突破口，现在华西列夫斯基认为是时候放出这只猛虎了。25日，在维捷布斯克南部，近卫第5坦克集团军的数百辆坦克发动了引擎，在震耳欲聋的轰鸣声中，坦克突击开始！在红军坦克的头顶上，第1近卫轰炸机军的轰炸机为其开路。为完善协同，第1近卫轰炸机军的军长弗拉基米尔·乌沙科夫（Vladimir Ushakov）少将建立从随指挥所，和坦克集团军指挥所一起行动。

在地面部队完成突破后，苏军战机开始协助包围德军。25日夜，第213夜航轰炸机师以及远程航空兵的Po-2轰炸了德军后方至明斯克的道路和从奥尔沙出发的铁路线。天亮以后，空1集的轰炸机又光顾了托洛钦（Tolochin）车站，炸毁了德军数列火车。第1近卫强击机师的IL-2则执行了138次"火车猎杀"行动，宣称打掉了10个火车头和15辆火车。这样，从奥尔沙至图卢钦的铁路交通彻底瘫痪了。

德国战斗机的反击依旧十分微弱。在苏机的猛烈攻势下，第6航空队上报的战果只有3架Pe-2和1架IL-2。这里面的重要原因是他们的老窝也被空1集的Pe-2给炸了。第51战斗机联队的日志记载：

"1944年6月25日，奥尔沙机场遭到了狂轰滥炸。尽管对于敌机的出现已经发出了警报，但是没有一架飞机能够起飞。飞行员们离飞机太远，等他们赶到时，敌轰炸机已经到了机场上空。联队指挥所被直接命中起火，部队在一段时间内失去了指挥。"

25日下午，波罗的海沿岸第1方面军和白俄罗斯第3方面军在维捷布斯克以西会师，这样德国第3装甲集团军下属的第53军共4个师陷入了合围。第53军军长戈尔维策步兵上将通过电台绝望地向第3装甲集团军司令部呼救："境况极为严重，我们被彻底包围了，第4野战师已经不存在了。"

在地面苏军突破防御地带完成合围后，消灭包围圈内的德军，攻击撤退中的德军行军纵队和开进中的预备队成了苏联空军的主要任务。在白俄罗斯第2方面军地段，德国第4集团军被苏军的地面冲击和空军4集团军的轰炸弄得晕头转向，境况岌岌可危，于是匆匆把预备队——"统帅堂"（Feldhermhalle）装甲步兵师拉到莫吉廖夫试图填补千疮百孔的防线，但根本不济事。撑到26日，"统帅堂"师不得不向第聂伯河撤退。27日，该师在横渡别列佐夫卡河（Berezovka River）时遭到空4集IL-2的猛烈攻击，在渡口处丢下了500辆车后溃逃。

在北边，26日，被围在维捷布斯克的第53军第206步兵师试图突围，但是未能成功，12000人的部队在维捷布斯克以西被击溃，维捷布斯克被红军解放。当天，空军第3集团军为协助波罗的海沿岸第1方面军出动了1415个架次。在托洛钦西边10公里处，撤退的德国人被IL-2逮住，在2个小时的猛烈空袭中被杀得尸横遍野，这是空3集在26日最成功的战术行动。几小时后，红军第5坦克集团军的坦克冲进了托洛钦。附近的德国机场也遭到了红军飞机的轰炸，空军人员在逃跑中可谓狼狈不堪，第10攻击机联队第3大队至少丢下了8架Fw-190。更让他们气沮的是他们的大队长，赫尔穆特·莱希特（Helmut Leicht）少校在维捷布斯克西南的攻击行动中被击毙。

从法国调来的德国第11战斗机联队第3大队很快发现和红军飞行员作战一点不比在西线轻松。第12中队的阿尔佛雷德·海基斯（Alfred Heckes）已是一名出击过72次并有2个战果的老手，但在6月26日第一次东线任务中就栽了跟头：他的Fw-190 A7被一架La-5击落，他在跳伞逃生时被尾舵打成重伤，只能就此停飞。空3集在26日上报空战仅有13场，击落10架敌机：如此数字足可说明双方的空中力量完全不在同一层次上。

面对势不可挡的红军铁流，绝望的戈林下令驻东普鲁士的第1轰炸机联队出动四发的He-177重型轰炸机去执行低空攻击任务！联队长霍尔斯特·冯·里森（Horst Von Riesen）上校对这种瞎指挥极为反感，但也是无可奈何。笨重的He-177承担起斯图卡的职责，向苏军的装甲矛头冲去！在26日和27日，各有2架He-177被击落，到28日，总的损失达到了5架。

解放博布鲁伊斯克

在北部和中部的防线被攻得支离破碎的同时，南线的德国第9集团军的境况也明显恶化了。在空军第16集团军的有效支援下，白俄罗斯第1方面军下属的第3集团军在26日杀到了别列津纳河（Berezina River）。第3集团军的空军代表和第299强击机师建立了顺畅的联系，德军在地面的坚固据点都被IL-2从空中击毁。同时，第3轰炸机师的轰炸机以及一些IL-2则在德军后方自由狩猎，苏联飞机完全控制了天空，从博布鲁伊斯克到别列津纳河渡口的德军遭到了空中合围。下午，一个由600辆车组成的德军行军纵队被第300强击机师的44架IL-2发现，接下来2个钟头IL-2痛下杀手，据上报结果，他们摧毁的车辆超过了100台。

晚间，苏军第3集团军抵达博布鲁伊斯克西北，切断了盘踞在博布鲁伊斯克地区的德军的后路。德国第9集团军下属的第35军、第41装甲军共

5个师4万人成了瓮中之鳖。当天空16集出击2950架次，为包围圈的建立做出了重大贡献。而德国空军几无还手之力，空16集当天仅仅损失了19架飞机，大部分是被地面火力击落的，德第51战斗机联队的哈夫纳少尉在一天内击落了3架Yak-9，算是为第6航空队和德国空军捞回了点面子。

为解救第35军和第41装甲军，德军第20装甲师奉命反攻，但是他们的行动很快变成了一场悲剧。27日9时，第128轰炸机团的1架Pe-2侦察到叶塞尼亚（Yasenya）至奥西泼波维奇伊（Osipovichiy）公路上德军装甲车辆正在行进，该机的飞行员——"苏联英雄"尼古拉伊·穆辛斯基（Nikolay musinskiy）大尉立刻将情况上报。第241轰炸机师和第199强击机师得报马上起飞攻击！持续一个下午的轰炸让德军损失了200台车辆，解围作战胎死腹中。

看到外围增援已经没有指望，当晚，第35军和第41装甲军以150辆坦克、突击炮为先导，发起了绝望的突围行动。空军第16集团军司令鲁坚科将军下令加大空袭力度，下达各部队密切配合，分层出击：第4强击机军、第2近卫强击机师、第299近卫强击机师的IL-2在200至1200米高度攻击；第3轰炸机军和第6混合航空军（6 SAK）的轰炸机在1200至1600米高度轰炸；第1近卫歼击机师的歼击机在500至1000米高度负责直卫；第6歼击机师则在1500米至3000米高度掩护。攻击于19时15分开始，到21时共出动了536架飞机，其中轰炸机400架。

在近2小时的时间内，共有1127枚100千克和50千克的高爆弹，4897枚25千克、10千克或8千克杀伤弹，5326枚PTAB反坦克炸弹以及572发RS火箭弹倾泻在德军突围部队的头上！结果完全是毁灭性的。据苏方估算，他们一共击伤击毁德军6000台各种车辆，包括150辆坦克，击毙德军1000人，打伤5500人。朱可夫后来写道：

"鲁坚科的空军第16集团军的数百架飞机配合第48集团军攻击了敌人的地面部队。整个战场变成了一片火海，大量的坦克和车辆在燃烧。在火光和烟柱的指引下，新的轰炸机编队不断飞

▲ 到1944年，苏联空军缺乏侦察机的问题基本解决。这张照片上的Pe-2侦察机隶属第11航空侦察团，在巴格拉季昂战役中归属空军第3集团军指挥。6月24日，该团发现德军行军纵队从西南方增援波拉茨克，为波罗的海沿岸第1方面军带来威胁。红军立刻派出强击机和轰炸机拦阻德军。两天后，维捷布斯克解放。战役结束后，第11航空侦察团获得了以"维捷布斯克"命名的荣誉。

临，丢下各种口径的炸弹，那些侥幸躲过屠杀的德国士兵在慌乱中向各个方向狼奔豕突。"

试图突围的德军在立体攻势下被打得溃不成军，侥幸活下来的人被红军地面部队迅速兜捕起来。一共有6000名德军就此走入了战俘营。27日，空16集一共出击1803次。与之对比的是，德国空军只有可怜的122架次的出动记录。

在白俄罗斯北部，维捷布斯克附近负隅顽抗的德国第53军残部终于支持不住，向红军投降。两天前还有35000人的部队，只有10000人能活着走入苏联人的战俘营，其中包括军长、骑士十字勋章获得者——戈尔维策将军。28日，白俄罗斯第1方面军的第48集团军也渡过了别列津纳河，开始猛攻博布鲁伊斯克。也在这一天，对中央集团军群战况极为不满的希特勒解除了集团军司令布施元帅的职务，东线"防御大师"——莫德尔元帅接替了他。29日，德军在博布鲁伊斯克地区的抵抗被粉碎，红军解放了这个城市。至此，中央集团军群已经有13万人阵亡或失踪，6.6万人被俘；此外还损失了900辆坦克和数千台机动车辆。因为在白俄罗斯的伟大战绩，当天白俄罗斯第1方面军司令员康斯坦丁·罗科索夫斯基被晋升为苏联元帅。

▲ He-177"鹰狮"是二战中德国唯一量产的重型轰炸机。这种飞机装有4个引擎,安装双联动耦合发动机,所以只有2个发动机舱。这样做的主要目的就是让其拥有一定的俯冲轰炸能力。由于He-177结构复杂,在发展和运用中遇到了很多问题,所以产量不高,1942年末小批量入役,为斯大林格勒包围圈内的德军运输补给品。1944年春,第1轰炸机联队才开始大规模使用该机,但到1944年夏末,因为燃料缺乏,该机基本退出现役。He-177一共生产了1184架。

德国第4集团军的覆灭

巴格拉季昂战役仅仅打了几天,中央集团军群的南北两翼就都遭到合围,中部的第4集团军也是岌岌可危。冒着越来越猛烈的空袭,第3装甲集团军和第4集团军的残部在一片混乱中向别列津纳河溃退。参加巴格拉季昂战役的4个空军集团军都参与了追击行动,空1集和空3集轰炸了第3装甲集团军的行军纵队。后者集中攻击的从维捷布斯克至勒佩尔(Lepel)的高速公路成了德国人口中的"死亡之路",在漫长的道路上,大批被击毁的车辆残骸冒出的浓烟成了红军飞行员的导航地标。28日,波罗的海沿岸第1方面军的第43集团军解放了勒佩尔。

德国第4集团军则成了苏联空军第4集团军和空军第16集团军猎杀的目标。27日,空4集司令员维尔希宁将军向空军司令员诺维科夫报告:

"空军第4集团军的航空兵被用于直接支援地面部队,一些都在正常地进行着。受援部队和军事委员会都很满意。除了好评和嘉奖之外,没有提出别的什么。但是,主帅同志,令人焦急的是,德国人急于逃跑,队伍密集,到处堵塞,拥挤不堪,而我军却无力给以猛烈的打击。这样的目标只是在克里木才有过,不过德国人在那里根本没有进行抵抗,所以全部航空兵都可以用于突击敌军纵队。如果可以,请从友邻鲁坚科和赫留金同志的空军集团军调来部分兵力来消灭这些敌军部队……"

考虑到破坏第4集团军撤退的重大意义,再加上众多目标的确诱人,诺维科夫采纳了维尔希宁的建议,命令鲁坚科从空军第16集团军调集部分飞机,协同打击白俄罗斯第2方面军当面的敌军。在接下来的3天,空16集对第4集团军空袭了650个架次。

6月29日,空16集下属的第24夜航轰炸机团的Pe-2攻击了位于别列津诺(Berezino)的别列津纳河渡口,进一步加剧了第4集团军后撤的困难。在Pe-2攻击桥梁时,空4集出动了40个强击机编队,屠戮了沿别累尼奇(Belynichiy)至别列津诺公路撤退的德军。德国第4集团军司令官蒂佩利斯基尔赫将军后来回忆:

"重型炮兵技术装备、高射炮兵连和各种车辆源源不断地沿着早已被破坏了的,然而却是在别列津诺附近横跨别列津纳河唯一可用的退却之路艰难地移动。敌航空兵不间断的空袭让我们损失惨重(包括2名军长和1名师长的牺牲),而且在撤退的队伍中引起一片混乱。俄国攻击机不时地破袭别列津诺附近的桥梁,每次袭击后东岸都要积压大量的车辆。"

在这一切进行的同时,白俄罗斯第3方面军在帕利克湖(Lake Palik)以北横渡别列津纳河。在空军第1集团军的强力支援下,方面军以迅雷不及掩耳之势的猛攻切断了明斯克至维尔纽斯的铁路线。而波罗的海沿岸第1方面军则转向北方,在解放勒佩尔后,下一个目标指向了维捷布斯克的西北方——德维纳河(River Dvina)的沿岸城市波洛茨克(Poloesk)。第1坦克军继续为新的攻势打头阵,其上空盘旋着第335强击机师的飞机。而空军第3集团军的轰炸机则被派去轰炸波洛茨克的德维纳河渡口。在6月23至30日,空3集为支援波罗的海沿岸第1方面军共出击9289架次,上报击落83架德国飞机。

德国空军第6航空队派出了全部能够运作的

飞机，试图帮助已被压得透不过气来的地面部队。空战力度有所加强。29日，第11战斗机联队第3大队上报有12架Fw-190战损，整个第6航空队当天至少损失了22架飞机。但在苏军的钢铁洪流面前，这些行动更像是螳臂当车。29日和30日，德军有7个步兵营和3个反坦克营的增援部队在明斯克车站卸载。此外，第170步兵师、第28猎兵师、第4和第7装甲师也已经抵达。由冯·赛肯将军指挥的第39装甲军则得令要尽力封闭第3装甲集团军和第4集团军之间的缺口。

新抵达部队目睹当前的情形不禁大吃一惊。"前线一片混乱"，第7装甲师的一名军官后来写道："所谓撤退已经变成了各部队完全无序的逃跑！"

增援部队还没站稳脚跟，红军就在其侧翼发起了闪电突袭。30日，罗科索夫斯基的白俄罗斯第1方面军已经冲到了博布鲁伊斯克以西100公里、别列津诺西南120公里的斯卢茨克（Slutsk）。冯·赛肯发现遭到了红军的南北夹击，空袭异常猛烈。在第39装甲军的报告里可以略知一二：

"7月1日，冒着猛烈的空袭，我们进入别列津纳河边上索科韦茨（Shokoverts）附近的树林，林间小径上的交通堵塞得极为严重，常常要等几个钟头才能往前蹭几米……大多数人最后都没能活着走出来。"

7月1日，白俄罗斯第3方面军继续沿着别列津纳河攻城略地，明斯克至莫斯科公路上的鲍里索夫（Borisov）回到了苏联人手中。这样德国第4集团军下属的第12军和第27军在别列津纳河以东被包围了，而且包围圈还在不断缩小。而白俄罗斯第1方面军继30日攻克斯卢茨克后，又在第二天夺占了明斯克至华沙公路上的城市斯托尔布齐（Stolptsy）；迂回到明斯克西南方向70公里，红军距离收复白俄罗斯首都、攻进中央集团军群司令部仅有咫尺之遥了！

7月2日，苏军南北铁钳合拢！红军白俄罗斯第1方面军、白俄罗斯第3方面军在明斯克附近会师，德国第4集团军后路被彻底切断，10.5万名德国军人落入合围。第二天，2个方面军的部队合力解放了明斯克。赫留金的空1集和维尔希宁的空4集部分飞机则被派去参与消灭被合围在明斯克以东森林中的德军集团。如同上次在克里木那样，2个老搭档在这里再次联手协同作战。后来苏联方面的文件这样描述了空军在消灭被围德军的战斗中所起的重大作用：

"对合围敌军的地域实施周密的、不间断的侦查是航空兵一项最重要的任务。这个任务通常是由训练有素的歼击机和强击机机组担任，有时也由Po-2机组承担。通过无线电从空中侦查员那里收到的情报，立即为陆军所利用。这些情报也可用来组织对被围敌军集团实施空中突击。

"突击通常从低空实施。被围敌军遭受了惨重的损失。强击机扫荡过后，就有敌军部队从树林中走出来投降就俘。航空兵的辉煌战果得到了白俄罗斯联共（布）中央委员会书记潘捷莱蒙·波诺马连科（Panteleymon Ponomarenko）的证实，他向最高统帅部代表报告说：'数天前我们在明斯克东南森林中发现并查看了德国人一个很大的驻垒地域，它已被我强击航空兵彻底摧毁。在毁灭程度和我空军显示出的威力方面都给我们留下了极其强烈的印象。'

"他接着报告：'拥有11000名官兵和大量这种技术装备的一个德军战斗群被第1近卫强击机师的飞行员们所击溃。第74近卫强击机团的中队长——苏联英雄鲍里斯·奥克列斯京上尉（Boris Okrestin）在战斗中表现得极为勇敢。7月6日，当他的飞机在战斗中被击中起火后，他驾机冲向地面的德军集结点，与敌同归于尽……'

"一些航空兵团直接转场至被围德军附近，提高了航空兵的作战效能。然而有些时候，机场上却出现了复杂情况。一些法西斯集团企图从西面突围，进入我机场或航空兵司令部驻地（空军第1集团军司令部驻在鲁德尼亚地区）。德军的一个集群试图夺取奥泽罗机场，以保障其运输机降落，将部队从空中撤走。各航空兵部队、后勤部队和司令部的全体人员，在很多时候都是在强击机和歼击机的支援下直接同德军交火。有时我机还要根据警报起飞，向后方机场转移。空军第4集团军后勤部队的指战员们在保卫机场的战斗中，击毙德国官兵974人，击伤和俘虏1833人。"

为援救被围部队，德国空军也做了数次尝试。但苏军战斗机已经控制了天空，德机只能在夜间出动，成效甚微。第4集团军困守的树林中又没有合适的降落场地，因此补给也只能通过空投进行。德国空军最后一次有组织的救援行动是7月5日实施的，8日，被围的德国第12军军长率部投降。仅白俄罗斯第2方面军的第49集团军就俘虏了6万名德军并将其送入战俘营。另有大批德国官兵就此下落不明，除战死者外，有相当多的人被活活困死在白俄罗斯的密林中。

至此，德国中央集团军群已经损失了35万人，在接下来的一周数字还将上升10万。据苏方估计，6月23日至7月4日，德国第6航空队损失飞机约300架。

附：巴格拉季昂战役期间苏德空军作战序列
1944年6月26日东线德国空军作战序列
第1航空队下属：

▶ 凤凰涅槃的苏联空军的象征：1944年，停在东线野战机场上的一群IL-2。1944年6月，IL-2对粉碎德国第4集团军起到了至关重要的作用。仅6月29日，空军第4集团军第230强击机团的IL-2就击毁了100台车辆、20门大炮和6辆坦克。

▶ 曾经强大的德国装甲部队现在开始走向没落。这是被红军掳获的一批德国坦克。

▶ 被红军攻占的德国机场上，各类垃圾堆得到处都是。前景左方是1架FW-189侦察机的残骸，边上是1架斯图卡的尾翼，右面是He-111的机身，而背景则是1架Ju-52。

第55轰炸机联队第4中队

第1远程侦察机大队大队部

第22远程侦察机大队第3中队

第122远程侦察机大队第5中队

第3夜间侦察机中队

第127海上侦察机大队第1中队

第3航空师

第3攻击机联队第2大队

第5近距侦察机大队大队部

第5近距侦察机大队第1中队

第31近距侦察机大队第1中队

第1夜战大队

第3夜战大队

第12夜战大队第1中队、第2中队

第11夜战大队

奥斯兰地区战斗机指挥部

第54战斗机联队联队部、第1大队

库尔迈特别大队

第54战斗机联队第2大队

第3攻击机联队联队部

第3攻击机联队第1大队

第5近距侦察机大队第1中队

第6航空队下属：

第3轰炸机联队第16中队

第1轰炸机联队联队部

第2远程侦察机大队大队部

第11远程侦察机大队第4中队

第14远程侦察机大队第4中队

第4夜间侦察机中队

第4航空军

第4轰炸机联队联队部、第2大队、第3大队

第27轰炸机联队联队部、第1大队、第2大队

第53轰炸机联队联队部、第1大队、第2大队、第3大队

第55轰炸机联队联队部、第1大队、第2大队、第3大队

第100远程侦察机大队第1中队

第4近距侦察机大队大队部、第3中队

第3近距侦察机大队第12中队

第1航空师

第1攻击机联队联队部、第3大队

第10攻击机联队第1大队

第15近距侦察机大队大队部

第4近距侦察机大队第1中队

第11近距侦察机大队第11中队

第12近距侦察机大队第11中队

第4航空师

第1攻击机联队第1大队、第2大队、第10（反坦克）中队

第3攻击机联队第10（反坦克）中队

第10攻击机联队联队部、第3大队

第4近距侦察机大队第2中队

第14近距侦察机大队第3中队

第1航空司令部

第2夜战大队大队部、第1中队、第3中队、第4中队

第12近距侦察机大队第12中队

第5近距侦察机大队第2中队

第31近距侦察机大队第4中队

第6战斗机地区指挥部

第51战斗机联队联队部、直属中队、第1大队、第3大队、第4大队

第11战斗机联队第3大队

第100夜间战斗机联队第1大队、第4中队

第4航空队下属：

第11远程侦察机大队第2中队

第22远程侦察机大队第2中队

第100远程侦察机大队第2中队

第1航空军

第52战斗机联队联队部、第1大队、第2大队、第3大队、第15中队

第2攻击机联队联队部、第1大队、第2大队、第10（反坦克）中队

第10攻击机联队第2大队

第9攻击机联队第10（反坦克）中队、第14（反坦克）中队

第5夜战大队大队部、第2中队

第4轰炸机联队第1大队

第121远程侦察机大队第3中队

第1夜间侦察机中队

第14近距侦察机大队大队部、第1中队、第2中队

第125海上侦察机大队第1中队、第3中队

罗马尼亚空军第1侦察机大队第22中队

罗马尼亚空军第101独立侦察机中队

保加利亚空军独立海上侦察机中队

第8航空军

第9攻击机联队第4(反坦克)大队大队部、第11(反坦克)中队、第13(反坦克)中队

第77攻击机联队第1大队、第2大队、第3大队、第10(反坦克)中队

匈牙利空军斯特卡中队

第4海上侦察机大队大队部、第1中队

第27轰炸机联队第14中队

第11远程侦察机大队第2中队

第100远程侦察机大队第2中队

第2近距侦察机大队大队部、第1中队、第2中队

第102匈牙利航空司令部

匈牙利空军102/1夜航中队

第32近距侦察机大队第7中队

匈牙利空军102/1夜航战斗机中队

匈牙利空军102/1轰炸机中队

匈牙利空军轰炸机中队

驻罗马尼亚德国空军部队

第53战斗机联队第1大队

第77战斗机联队第3大队

第6夜间战斗机舰队第4大队

第100夜间战斗机联队第2中队

第301战斗机联队第2大队

1944年7月1日苏联空军东线北部、中部战区作战序列

空军第3集团军（支援波罗的海沿岸第1方面军）：

第11歼击机军（第5近卫歼击机师、第190歼击机师）、第259歼击机师、第211强击机师、第335强击机师、第314夜航轰炸机师、第6近卫强击机团、第11侦察航空团、第206校射航空团、第763运输航空团、第105民航团、第87独立医疗航空团、第353独立航空联络中队、第399独立航空联络中队

空军第1集团军（支援波罗的海沿岸第3方面军）：

第1近卫轰炸机军（第4近卫轰炸机师、第5近卫轰炸机师）、第3强击机军（第307强击机师、第208强击机师）、第240歼击机师、第303歼击机师、第311强击机师、第3近卫轰炸机师、第113轰炸机师、第213夜航轰炸机师、第1侦察航空团、第117校射航空团、第142运输航空团、第1独立医疗航空团、第354独立航空联络中队

空军第4集团军（支援白俄罗斯第2方面军）：

第299歼击机师、第309歼击机师、第230强击机师、第233强击机师、第325夜航轰炸机师、第164近卫侦察航空团、第55航空校射中队、第74校射中队、第80航空校射中队

空军第16集团军（支援白俄罗斯第1方面军右翼）：

第3轰炸机军（第241轰炸机师、第301轰炸机师）、第6混合航空军（第132歼击机师、第221轰炸机师、第282歼击机师）、第6歼击机军（第273歼击机师、第279歼击机师）、第1近卫歼击机师、第234歼击机师、第283歼击机师、第286歼击机师、第2近卫强击机师、第299强击机师、第271夜航轰炸机师、第16侦察航空团、第98校射航空团、第6独立医疗航空团、第919独立航空联络中队、第62民航团

波兰第1混合航空军：

第1歼击机团，第2轰炸机团

空军第6集团军（支援白俄罗斯第1方面军左翼）：

第336歼击机师、第3近卫强击机师、第242夜航轰炸机师、第72侦察航空团、第93校射航空团、第713运输航空团、第141独立医疗航空团

从乌克兰到波兰

第七章
CHAPTER 07

两路突击

1944年6月初，盘踞在白俄罗斯的德国中央集团军群被红军一连串的组合拳揍得鼻青脸肿，残部狼狈逃往波兰，其南翼的北乌克兰集团军群顿时有了唇亡齿寒之感。事实上，红军夏季攻势的下一个目标，也确实指向了他们。

但盘踞在普里皮亚季沼泽以南地区的北乌克兰集团军群并不容易对付。由于从1942年起，苏德双方交战的重点一直在南部地区，再加上德军高层此前判断这里仍将是苏军突破的重点，所以虽然兵员数量不算最多，但北乌克兰集团军群却拥有纳粹德军中最强的装甲集群，而德国空军最精锐的部队，也多部署在这里。他们面对的主要对手，是科涅夫元帅指挥的乌克兰第1方面军。

为了组织攻势驱逐西乌克兰地区的法西斯德军，科涅夫的乌克兰第1方面军调集了约110万人、2000辆坦克和自行火炮，还有近5000门大炮，这是红军编制中最大的一个方面军！战役发起日设在7月15日。

根据科涅夫的计划，他准备分别在利沃夫东北和东部同时组织两个攻势，一举击溃北乌克兰集团军群的主力。除了一线步兵集团军外，科涅夫北翼突击的主力是卡图科夫上将的近卫第1坦克集团军和巴拉诺夫中将的骑兵机械化集群（第25坦克军和第1近卫骑兵军），突击目标俄罗斯拉瓦（Rava-Russkaya）。南翼的机动兵团包括雷巴尔科上将的近卫第3坦克集团军、列柳申科上将的第4坦克集团军和索科洛夫中将的骑兵机械化集群，集中在捷尔诺波尔地域，他们的进攻矛头直指利沃夫总方向。按照红军惯例，在距离较远的两个方向同时突击需要2个方面军协同，现在科涅夫准备单干，这对他的指挥协调能力是个重大的考验。

6月28日，原来的北乌克兰集团军群司令莫德尔元帅调任中央集团军群司令，他的职务由约瑟夫·哈佩大将继任。此时他手中有90万人、约1000辆坦克和突击炮、1200门大炮，再加上苏联人自己在情报工作上的松懈，德军已大致猜到了苏军的进攻企图和时间，此外他们也拥有完备的防线，这些无疑提高了苏军的攻击难度。

但苏联人在航空兵力上具备的优势实在太明显了。此前斯捷潘·克拉索夫斯基（Krasovskiy）中将的空军第2集团军负责为乌克兰第1方面军提供空中掩护，其麾下有4个航空军和2个独立航空师，共3246架飞机，包括679架轰炸机、1419架战斗机、1046架强击机和102架侦察机。一些苏联空军中的精锐主力，比如波克雷什金的第9近卫歼击机师，也从其他战线调给空2集指挥。战后披露的德方文件显示他们对对手的实力也大概有数：他们估计空军第2集团军和空军第6集团军总共有飞机约3800架。

为给北部突击集团提供空中支援，苏军组建了拥有4个航空军、1200架飞机的北部航空集群，由空2集副司令员斯捷潘·斯柳萨列夫将军指挥。南部的空中打击力量由克拉索夫斯基亲自指挥，为此他调集了5个航空军，1500架飞机。此外，克拉索夫斯基还保留了3个独立航空师的500架飞机做预备队。

为乌克兰西北部的德军提供空中掩护的是德国第8航空军，在苏军攻势发动前刚由第4航空队转隶第6航空队。第8航空军司令汉斯·塞德曼（Hans seidemann）将军明显吸取了白俄罗斯地区惨败的教训，从苏军发动巴格拉季昂战役起，他就一再要求加强对苏军纵深的侦察工作，侦察机很快就发现红军的坦克数量在急剧增加。有鉴于此，德国空军司令部迅速给第8航空军派来了增援部队：第52战斗机联队第2大队从罗马尼亚方向转场而来，时任大队长的赫尔穆特·利普弗特中尉后来回忆：

"调动命令下得如此突然，我们那些接收了新飞机的飞行员都没拿到飞往波兰的航线图。就是作为大队长的我（巴尔克霍恩在医院里还未痊愈），手里也只有一份极简略的地图。在出发前，我被告知要向北-北西方向，沿着喀尔巴阡山脉边缘飞行大概400公里。"

眼见乌克兰第1方面军在大规模集结，在白俄罗斯压力巨大的德国第6航空队也咬牙派来了一支更大规模的援兵。3个战斗机大队——第11战斗机联队第3大队、第51战斗机联队第4大队和第54战斗机联队第4大队，再加上3支攻击机部队——第1攻击机联队第1大队、第10（反坦克）中队、第1攻击机联队第2大队和第10攻击机联队第3大队。这样在红军攻势发起时，第8航空军已经拼凑了600多架飞机，分属以下单位：

第8航空军下属：

第11战斗机联队第3大队

第51战斗机联队第4大队

第52战斗机联队第1、第2、第3大队，联队部

第54战斗机联队第4大队、第6中队

第1攻击机联队第1大队、第10（反坦克）中队

第9攻击机联队第4（反坦克）大队

第10攻击机联队第2、第3大队

第77攻击机联队第1、第2、第3大队，联队部、第10（反坦克）中队

匈牙利第102/1"斯图卡"中队

第27轰炸机联队第14中队

第4夜战大队

第11远程侦察大队第2中队

▶ 斯捷潘·克拉索夫斯基。他出生于1897年，第一次世界大战中曾在俄国军用飞机上当过观察员。他的事迹和空军第2集团军紧密相连：从1942年1月到战争结束，除在1942年10月至1943年3月短暂指挥过空军第17集团军外，他一直担当空2集的司令员。在战争中，空军第2集团军执行任务超过30万次，220人荣获"苏联英雄"称号，13人成为双料"苏联英雄"，另有一人——亚历山大·波克雷什金3次赢得"苏联英雄"的金星。克拉索夫斯基本人于1945年5月29日荣膺"苏联英雄"。他于1983年4月21日去世。

第100远程侦察大队第2中队

第2近距侦察大队第1、第2中队，联队部

此外，第4航空军也集结了10个轰炸机大队约400架飞机支援哈佩，分属以下单位：

第4轰炸机联队第2、第3大队，联队部

第27轰炸机联队第1、第2大队，联队部

第53轰炸机联队第1、第2、第3大队，联队部

第55轰炸机联队第1、第2、第3大队，联队部

综上，德国空军为了应对苏军的西乌克兰攻势，总共集结了约1000架飞机。无疑，在白俄罗斯吃了大亏的德国人这回算长了记性，为地面部队组织了一支可观的空中支援力量。

尽管红军将大部分的航空兵力集中起来预备在重点突击方向，但仍挑选了一批机组对德军后方枢纽进行精确打击。7月6日，第82近卫轰炸机团刚刚转场到多夫加利夫卡（Dovlgalevka），就派出18架Pe-2轰炸了利沃夫火车站，行动由帕维尔·普洛特尼科夫（Pavel Plotnikov）大尉指挥。普洛特尼科夫从1941年10月就参战，是一位执行过225次任务的老兵了，这次空袭取得了很大成功。3天后，在一次类似行动中，空6集的Pe-2遭到德第54战斗机联队第4大队的拦截，护航的Yak-9与德机混战一场，德方伤亡4名飞行员，上报击落1架Pe-2和5架Yak-9。

德国空军的航拍照片清楚地显示：从北至南，在科韦利（Kovel）、卢茨克（Lustsk）、捷尔诺波尔地区，红军重兵集群逐渐形成，攻击已是箭在弦上。为此，德军也做出了相应的部署。在一线，从北而南德军展开了第4装甲集团军（第42军，扼守戈罗霍夫突出部）、第1装甲集团军（第13军，扼守布罗德突出部、第48装甲军、第24装甲军）。在这4个军的后方，德军还有强大的装甲预备队（主要是第3装甲，一线的第48和第24装甲军只有步兵师）。在战线的更南方，则部署有匈牙利第1集团军。7月10日，北乌克兰集团军群北翼的第42军决定主动撤下一线步兵，以防止其在苏军猛烈的炮火准备中被白

消耗。红军的侦察机发现了这一动向，得知这一消息的科涅夫立刻决定在7月13日——比原计划提前两天——发动进攻！

红军的第一轮攻击打在第1和第4装甲集团军的结合部，第3近卫集团军和第13集团军的先遣营扑向布罗德北侧。为了达成突然性，红军没有进行地面炮火准备，第1近卫强击机师和第5强击机师在一天内出动了664次，该地段的德军第340步兵师（隶属于42军）和361步兵师（隶属第13军）的逆袭被大批IL-2的空中打击所压制，红军步兵轻易地杀入了德军战壕。由于辨不清红军是正式发动攻势还是在进行威力侦察，塞德曼在当天并未出动太多的航空兵力。但在当天寥寥数次的空中较量中，红军第104近卫歼击机团（装备P-39战斗机，隶属于第9近卫歼击机师）的战斗机王牌米哈伊尔·杰维亚塔耶夫上尉（Mikhail Devyatayev，35次空战，9架战绩）被击落失踪。

米哈伊尔·杰维亚塔耶夫越狱记

米哈伊尔·杰维亚塔耶夫，1917年7月出生于莫尔多瓦，他是家里14个孩子中的第13个，从小家境贫寒，父亲在他2岁时去世。1932年，杰维亚塔耶夫离开乡村，去一个水运学校学习，期间接受了滑翔训练。因为热爱这项运动，杰维亚塔耶夫得到团组织推荐，于1938年到乌拉尔的奥伦堡航空学校（Orenburg Aviation School）学习飞行，1940年毕业。卫国战争爆发后，杰维亚塔耶夫参战，并在战斗中先后负伤两次。1944年7月13日，杰维亚塔耶夫在利沃夫上空被击落跳伞，刚一落地即被德国士兵抓获。在审讯中，他被引见给一名"制服上满是勋章"的德国军官，德方介绍此人就是击落他的飞行员，一位著名的空战王牌。这名军官对杰维亚塔耶夫的上司——波克雷什金的情况很感兴趣，想从杰维亚塔耶夫口中得到点什么。当时波克雷什金对交战双方而言都是如雷贯耳的人物。不过杰维亚塔耶夫十分硬气，不回答任何询问，扫兴的德国人只能殴打他以发泄怒气。

杰维亚塔耶夫被发配到小柯尼斯堡集中营，

那里关押着大批苏军战俘，生活环境极其恶劣。杰维亚塔耶夫决心逃跑，和一些囚犯偷偷地在号房里挖地道。可因为内部出了叛徒，地道刚刚挖通，就被德国人发现。恼羞成怒的德国人给他上了刑，但杰维亚塔耶夫依旧拒绝屈服。1944年9月末，杰维亚塔耶夫被转到萨克森豪森集中营。在这里他再次策划越狱，但又有人在最后关头叛卖，计划功败垂成。按理说这回他是死定了，但是集中营里的秘密反抗组织用一个刚死去的战俘尼基坚科（Nikitenko）的标识换掉了他的号牌，杰维亚塔耶夫得以冒名顶替，隐藏了下来。后来德国人把他押送到波罗的海佩内明德岛（Peenemunde，纳粹德国曾在此建立火箭研发中心）附近的乌瑟多姆（Usedom）去修建军事基地。纳粹在这里测试他们的秘密武器：V-1和V-2飞弹。1944年秋天，德国原来设置在法国西北部的飞弹发射基地被盟军收复，德军只能使用He-111挂载V-1，飞到北海上空发射以空袭伦敦。1945年2月8日，杰维亚塔耶夫正在干活，突然发现有一架He-111 H22（应该是隶属于第53轰炸机联队第2大队）停在跑道上，周围警卫薄弱。一个绝妙的念头从他脑中闪过：抢一架飞机逃跑！于是他带领10名苏联战俘以迅雷不及掩耳之势打死看守，跑上飞机，杰维亚塔耶夫迅速启动引擎，驾机腾空而去！大吃一惊的德国人派出了1架Fw-190试图拦截，但被杰维亚塔耶夫躲过。经过数小时的飞行，兴奋的战俘将飞机迫降在苏军控制地域。

但接下来的事情就不那么美妙了。由于整个故事太过离奇，负责甄别被俘归来人员的苏联内务部官员根本不相信杰维亚塔耶夫等人的说辞，不由分说地把他们作为可疑分子遣送到古拉格（Gulag）劳改营。这样杰维亚塔耶夫出了德国人的集中营，又进了自己人的班房！即使有波克雷什金等人为他辩护也无济于事。1953年斯大林逝世后，苏联内务部对这些"可疑分子"重新鉴别，才弄清了这一壮举的全部事实。这样已在伏尔加河的轮船上当机修工的杰维亚塔耶夫，于1957年8月19日荣获"苏联英雄"称号，成为苏联

▶ 1942年的米哈伊尔·杰维亚塔耶夫少尉。

举国闻名的英雄人物。2002年11月24日，米哈伊尔·杰维亚塔耶夫在喀山去世，享年85岁，享受了国葬待遇。

但是第二天战场态势就有所改变，醒过神来的德军发动了装甲反击。第4装甲集团军下属的第16、第17装甲师向东推进，在戈罗霍夫地带和红军交手。第8航空军也做出了回应，派出了大量的攻击机，包括第9攻击机联队第4大队的Hs-129"坦克开罐器"。第4航空军可用的轰炸机也全体出动，20至30架一组的Ju-88轰炸了苏军第13集团军的一线部队和后方。德国轰炸机在白天已经很久未有这样规模的出击了。在战场上空，双方的大机群狠狠地碰撞在一起，激烈的空战随即展开！

在这一空域，苏联空军出动了顶级精锐——亚历山大·波克雷什金上校的第9近卫歼击机师，此时波克雷什金本人已经获得了50个战绩。近卫9师受命夺取该地带的制空权，掩护苏军的地面部队。波克雷什金亲自出马，带领他的老部下——第16近卫歼击机团的12架P-39出击，对抗由8架Fw-190掩护的约40架Ju-88、Hs-129。当目视发现敌人后，波克雷什金命令安德雷·特鲁德（Andrey Trud）中尉率4架飞蛇去迎击Fw-190，自己则和列奇卡洛夫少校带领其余战机攻击轰炸机。以上提到的几位都是红军战斗机部队中战绩彪炳的顶级好手：特鲁德

中尉，20架战绩，"苏联英雄"称号获得者；列奇卡洛夫少校，1944年7月1日成为第19位两次荣获"苏联英雄"称号的苏联公民，战果57架；而波克雷什金本人早在1943年8月就已成为双料"苏联英雄"！尽管己方仅有12架飞机，但有数位巨星压阵，红军的质量优势已足以抵消对方的数量优势！波克雷什金后来回忆：

"由于云层的限制，爬升无益。我决定直接对敌机发动攻击。敌轰炸机发现了我们，立即结成防御圆阵。不过，这种战术的弱点，我和同志们早已了如指掌。我们立即采取反制措施：冲入敌机群环形防御圈的中心去狠揍。我们接连不断地投入攻击。

"被我们击落的第一批容克式轰炸机，正在纷纷坠落。我攻击后转向脱离。正当我准备从右侧再次进入时，一串炮弹从我的机翼上方掠过。我当即做了一个半滚倒转，躲过了敌人的炮弹。敌机突然停止了射击。与此同时，只见苏霍夫（Zhukov）和热尔杰夫（Zherdev）从我的上方一掠而过。好样的！是他们援救了我。

"在与我相同的高度上出现1架亨舍尔式（注：指Hs-129）敌机，这架敌机径直朝我冲来，形成对头之势。一个念头一闪而过：如果这小子枪法够准，那搞不好会把我当场空爆。我开始朝他射击，眼见成串炮弹直奔他而去。这时，我突然听到一声巨响，同时那架亨舍尔从我的下方闪过。莫非我被打中了？不像。我的飞机依旧飞得挺好的呀。我一眼看见50号飞机——戈卢别夫的飞机正在向我靠拢。

"'你看一看，我的飞机上有没有窟窿。'我向戈卢别夫说道。

"戈卢别夫靠得更近了些，我看到他在摇头：你的飞机没有负伤。

"那我听到的响声是从哪里来的呢？到底出了什么问题呢？我突然意识到，处于高度紧张状态的我，手指一直按住射击手柄竟没有松开！37毫米炮弹连连出膛。这时，亨舍尔式敌机恰从我的下方掠过，我的炮声从敌机机身上反射回来，

我听到的原来是我自己开炮的声音！我一时没有反应过来，也许是我把全副精力都集中在敌机和我的瞄准具上的缘故吧！"

飞蛇的两轮攻击干掉了5架敌机，剩下的德机见势头不对，赶紧丢弃炸弹向西方逃逸。苏机一阵穷追猛打，在耗光弹药前又打下来4架。这次空战苏方无一损失。德国飞机被驱离了，失去空中掩护的德国装甲部队在遭到严重损失后不得不停顿下来。

在布罗德（Brody）突出部以南，科涅夫元帅派出第38和第60集团军攻击德国第48装甲军下属的第349和第357步兵师。7月14日7时50分，在进攻发起前10分钟，第2强击机军和第4轰炸机军出动252个架次，猛炸了德军的防御阵地。接下来的一个半小时，布罗德南边的德军炮兵阵地和防御支撑点遭到的苏联空军的重点打击，在出动366架次的IL-2之后，苏机700架次的空袭持续到下午。在空军的掩护下苏军地面部

▲ 亚历山大·波克雷什金从战争爆发的第一天就投入了战斗，他的战绩现在仍有争议，因为在战争初期的溃退中，有关他击坠记录的档案都遗失了。一般认为他的战绩是53个个人击坠和6个分享战绩。而其他资料来源有的多于、也有的少于这个数字。他本人始终宣称他的个人战绩应为72个，包括那些击坠地远在敌军战线之后以及在战争初期的混乱中没能得到确认的战果。波克雷什金非常喜爱美制的P-39"飞蛇"式战机，他的大多数战绩都是用飞蛇取得的，尽管这种飞机的性能到战争后期已逊于苏联的国产歼击机了。

队夺取了德军的一线战壕，但是纵深突破并未实现。德国第8、第4航空军竭尽全力打击苏联陆军，大批的Bf-109和Fw-190出战，和苏联飞机混战成一团。

几周前白俄罗斯的惨败让德军高层有所警醒，所以这回特别注重制空权的争夺。7月14日上午，德国战斗机部队上报击落25架苏机，第52战斗机联队第1大队大队长阿道夫·博切斯（Adolf Borchers）上尉上演帽子戏法。到这时苏军只向前推进了约2公里。为改善境况，空军第2集团军司令员克拉索夫斯基中将加派了618个架次的强击机和轰炸机突击了德军第349步兵师的防御支撑点，遭到重压的第349师终于支持不住了。在50分钟之内（从15时40分至16时30分），德军阵地遭到超过1500架次苏联飞机的狂轰滥炸，在空军的全力掩护下，苏军第60集团军的第15和第23步兵军向浪潮一样汹涌而来！

德军在战后报告中承认，1944年7月14日第349步兵师的崩溃，最主要的原因是，"遭到了敌机的猛烈轰炸和己方飞机的不作为"。为了填补战线上的漏洞，隶属第13步兵军的党卫军第14"加利西亚"武装掷弹兵师被拉了上来，但这伙来自西乌克兰地区的"志愿者"们马上就遭到苏军猛烈的空袭，并在多年后都心有余悸。一位排长后来写道：

"由于苏军突破了我军的防线，7月14日，第30团得令进驻在科尔托夫（koltov）地区的阵地。天气酷热，我团在大太阳下艰难地行进。午后不久，我们刚抵达波德戈尔齐（Pidhirci），就被敌机猛炸，整整3个钟头动弹不得。一直到晚上下起了大雨，我们才能继续前行。第二天早间路过萨斯夫（Sasiv，科尔托夫以东）时，我们差点被从前线溃逃而来的败兵冲散。这伙人有的向我们高喊'俄国佬马上要到了，快逃啊'，有的丢弃了武器，有的失魂落魄地傻坐着，还有人在哭泣。这种凄惨的景象我们以前从未见过，部队的士气大受影响。"

尽管在布罗德以南红军掌握了主动，但空2集为此付出了高昂的代价。7月14日，红军未返回的飞机有90架！巨大的损失让克拉索夫斯基极为震惊。好在有不少飞机还是迫降在苏军控制地域，飞行员及机组人员得以幸存。德国空军的损失也不轻微。第52战斗机联队第1中队联队部的瓦尔特·沃尔夫鲁姆少尉在7月14日击落了3架苏机，最后一架La-5可以确认为由第113近卫歼击机团的科兹洛夫（Kozlov）少尉驾驶。沃尔夫鲁姆后来回忆：

"天上的俄国飞机遮天蔽日，数百架轰炸机同时临空，如此大的阵势还是我第一次领教。我们驾驶战机径直突向俄国人的大编队！很显然我们伤亡惨重，战斗才打了一天，我们中队14架Bf-109就有4架被击落了。"

7月14日，第77攻击机联队损失了5架飞机，第10攻击机联队则记录有3名飞行员伤亡。在阵亡名单中有第51战斗机联队联队部的埃德温·蒂尔（Edwin Thiel）上尉，这位骑士十字勋章获得者的最终战绩是76架。苏军方面，第3近卫歼击机团的王牌飞行员格奥尔基·普罗科片科（Georgiy Prokopenko）中校（15架个人战绩和17个集体战绩）阵亡，据德方记录，他可能是被第77攻击机联队第5中队的汉斯·普瑞斯（Hans Press）少尉击落的。

尽管红军在布罗德南部将德军的防线向西压弯，不过哈佩仍有信心守住阵地：毕竟在纵深德国人部署了强大的装甲机动兵团，现在已经集结完毕，准备狠狠地回击俄国人！第二天，7月15日，德军发起了反冲击，反攻主力为第3装甲军下属的第1、第8装甲师。德军的装甲铁拳砸进了红军的战斗队形，红军猝不及防，不仅攻势停顿，普卢古夫（Plugov）地域的第38集团军甚至被迫退却了数公里。但突进的德国坦克很快遭到空2集飞机的痛打。从14时开始，第4轰炸机军的135架Pe-2对普卢古夫进行了猛烈轰炸。第4军突击过后，第2近卫轰炸机军又来接班。他们派出了由15名老手驾驶的Pe-2，领军的是红军著名的俯冲轰炸王牌——第2近卫轰炸机军军长伊瓦·波尔宾（Ivan Polbin）将军。波尔宾的编队在德军战线上空1500米高度编成圆阵，根据地面无线电指引专打德军要害。第129近卫歼击机团古拉耶夫大尉的18架飞蛇分成2个编队为其护航，一个在进入俯冲的高度上（1500米），一个位于改出俯冲的高度上（700米）。第54战斗机联队第4大队派出Fw-190试图驱逐苏联轰炸机，但在飞蛇严密的护卫下没法下手。当波尔宾确定了最重要的目标——图斯托格洛瓦检查站（Tustoglova）附近的德国装甲部队，立刻和第8近卫轰炸机师师长格力巴金上校（Guriy Gribakin）、第162近卫轰炸机团团长亚历山大·诺维科夫中校（Aleksandr Novikov）各指挥5架Pe-2，轮番进行了4轮俯冲突袭！接着，第二近卫轰炸机军117架轰炸机的大编队出现在德军装甲行列上空水平投弹，在烟与火的喷泉中，第1近卫强击机军、第8强击机军和第10近卫强击机师的IL-2大编队如暴雨骤至，在德国坦克头顶上肆意攻击扫射。空2集的歼击机主力在交战地域接近地上空进行不间断的空中值班，牢牢控制着战场制空权。第205歼击机师师长利奥尼德·伊万诺维奇·列格利亚德上校（Leonid Goreglyad）在这场战斗中亲自率领12架飞蛇出击，战后上报他们一共击落6架Ju-87和2架Fw-190。第205师下属的第129近卫歼击机团的飞行员叶夫根尼·马林斯基（Yevgeniy Marinskiy）后来这样描述这场空战：

"'列格利亚德！一批轰炸机正从西北方向逼近！'乌金将军（Utin，第7歼击机军司令员）在地面通过电台呼叫。双方飞机在祖都夫（Zvuduv）附近遭遇，此时前10架Ju-87已经开始朝目标俯冲，另有3个九机编队也已抵达。在其上空500至1000米高度，有20架Fw-190护航。'攻击！'列格利亚德带着他的四机编队向第一组九架Ju-87扑去。

"1架Ju-87完成投弹正在改出，列格利亚德一个长点射就把他打得浑身是火。目送敌机坠落，上校急转冲向另一架刚进入俯冲的轰炸机，这架斯图卡还没来得及投弹就被击中，也燃起了火苗。在他掉下去后，列格利亚德环顾四周，只见编队中的其他人也打得不亦乐乎。鲁姆（Rumm）大尉盯上了1架Ju-87正准备开火，这时2架Fw-190从上方俯冲下来咬住了他的尾部，危急时刻其他苏机赶来挡开了德机的第一波攻击。'鲁姆，你后面有福克！'列格利亚德一边高喊，一边截向法西斯飞机的航路。

"鲁姆得到师长的提醒，赶紧做了一个机动，福克没法开火正准备脱离，但已经迟了。列格利亚德将其纳入了瞄准镜，一阵点射从机鼻一直打到机腹，Fw-190顿时失控，机首下垂，螺旋着坠向地面。不过攻击者还没来得及目睹猎物终结，耳机里已传来僚机韦列坚尼科夫（Veretennikov）中尉的声音：'列格利亚德！后面有斯图卡！'列格利亚德一回头，发现1架Ju-87紧跟在自己后面，已经准备开火了！好在韦列坚尼科夫警惕性很高，眼见情况危急，一个急转，对准偷袭者就是一梭子，Ju-87中弹，拖着浓烟栽了下去。

"在列格利亚德的四机战斗时，负责掩护的编队也与敌遭遇。他们攻击了后续的9架敌机，迫使斯图卡胡乱丢掉炸弹逃跑，并被当场打下来2架。但仍有4架Fw-190环伺在轰炸机周围，这4架福克和6架新赶到的梅塞施密特（Bf-109）与Pe-2们纠缠在一起。掩护编队的2架歼击机和那4架Fw-190交火，伊万·米哈林（Ivan Mikhalin）击落了其中的1架。"

7月15日，空2集的战斗机部队上报击落30架德机，但付出的代价也不轻微。据德国空军报告，他们当天在这一空域获得了46架战果。也在7月15日，苏联空军一位顶尖战斗机王牌鲍里斯·格林卡被击落负伤。波克雷什金在地面目睹了他的最后一战：

"我发现前沿上空有一架我们的飞蛇战机起火了。这是谁驾驶的飞机？飞行员会采取什么措施呢？我试图通过无线电和他通话，但是却没有得到回应。我意识到情况不妙，只见飞机尾部拖着的烟带越来越粗，飞机下坠的速度也越来快。我急忙对着送话器大喊：'快跳伞！赶快跳伞！'空中闪出一个小黑点来，随后就变成一朵伞花。现在，飞行员的命运完全取决于风向，就看风往哪边吹了。这是前线的上空啊！

"我很快就查清了被击落的是鲍里斯·格林卡的座机。任何损失都是使人痛心的，而这次的损失简直使人无法忍受。我们损失了一位杰出的飞行员！对我来说，已经是第二次打击了。昨天，他们向我报告说，杰维亚塔耶夫上尉出动未归。为什么会发生这种不幸？为什么被敌人击落的偏偏都是那些经验丰富的飞行员？这是要马上搞清楚的，必须周密地分析失利的原因。

"我来到这个飞行团后得知，步兵已把格林卡搭救回来，送进医院了。格林卡身负重伤。此外，还查清了另一个情况，格林卡此次出动带的僚机是一个新来的见习飞行员。在战斗的节骨眼上，僚机把他跟丢了，随后又退出了战斗。格林卡不得不在极为困难的情况下孤身奋战。

"在讲评中，我再次强调了那一条尽人皆知的常理：越是容易取胜，就越要严守战术纪律。从松懈到失败，只有一步之差！为什么身为飞行团团长的格林卡，竟然要带上一个难以配合默契的僚机飞行员去执行一项重要战斗任务呢？回答只能是他有轻敌思想。"

鲍里斯·格林卡和他的胞弟——同为红军尖子飞行员的狄米特里·格林卡都在波克雷什金指挥的第9近卫歼击机师服役，一开始在第100近卫歼击机团。鲍里斯在1944年6月份调到第16近卫歼击机团接替列奇卡洛夫当团长。在他负伤前，他已取得了27架个人战绩和2个分享战果。这次他被1架Bf-109击落，跳伞时撞到了座机的水平尾翼，两条腿都被打断，在医院里一直躺到战争结束。在他伤退后，列奇卡洛夫被重新启用，再次担任近卫16团团长。

从科尔托夫走廊到利沃夫

1944年7月15日下午，空2集在4个小时内出击1848个架次，投弹17200枚，发射火箭1700

▲ 1944年6月初，24岁的红军王牌格利高里·列奇卡洛夫少校站在他的P-39"飞蛇"战机上。列奇卡洛夫是最优秀的红军歼击机飞行员之一，考虑到他患有色盲被航医认定为不适合飞行，能取得如此战绩殊为不易。列奇卡洛夫为人争强好胜，波克雷什金曾批评他个人英雄主义倾向严重。格利高里·列奇卡洛夫于1990年12月22日逝世。

支，在7平方公里的土地上总共倾泻了716吨弹药！德军第1装甲师在猛烈的空袭下损失惨重，失去了冲劲，只能停下攻势重新编组。第8装甲师的境况更是不妙。他们从佐洛切夫出击时遭到了苏联空军"毁灭性"的打击，大批坦克成了燃烧的残骸。德国第48装甲军参谋长冯·梅仑廷将军证实，"在行军途中成长纵队行驶的第8装甲师，遭到俄国航空兵的空袭，受到巨大损失。很多坦克和载重汽车被击中起火。反击的一切希望都破灭了。"

在损失了50%的装备后，德军的反击部队不得不狼狈的停顿下来。空军第2集团军在7月15日出击3288个架次，确保乌克兰第1方面军能够继续在布罗德南边保持攻势。"7月15日航空兵为第38集团军救了急"，科涅夫元帅后来给出了这样的评语。

在北侧，红军第13集团军的猛攻让德军阵线已是危如累卵。为了挡住俄国人，德军在布罗德西北45公里的拉捷霍夫（Radziechow）集结力量，准备在飞机的支援下遏制苏军的挺进。但反击在7月16日实际上就已宣告失败，空军第2集团军再次让德军成为苦主。在一系列争夺制空权的战斗中,苏第7歼击机军占据了上风。第122歼击机团的尼古拉·古格宁(Nikolay Gugnin)上尉上报击落3架Fw-190和Bf-109。第16近卫歼击机团的伊万·巴巴克大尉也上演了帽子戏法,战果均为Fw-190。近16团的另一位著名王牌亚历山大·克鲁博夫大尉则打下来2架Ju-87,其手下败将包括德国空军中最著名的坦克杀手之一——曾击毁过约90辆坦克的鲁道夫·海因茨·鲁费尔(Rudolf-Heinz Ruffer)上尉。时任第9攻击机联队第10中队中队长的他在当天被克鲁博夫击落身亡。

在双方战斗(歼击)机混战时,23架第90近卫强击机团的IL-2乘机突击了地面的德军防御阵地。数小时后,红军收复了拉捷霍夫。

布罗德南侧的德军防守组织得更好些,但到16日也支撑不住了。红军第60集团军终于在布罗德以南35公里处实现突破,深入德军防线18公里,控制住了萨索夫至佐洛切夫(Zolochev)的公路。特别是第322步兵师在科尔托夫地域打开了一个宽4到6公里的通道,后来被称之为"科尔托夫走廊"。

科涅夫意识到投入快速机械化兵团,将优势转为胜利的时机到了!他立刻将手中最强大的突击力量,雷巴尔科将军的近卫第3坦克集团军从突破地带投入战斗!不过如前所述,科尔托夫走廊宽度极窄,两侧均有德军重兵,稍有不慎,整个坦克集团军连同大批久经战阵的坦克手,就会被封闭、歼灭在走廊内。而此时,原定配合的步兵还被反击的德军牵制住,科涅夫能出动的,只有空军了。

7月16日,近卫第3坦克集团军主力进入走廊。科涅夫命令克拉索夫斯基集中全力进行支持和掩护。空2集派出了第5、第10歼击机军和第6近卫歼击机师,以控制走廊上空的制空权。而第1近卫强击机军、第8强击机军和第10近卫强击机师则负责为红军装甲矛头提供对地支援。第1近卫强击机军军长梁赞诺夫率一个作战组携带2部电台前至科尔托夫走廊最狭窄的地方——努谢村。在那可以清楚地看见红军坦克纵队和德国人的火力发射点。

德军自然也很清楚这条走廊的重要性。第52战斗机联队第1大队当时的头号王牌瓦尔特·沃尔夫鲁姆少尉在多年以后仍对这天发生的事情历历在目:

"我们竭尽全力试图接近正在对地攻击的IL-2大编队,但那些护航的俄国战斗机太多了,漫天飞舞的Yak-9、La-5和飞蛇几乎无处不在,让我们没空子可钻。但在当天的第一次出击时,我仍设法击落了3架Yak-9。到中午出第三趟任务时,我偷袭了一个12架La-5的编队,一下搞掉他们4架。"

通过事后研究,可以确认沃尔夫鲁姆声称击落的Yak-9其实是Yak-1,在沃尔夫鲁姆所称获得战果的时间段,有2架第611歼击机团的Yak-1未返回。至于被他偷袭打下去的La-5,也能在苏方的损失清单里得到证实,他们是第40近卫歼击机团的飞机,4名飞行员中仅有一人跳伞生还。据苏方文件记载,在这场空战中,尤哈诺夫(Yukhanov)中尉报告击落了1架Fw-190。

空2集派出了2个轰炸机军去消灭科尔托夫走廊两侧的德军火力点。第2轰炸机军负责突击萨索沃(Saov)、科尔图夫(Koltov)和别雷卡缅(Bely Kamen)地区.而第4轰炸机军则攻击佐洛切夫(Zolochev)和普卢古夫(Plugov)地段。为了保证这些重点地带的安全,瓦尔特·沃尔夫鲁姆和他的战友也拼尽全力驱逐乌云般袭来的苏联轰炸机:

"我们中队只有2架可运作的飞机了,这是我们去进行拦截作战的全部力量。而同一空域出现这么多敌机,我以前还未见识过:大约有上百架Pe-2和米切尔(Mitchell,指B-25),还有同样数量的Yak-9和La-5在为他们护航。我一次次地试图去攻击轰炸机,但每次都被护航战斗机赶开,只能自保。在格斗中我击落了一架Yak,但我的僚机也被击伤退出了战斗,只得返回基地。

"这时我看到有一队飞蛇飞在战场最高处,为整个俄国机群提供掩护。我决定爬高去攻击他们。当我设法把1架飞蛇纳入瞄准镜时,另一架P-39也摸到了我背后,我给了目标一梭子,然后紧急闪避后方射来的火力。我把飞机搞进了螺旋状态,但那家伙瞄得很准,我已感到我的右腿火烧火燎地疼。

"看到那架俄国飞机依旧盯着我不放,我做了一个半滚倒转,笔直冲进下方的云里,然后急跃升。由于动作过猛,我有一小段时间黑视了,等意识恢复,我已飞出了云层,结果又遭到那架飞蛇的攻击。我只好再次转为倒飞,俯冲入云闪避,总算甩掉了那个俄国佬。运气真是够好的。伤口创面很大,右边身子都麻木了,真不晓得还能坚持多久。但突然间我看到基地在我前方出现,于是赶紧下降高度,以最快的速度落了下去。机轮刚刚接触到地面,我人就昏迷了。"

到此时已累计战果达126架的沃尔夫鲁姆在这次出击中严重负伤,等他康复回到前线已经是1945年2月了。那么,究竟是谁击落了这位顶尖王牌呢?对这一问题,我们稍费点笔墨。

以前苏联的书籍都把这一功劳归功于狄米特里·格林卡,就是前文所述的兄弟王牌中的那位弟弟。在当天狄米特里宣称击落了一架Bf-109,把战果提高到45架。考虑到他的哥哥在前一天刚被德国人击落负伤,这确有快意恩仇之感。第9近卫歼击机师各团当日上报的战果如下:第16近卫歼击机团10架(含1架Bf-109);第100近卫歼击机团,也就是狄米特里所在的团10架(含3架Bf-109);第104近卫歼击机团3架(含1架Bf-109)。但再细究一下苏方记录就会发现,第9近卫歼击机师所取得的全部Bf-109击坠都是在当日上午完成的,而沃尔夫鲁姆被打伤则是下午4点以后的事情了。看来,猎杀沃尔夫鲁姆的不太可能是狄米特里。

那么,其他装备飞蛇的部队当天的战绩如何呢?第205歼击机师7月16日上报击落1架敌机,但机型是"Fw-190"。此外,第9歼击机团的伊万·凡因(Ivan Fanin)中尉和第304歼击机师的瓦西里·托哈里耶夫(Vasiliy Zakhariev)大尉也在当天上报击落了Bf-109。

凡因中尉是第9歼击机团的头号王牌,这架Bf-109是他的第10个战果(含1个集体战绩),是7月16日16时35分至17时35分在萨索夫(Sasuv)地域获得的。但在这趟任务中,同行的第9团团长谢尔盖·季莫费耶夫(Sergey Timofeyev)中校和领航主任萨普诺夫(Sapunov)大尉也宣称各击落了1架Fw-190,这和沃尔夫鲁姆描述的仅有2架Bf-109出击的情况不符。

看来托哈里耶夫大尉是最有可能击落沃尔夫鲁姆的人了。托哈里耶夫上报在莫斯科时间15时40分至16时,在斯博罗夫(Sborov)以南击坠了2架Bf-109。身为副团长,战斗时除非全团出动,一般是轮不到他的。不过这回托哈里耶夫大尉却和师里的领航主任杰格佳廖夫(Degtyaryov)少校被额外加了一次任务,飞在一群IL-2前方护航。他们可能就是沃尔夫鲁姆看到的P-39。按苏方统计,这是托哈里耶夫大尉的第9和第10个击坠记录。托哈里耶夫大尉活到了战后,在终战前将战绩提高到12架。

在16日,第5歼击机军宣称共击落23架德国飞机。德军尖子沃尔夫鲁姆伤退,苏军也在鏖战中牺牲了一位王牌:第40近卫歼击机团拥有5架击坠记录的王牌的伊万尼科夫(Ivannikov)少尉。在7月13至16日,整个空军第2集团军一共上报击落敌机115架。德国空军当期确切的损失记录目前还未发现,但在16日至少损失了24架飞机,其中第10攻击机联队损失5架。

7月16日是决定性的一天。到晚间,红军在两个进攻方向都冲入了德军纵深!在北边俄罗斯拉瓦方向,巴拉诺夫的骑兵机械化集群跟在第13集团军后面进入战场;而南边的第3坦克集团军则通过科尔托夫走廊扑向利沃夫方向。夹在2个突破口中间的布罗德地区的驻防德军——第13军(含C军级集群、第183、第217、第339步兵师)境况危急!第二天,科涅夫决定再加一把火,将第4坦克集团军也投入科尔托夫走廊!这样在狭窄的走廊地带，一下涌入了800多辆坦克和自行火炮！16日到18日，空2集出击4500个架次，将德军封闭突破口的企图打得粉碎。仅17、18日两天，就有至少32架德国攻击机被毁。据德国第1和第6航空队的统计，在这两天共损失45架飞机，大部分是在空2集的战区。战斗机部队同样死伤累累。17日，第51战斗机联队第10中队的中队长芬特（Venth）中尉被击落身亡。18日，在科尔托夫走廊上空，第52战斗机联队第2大队损失了5架Bf-109。当天红军歼击机还消灭了第11战斗机联队第3大队的3架FW-190，其中，拥有31架战绩的齐格弗里德·齐克（Siegfried Zick）军士长被打成重伤。为了完成任务，空2集也严重减员：在16至18日，他们上报了111架战机的损失。

18日晚间，从布罗德南侧突破的第3坦克集团军和从北翼冲来的巴拉诺夫集群在敌后会师！布罗德地区的德国第13军陷入了合围。不过要吃下这个大饺子，苏军还要费些功夫。

清除包围圈的战斗在7月20日、21日达到高潮，绝望的德军试图向南突围，但被红军飞机的凶狠空袭打了回去。第8航空军试图给包围圈中的德军提供支援，但无奈机场距离太远，战斗机飞到战场后只能待一小会儿。20日，第52战斗机联队第9中队的汉斯·约阿希姆·比克纳上士击落了1架飞蛇，苏军第54近卫歼击机团齐齐科·别德里亚尼（Chichiko Bendeliani）少校牺牲，最终战果为12个个人战绩和13个集体战绩。但总体上，德机在布罗德上空已是散兵游勇，根本无法阻止苏联空军的猛烈轰炸。苏机摧毁了道路和桥梁，死亡的马匹、冒着浓烟的车辆、打坏的装备以及燃烧诱爆的弹药彻底堵塞了交通。

从19日到22日，第1近卫强击机军、第5近卫强击机军、第2轰炸机军和第4轰炸机军在布罗德上空出击了2340个架次，其中攻击机1136次，轰炸机402次，战斗机802次。包围圈内的德军及装备被炸得七零八落，而德国空军只能徒叹奈何。

22日，布罗德包围圈被切割为两半。数天后，被围德军停止了抵抗。此战约有2.5万名德

▶ 瓦尔特·沃尔夫鲁姆在他的Bf-109 G6战机里，摄于东线战场。1943年1月，他刚过完20岁生日，就被调到第52战斗机联队第2大队。1943年5月25日，他首次在空中开和，很快，他就在这支精锐部队里崭露头角。到1944年7月16日，他的战绩达到了126胜，当天他在空战中被1架P-39打成重伤。1944年7月27日，沃尔夫鲁姆荣获骑士十字勋章。1945年2月他重返前线，在战争结束前，又获得了11次空战胜利。

军及"乌克兰志愿者"被击毙，被俘者达1.7万人。这样，西乌克兰之战才打了10天，尽管拥有众多精锐师团，提前设防并及时发动装甲反击，北乌克兰集团军群仍然一败涂地，被科涅夫生生吃掉了一个军。

在消灭包围圈内德军的同时，红军在乌克兰西北的攻势还在继续进行。18日，在科涅夫的乌克兰第1方面军北侧，罗科索夫斯基的白俄罗斯第1方面军出动了3个集团军——近卫第8集团军、第47集团军和第69集团军，冲向北乌克兰集团军群和中央集团军群的结合部，攻击德国第4装甲集团军北翼和此前尚未遭到打击的第2集团军。战斗前夜，红军远程航空兵出动了337架夜航轰炸机袭击了德军的防御支撑点。地面攻势则得到空军第6集团军和空军第16集团军的支援，2个空军集团军仅在18日就出动了1000多个架次。在如此猛烈的打击下，德军只能仓皇西遁。20日，罗科索夫斯基投入了机动军团——第2坦克集团军，他们与新组建的波兰人民军第1集团军，在21日前出至布格河。在南边，乌克

兰第1方面军把包围圈内的德军留给步兵解决，其坦克矛头和北边白俄罗斯第1方面军的攻势一路平行发展，杀入波兰境内。6月22日，乌克兰第1方面军右翼（北侧）的近卫第1坦克集团军在9天内狂奔170公里，进抵波兰城市雅罗斯瓦夫（Jaroslaw），开始强渡桑河。

为了清除苏军的桥头堡，德军第6航空队迅即出动飞机攻击布格河和桑河上红军搭设的桥梁。这立刻遭到苏联歼击机的强力阻击。22日，激烈的空战让德国第8航空军付出了20余架飞机的代价。第10攻击机联队第2、第3大队上报损失7架Fw-190，第9攻击机联队第4（反坦克）大队被打掉了4架Hs-129。为了保卫桑河上的桥梁，波克雷什金的第9近卫歼击机师再次出马，他们在4天内宣称击落28架敌机。而德国第8航空军同期上报取得15个战果，其中第52战斗机联队第1大队大队长博切斯上尉包揽了3架。

在空6集的支援下，第2坦克集团军的前行可以用神速来形容。22日，他们解放了切尔姆（Chelm），接着向西北70公里的卢布林（Lublin）挺进。由于天上有第6轰炸机军给他们开路，苏联坦克没费啥周折，就冲进了卢布林南郊的马伊达内克（Majdanek）。这次德国人的手脚不够利落，没能像在特雷布林卡（treblinka，波兰东部村庄，纳粹曾在此设立灭绝营）一样，提前毁尸灭迹。于是在这里，红军见识到了真正的人间地狱。

在马伊达内克灭绝营中，苏联人看到了被残杀者的衣服、鞋子堆积如山，毒气室还能运作，焚尸炉中最后一批受害者的骨灰还未变冷。红军的电影工作者忠实地拍摄了这冰冷的一幕。当这些影像在各个部队放映时，无疑激起了巨大的愤懑情绪！再加上此时红军吸收了大批从德军战俘营解救出来的受尽折磨的战俘，毫无疑问他们不会对德国人有任何怜悯：当西方指责攻进德国的苏军军纪败坏时，似乎忘记了这一切的根源在哪里。而西方盟军直到战争结束前几周，都还没有解放过纳粹灭绝营，真正目睹过其中的恐怖。值得一提的是，BBC的记者亚历山大·沃思（Alexander Werth）曾经在1944年8月报道了东线灭绝营的境况，但是伦敦方面拒绝播送他的文章，认为他是给苏联人做宣传，干脆将他解雇。不管怎样，面对着燃烧着复仇怒火的苏联人，德国人只能自祈多福了。

23日，第2坦克集团军解放了卢布林。在南方，乌克兰第1方面军进抵乌克兰古都利沃夫（Lvov）。27日，德军弃城南逃。这样，红军从科尔托夫钻出的小小的走廊，现在演变成一个巨大的沟堑：北乌克兰集团军群就此被分割成两部分，北边的第4装甲集团军一路向西逃往维斯瓦河；南边的第1装甲集团军一部和匈牙利第1集团军则向西南喀尔巴阡山方向撤退。2个集团军渐行渐远，彼此之间的巨大缺口，从普里皮亚季沼泽以南至喀尔巴阡山的广大地域，被科涅夫大军光复。从7月13日至7月29日，德国北乌克兰集群遭到大放血，承受了至少19.8万人的伤亡。同期，乌克兰第1方面军损失3.74万人。

德国空军在西乌克兰之战中失血严重。由于种种原因，德方记录的损失远谈不上完整。就是

▲ 1944年夏，在乌克兰西北部的空军第2集团军基地，第41近卫歼击机团团长亚历山大·巴甫洛夫（Aleksandr Pavlov）少校和他手下最优秀的飞行之一亚历山大·洛巴诺夫（Aleksandr Lobanov）上尉的合影。背景的La-FN的整流罩下，可见一个红色的心形标识。巴甫洛夫和洛巴诺夫都是空战王牌，前者在战争结束时获得18个个人战绩和16个共同战果；后者则为24个个人战绩和13个共同战果。1944年7月20日，他俩合作在利沃夫（Lvov）上空击落了1架Fw-190。

德军空军的兵力统计月报也有好多缺漏和错误。举个例子，第52战斗机联队第2大队报告在1944年7月共损失17架Bf-109，但仅有4架被记为"战斗损失"。但是，如果比照其他资料和保留下来的部分战斗日志，就会发现该月第2大队在东线战损的飞机不会少于20架，另有11架因"事故"损失。而从7月11日至7月31日，第2大队宣称击落了22架苏联飞机。据此我们不难发现红军飞行员素质上的巨大进步：就是由赫尔穆特·利普弗特中尉这样的超级王牌（此时已经累积战绩达141架）领导的德国空军的精英部队，在面对苏军时居然连1:1的交换比都达不到了！而第8航空军中的其他战斗机部队，第54战斗机联队第4大队在当月上报损失31架Fw-190，其中21架战损。不过同期他们宣称击落了80架苏联飞机。

除了战斗机部队，德军攻击机部队实力也大幅缩水，尤其是那些还在飞过时的Ju-87斯图卡的单位。第1攻击机联队第1大队在当月战损27架，第77攻击机联队第3大队的数字是21架。这样尽管接受了20架新的Ju-87的补充，第1攻击机联队第1大队在7月底只余26架存货，而1个月前他们还拥有41架飞机。第8航空军下属的装备Fw-190的第10攻击机联队的2个大队也只剩残山剩水：在7月份，他们注销了59架飞机。

装备Hs-129的专业反坦克部队——第9攻击机联队第4（反坦克）大队同样被打散了架：他们在7月这一个月内报销了47架飞机！其中战损为26架。据上述数字我们可以推断，西乌克兰之战给德国空军大概造成了300架飞机的损失。这点基本可以和苏方的数字相验证：空军第2集团军在7月13日至7月27日一共出击了30500个架次，宣称击毁德机350架。在整个7月，空军第2集团军损失飞机510架，其中被击落388架（主要为战斗机172架，强击机162架）。在苏方的战役总结文件中既肯定了空中力量为夺取胜利起的重要作用，也指出了不足之处：

"空中打击在相当程度上削弱了敌人的抵抗力。航空兵取得了制空权，保证地面部队在很大程度上避免了敌轰炸机和攻击机的袭扰。本战役的经验说明，在战役的所有阶段，对航空兵实施不间断的指挥和控制是完全可以实现的，而且航空兵对地面部队的支援卓有成效。

"但必须指出的是，航空兵未能有效地打击敌人增援兹博罗夫（Zborov）和利沃夫地区的部队，这是本次空中战役中最严重的失误之一。从斯坦尼斯拉夫（Stanislav）开进的敌军没有受到前线航空兵持续的空中压制……空军第2集团军之所以损失严重，最主要的原因是在夺取制空权后，飞行部队放松了警惕，表现得过于自信。年轻的空勤人员疏于编队空战训练，强击机和战斗机之间的配合也缺乏默契。此外，敌军防空火力猛烈也是重要原因。"

但无论如何，科涅夫元帅的大军完成了将德军驱逐出乌克兰的任务，取得了伟大的战略成就。现在，解除了侧翼隐患的白俄罗斯第1方面军可以放手向波兰腹地发起进攻了！

1944年7月12日苏联空军第2集团军作战序列

第1近卫强击机军
    第8近卫强击机师、第9近卫强击机师、第12近卫歼击机师

第5强击机军
    第4近卫强击机师、第264强击机师、第331歼击机师

第8强击机军
    第224强击机师、第227强击机师、第236歼击机师

第5歼击机军
    第8近卫歼击机师、第256歼击机师

第7歼击机军
    第9近卫歼击机师、第205歼击机师、第304歼击机师

第10歼击机军
    第10近卫歼击机师、第235歼击机师

第6近卫歼击机师（直属）

第1近卫混合航空军

第5近卫强击机师
第6近卫强击机师
第6近卫歼击机师

第2近卫轰炸机军
　　第1近卫轰炸机师、第8近卫轰炸机师、第244轰炸机师

第4轰炸机军
　　第202轰炸机师、第219轰炸机师、第321轰炸机师、第208夜航轰炸机师

▲ 第1近卫轰炸机师师长费奥多·多毕什（Fyodor Dobysh）上校。背景是他的Pe-2轰炸机，可见机头的近卫军标志。该师其他飞机的座舱盖下方上都涂有"紧跟多毕什！"的字样，可见他是一位极受下属爱戴的指挥员。这张照片拍摄于1944年，当时第1近卫轰炸机师、第8近卫轰炸机师、第244轰炸机师组成了第2近卫轰炸机军，军长就是红军轰炸机部队中的传奇人物——伊万·波尔宾少将。

帝国反击战
第八章 CHAPTER 08

波拉茨克空战

在科涅夫发动西乌克兰攻势之前、德国第4集团军残部在明斯克以西的丛林里垂死挣扎时，红军的"巴格拉季昂"行动还在继续发展中。

在北翼，巴格拉米扬的波罗的海沿岸第1方面军一路西进，把白俄罗斯西北部的德军驱离。第一个目标是德维纳河上的波拉茨克（Polotsk），该城位于从维捷布斯克到白俄罗斯、拉脱维亚边境的中间位置。希特勒下令将波拉茨克"要塞化"，不惜一切代价坚守。为此，希特勒调集了援兵，而北方集团军群下属的第1军军长希尔伯特将军（Hilpert）被指派为城防司令。

红军的空中优势仍是胜利的最大保障。在第6坦克集团军向波拉茨克挺进时，空军第3集团军的强击机机群一直在其上空盘桓。在他们的帮助下，红军的进攻可谓是势如破竹。7月1日，由帕维尔·叶尔米洛夫（Pavel Yermilov）上尉率领的第766强击机团的4架IL-2一次出击就端掉了4个炮兵阵地和2门高射炮。从维捷布斯克撤往波拉茨克的德国第24、第87和第389步兵师的行军纵队，也成为苏联飞机极好的猎杀目标。在德维纳河以北，德军残部的境况已是万分危急。

也在这一天，第593强击机团的6架IL-2在叶尔金（Yelkin）中尉的指挥下，将德维纳河上的一个大型桥梁打断了。第二天，红军轰炸机又把横跨德维纳河深水区的德军赶制的所谓"克汉森桥"（Kurhessen Bridge）炸垮了。在第761歼击机团的6架Yak-7B的掩护下，第723强击机团科格里戈里·马里斯基（Grigoriy Komaritskiy）上尉带领的8架IL-2空袭了波拉茨克的火车站。趁德国战斗机注意力被Yak引开，IL-2冒着高射炮火投弹，此时正有5辆德国军列在站内，其中一辆上装有900吨弹药！炸弹准确地命中了目标，整个车站在震耳欲聋的连续爆炸声中完全化

▲ 1944年夏，季隶属于空军第3集团军的IL-2。IL-2为红军第6近卫集团军攻占波拉茨克做出了重要贡献。

109

为乌有，双方的飞行员目瞪口呆地看到巨大的蘑菇云升到数千米高度！火势迅速蔓延，第二天，大半个波拉茨克都成了一片火海。

德军刚开始并未给该地区派来足够的空中力量，但这一情况很快得到改变。从7月3日起，德国空军兵力明显增强，第54战斗机联队第1大队以损失1架的代价宣称击落13架苏机，其中包括8架IL-2。但整个第6航空队和派到这里的部分第1航空队总共损失了13架飞机。7月4日，第51战斗机联队第11中队的海因茨·马夸特（Heinz Marquardt）军士长在一次出击中击落了4架IL-2。不过这已于事无补，当天，波罗的海沿岸第1方面军夺回了波拉茨克。

波拉茨克上空的激战预示着空战力度的增强。5日晚，第4航空军空袭了明斯克，旨在破坏红军的通信联络系统。这次行动让第55轰炸机联队损失了5架He-111，6天内的总损失达到了14架。

巴格拉季昂：第二阶段

7月5日，红军各方面军开始了巴格拉季昂战役第二阶段的攻势。波罗的海沿岸第1方面军得令转向西方和西南，突向拉脱维亚和立陶宛，兵锋直指考纳斯（Kaunas，立陶宛中南部城市）。这一攻势将得到白俄罗斯第3方面军的配合，他们的目标是立陶宛的首府维尔纽斯（Vilnius）。在解决掉明斯克东部包围圈内的德军后，白俄罗斯第2方面军重整旗鼓，向波兰的比亚韦斯托克（Bialystok）进军。该城大致位于华沙以北，维尔纽斯以南的中间位置。而罗科索夫斯基的白俄罗斯第1方面军则被赋予了双重任务：除了上一章所述的在南翼发动攻势打击德国北乌克兰和中央集团军群的结合部外，其余部队将沿明斯克-华沙公路前趋至波兰首都！

现在红军的目标是巴拉诺维奇（Baranovichi）。这里控制着穿过白俄罗斯中部沼泽密林中的狭窄通道。7月1日，位于明斯克、巴拉诺维奇中间的斯托尔布齐被红军夺占。6日，白俄罗斯第1方面军下属第28、第48和第65集团军开始进攻巴拉诺维奇。空军第16集团军集结500架轰炸机和强击机助战。7日，第269歼击机团的瓦西里·阿法纳西耶夫（Vasiliy Afanasyev）大尉指挥的4架Yak-9阻击了20架Fw-190攻击机，击落了3架，并迫使其他德机抛弃炸弹放弃了攻击行动。也在这一天，第56近卫歼击机团的5架Yak-9和约20架Fw-190、Bf-109混战一场，苏机没有任何损失，亚历山大·叶夫列莫夫（Aleksandr Yefremov）大尉战后上报击落2架德国战斗机，瓦西里·日林（Vasiliy Zhilin）中尉宣称击落了1架。8日，红军攻克了巴拉诺维奇。

但在北部，红军遭遇的抵抗变得越来越顽强。现在战线已经逼近德国本土的东普鲁士地区，如果波罗的海沿岸第1方面军和白俄罗斯第3方面军继续推进，德国北方集团军群有被割裂孤立的危险。为了应付这一危机，德军集结了重兵，德国空军也为此拼凑了大批攻击机：第3攻击机联队第2大队、第3大队、第10（反坦克）中队，以及整个第4攻击机联队（拥有4个装备Fw-190的大队）都被调到这里。7月5日至7月7日，第4攻击机联队对苏军摩托化行军纵队的低空攻击取得了很大成功，不过自身同样损失惨重。6日，第4攻击机联队第2大队大队长弗里德里希·威尔海姆·施特拉克雅恩（Friedrich-Wilhelm Strakeljahn）上尉阵亡。施特拉克雅恩上尉39年就已参战，截至阵亡他一共执行了300余次任务，荣获骑士铁十字勋章。这种老手一旦损失无疑是很难补充的。第51战斗机联队第1大队大队长埃里希·莱尼（Erich Leie）少校在当天的空战中被一架苏联歼击机击落，不过他本人及时地从着火的座机中跳伞逃生。莱尼同样是骑士铁十字勋章获得者，总战绩超过100架。第二天，第4攻击机联队的阵亡名单里加上了另一名铁十字骑士：第3大队拥有约400次出击记录的老兵卡尔·戈莱斯（Karl Golles）上尉。也在同一天，纳粹德国空军第一任参谋长威弗尔将军（1887-1936，1933年9月至1936年6月在任，德国空军杰出的领导者和战略家）的儿子——第51战斗机联队第3中队瓦尔特·威弗尔（Walther Wever）在空战中被击落，虽然生还但身负重伤，被截掉了一只脚。这样，这位21岁、拥有44架击坠记录的空战王牌就此结束了他的东线征战生涯。

苏军在这一系列混战中也有高手损失。7日，第148近卫歼击机团著名的王牌飞行员、拥有14个个人战绩和10个集体战果的尼古拉·察斯内克驾驶的Yak-9战机被德军高炮打中，飞机起火，所幸他及时跳伞逃离。落地后他被德国人抓获，押到布痕瓦尔德（Buchenwald，位于德国东部城市魏玛附近）的集中营。在他抵达时，德国共产党的领袖恩斯特·台尔曼就在此处被纳粹处决。1945年4月，查斯尼科参与了该处的集中营暴动，他们袭击了看守，在不到一天的时间内控制了整个集中营，并一直坚持到4月11日美军到来。查斯尼科因此幸存到战后，1958年以上校军衔退役。

维尔纽斯战役

维尔纽斯战役于1944年7月7日正式打响。作为立陶宛首府，维尔纽斯曾于1920年被波兰占领，当时大部分立陶宛人被驱离。1939年9月，第二次世界大战爆发，苏德从东西两面夹击、灭亡了波兰，维尔纽斯被立陶宛人收回，后又在1940年并入苏联。所以，这个城市堪称是苏联、德国、立陶宛和波兰人的各种势力错综复杂、矛盾交织的所在。

7日，苏联空军第1集团军的103架Pe-2和51架IL-2空袭了城内的德军防御阵地。红军的攻击信号刺激了城内潜伏的波兰国家军（Armia Krajowa），这帮反苏也反德的波兰民族主义分子集结了约12500名战士，开始袭击德国兵营，占领了市中心的大部分地区。眼看着遭到苏波双方的围攻，德军迅速做出反应，当天下午就用JU-52运来了第16伞兵团2营200人来增援。

9日，红军先头部队抵达市郊，战斗开始变得激烈起来。同样在白俄罗斯第3方面军北翼，

尽管第6航空队已把部分兵力调往乌克兰去应付科涅夫的攻势，但德军空地联合坚决死守，也让波罗的海沿岸第1方面军步履维艰。在得到各方大力增援后，此时东线的德国战斗机达到了475架，为各战区之最。即使在极为吃紧的诺曼底战线，德军也只部署了425架战斗机。而德国攻击机部队的主力也基本留在东线，在7月份德军在波罗的海国家的顽抗中起了重要作用。

于是在拉脱维亚和立陶宛，德国空军暂时取得了制空权。由于苏军波罗的海沿岸第1方面军推进得过快过远，空军第3集团军的飞机受限于后勤供应和航程，已是鞭长莫及。方面军在进抵陶格夫匹尔斯后，冲势明显放缓。趁着这个机会，德国人匆忙拆毁了考纳斯集中营，并将剩下的数千名犹太人要么打死要么驱离。讽刺的是，在军队急需铁路运力的时候，纳粹却忙着用宝贵的车皮执行将犹太人运往波兰地区集中营的任务！

兵临华沙

在空军第3集团军已难以有效支援波罗的海沿岸第1方面军时，空军第1集团军还在维尔纽斯上空保持着强大的实力，无论在空中还是地面，德军都给他们折腾得够呛。7月9日，在拉脱维亚-立陶宛战区，德军损失了至少20架飞机，其中包括14架攻击机，宣称击落苏机10架。攻击地面IL-2的数量实在是太多了，德国攻击机部队不得不协同战斗机一起加以拦截，但那些掩护IL-2的苏联歼击机也不是吃素的。据苏方记录，9日，约100架"Ju-88"（应该是德军的Ju-52和He-111）对维尔纽斯进行了空投补给。但这无法阻止红军，到晚间，红军完成了对维尔纽斯的包围。

据苏联方面的材料显示，10日，德军在维尔纽斯又空投了约600名伞兵。德国攻击机表现活跃的同时也付出了相当的代价。在7月5日至7月10日，第4攻击机联队记载在这一地区损失18架Fw-190。11日，第77攻击机联队第10（反坦克）中队损失了2架Ju-87 G2，而第10攻击机联队第1大队有4架Fw-190 F8被击落，损失3名飞

行员，其中包括伯恩哈德·约翰尼斯（Bernhard Johannes）军士长，他是攻击机联队中的空战王牌，此前已累计了17架战绩。在战斗中约翰尼斯的飞机被打中，由于高度仅有150米，他未能成功跳伞。德国攻击机的拼死空袭达成了战术目标，向维尔纽斯进发的苏军后勤部队损失惨重，仅在11日，德国攻击机部队就宣称击毁了苏军车辆约200台。

此时在东北方向300公里，叶廖缅科将军的波罗的海沿岸第2方面军也在韦利卡亚河（Velikaya River）地区发动了攻势，苏方希望此举能够引开德国空军在立陶宛、拉脱维亚地区的部分兵力。叶廖缅科的攻势由空军第15集团军协同，该集团军拥有飞机546架，其中歼击机190架，强击机160架，不过除了部分过时的Po-2双翼机外，没有轰炸机。

为了应付叶廖缅科，德军参谋本部只能从维尔纽斯方向抽调援兵。第3攻击机联队第3大队的全部兵力被派往北方。15日，波罗的海沿岸第2方面军夺取了奥波奇卡（Opochka），这是德国"黑豹"阵地的重要枢纽。不过在俄罗斯-拉脱维亚交界处，波罗的海沿岸第2方面军一头撞进了德军组织严密的防御网，这一带遍布沼泽，满是泥泞，红军只能依靠少数的几条道路机动，这样他们完全暴露在第3攻击机联队第3大队和第4攻击机联队第3大队的Fw-190的炮口下。但是德军顾此失彼，到15日，南边的维尔纽斯和阿利图斯（Alytus）都被红军光复。在维尔纽斯，红军打死德国人7000名，俘虏40000名。此外，还有5000名波兰国家军士兵被红军抓获，对这伙人，俄国人毫不客气，把他们都送进了劳改营。

苏联人在立陶宛的攻势很快变成了龟速爬行。17日，德国攻击机部队宣称敲掉了500台苏军车辆，18日的数据是300台，外加37辆坦克。对苏军而言，更讨厌的是德国空军对其重要的补给基地——莫洛杰奇诺（位于维尔纽斯东南）、明斯克、大卢基（Velikiye Luki）和新索科利尼基（Novosokolniki）反复地、成功地骚扰，实在让他们苦不堪言。轰炸大部分是在夜间进行的，但是在7月20日，霍尔斯特·冯·里森中校（Horst Von Riesen）带领手下的第1轰炸机联队的全部70架He-177在白天出击，空袭了位于大卢基的火车站。由于德机从高空投弹，紧急起飞的苏联歼击机来不及爬升到足够高度拦截，轰炸非常精确，整个车站和城镇被炸弹夷平，所有的德机都安全返回基地。在23日的夜间空袭中，莫洛杰奇诺火车站也被炸成了废墟，返航的德国轰炸机机组成员报告目标地域"到处都是火焰和爆炸"。

这时，第7个红军方面军，波罗的海沿岸第3方面军也投入了夏季攻势中。他们的攻击目标是驻防在韦利卡亚河上游的德国第18集团军。不过为他们提供空中掩护的空军第14集团军的实力相对要弱小得多。21日，在经过6天激战后，奥斯特罗夫（Ostrov）被红军攻克，23日，普斯科夫（Pskov）得到解放。普斯科夫也是卫国战争中最后一个获得解放的苏联大城市。但就此红军的攻势被迟滞，直到8月11日，波罗的海沿岸第3方面军才攻入了爱沙尼亚，拿下了普斯科夫以西40公里的佩乔雷（Pechory）。

同样试图改善战场态势的苏军列宁格勒方面军在24日向爱沙尼亚北部的纳瓦（Narva）发动了进攻。他们的行动得到拥有479架飞机的空军第13集团军的配合。由于风雨交加，在行动首日，空13集只能派出小编队的IL-2，以6至9架为一组，执行低空攻击任务。负责此地空防的德国空军第54战斗机联队第4、第5中队在弗朗茨·爱森纳赫（Franz Eisenach）上尉的带领下进行拦截。24日清晨，爱森纳赫打下了2架IL-2，这是他个人的第59和第60个战绩。晚间，爱森纳赫率部和8架Yak-9进行了空战，他和约瑟夫·夸尔达下士（Josef Quarda）分别击落1架苏机，德军方面有1架Fw-190损失。

第二天天气好转，红军派出了第276混合航空师的77架Pe-2和第113轰炸机师的74架IL-4袭击了位于纳瓦河西岸的德国炮兵阵地。在飞机的支援下，苏联步兵用临时建造的木筏抢渡纳瓦河。德国第1航空队在此地区原本就兵力不足,加上第2近卫歼击机军派出了78架歼击机一直控制着天空,让德国攻击机几乎无计可施。第3攻击机联队第1大队的出击全然无效,好在除了1架外其他都得以逃回基地。25日,空13集出击567个架次。有趣的是,德军第54战斗机联队第2大队在当天的数次出动中竟然上报"未接敌"。25日仅有的3个战果中,夸尔达下士取得了2个,大队长埃里希·鲁道弗上尉则击落了1架Yak-9。

26日,随着第54战斗机联队第2大队全体从芬兰转场到爱沙尼亚,空战强度明显增大。塔林(Tallinn,爱沙尼亚首府)和纳瓦之间的交通枢——纽塔帕(Tapa)遭到红军飞机猛烈轰炸,第34近卫轰炸机团和第58轰炸机团统共51架Pe-2参与了本次作战行动。他们宣称干掉了70节车厢及1个火车头。看到高高升起的烟柱,鲁道弗少校马上带领整个大队紧急起飞,返航的Pe-2在飞临楚德湖以北时,被德机追上。而第2近卫歼击机军派出的护航歼击机仅有7架,实在应付不了大批占据高度优势掠袭的德国战斗机。鲁道弗率部大开杀戒,20分钟内,就有9架Pe-2被击落。而德方上报击落13架Pe-2,外加1架护航歼击机。被打得晕头转向的苏联机组人员战后报告消灭了6架德国战斗机,但德方实际损失仅为1架Fw-190。此战鲁道弗宣称在15分钟内击落6架苏机,包括2架Pe-2和4架IL-2,把个人战绩提高到了155架。

这场空战似乎也预示了方面军的战斗前景。26日拿下纳瓦后,在德军坚固的防御阵地面前,列宁格勒方面军裹足不前。这样波罗的海战区的重点又转向了南边:波罗的海沿岸第1方面军向立陶宛的希奥利艾(Siauliai)发展,而波罗的海沿岸第2方面军则从东北方向逼近拉脱维亚的陶格夫匹尔斯(daugavpils)。

此战区的红军飞行部队也得到了一些援兵。空军第3集团军接收了原空军第1集团军下属的2个军:弗拉基米尔·乌沙科夫(Vladimir Ushakov)少将指挥的第1近卫轰炸机军和叶夫根尼·别列茨基(Yevgeniy Beletskiy)少将的第1近卫歼击机军。前者下辖第3轰炸机师和第5近卫轰炸机师,共175架Pe-2。后者由第3近卫歼击机师(师长瓦西里·斯大林上校)和第4近卫歼击机师组成,有209架La-5和Yak-9。此外远程航空兵也派来了伊万·斯克科(Ivan Skok)上校率领的第334轰炸机师,该师装备着新型的Tu-2双引擎轰炸机。

增援部队立刻给前线加油添火:7月27日,斯克科上校放出了他的Tu-2去攻击希奥利艾以北的米多(Mitau)地区,总共62架Tu-2由56架歼击机护航,他们攻击了火车站,炸毁了20节车皮。但这次德军有所防备,第54战斗机联队第1大队已有战机升空,其中包括数名超级杀手压阵。在交火中3架Tu-2和1架飞蛇被击落,胜利者包括第54战斗机联队第1大队大队长、橡叶骑士十字勋章获得者(确认战绩超过150架)——霍尔斯特·艾德米特(Horst Ademeit)上尉;弗里茨·泰格米尔(Fritz Tegtmeier)少尉(战绩在100架以上);以及乌尔里希·沃赫内特(Ulrich Wohnert)少尉,那架飞蛇成了他的第60个战果。

眼见对手如此嚣张,红军派出马克·瓦夏金(Mark Vasyakin)中校的第12轰炸机团的27架Tu-2去攻击德军位于米多的机场。这一招出乎德国人意料,偷袭取得了很大成功。不过乌尔

▲ 东线一群Fw-190对地攻击机正在起飞,准备去袭击苏军。1844年7、8两个月,德国攻击机部队常一天要出动7到8次之多,他们主要攻击没有装甲的普通运输车辆,这些目标相对很容易被摧毁。而如果没有燃料和弹药补给,红军的坦克矛头就只能停顿下来,给德军以重组、完善防线的时间。

▲ 一排停在机场上的图波列夫Tu-2轰炸机。1944年7月，空军第3集团军得到了伊万·斯克科（Ivan Shok）上校的第334轰炸机师的加强，这个师装备了83架Tu-2。刚开始由于各种意外，导致该师损失严重。1944年他们损失了44架Tu-2，1945年只折损了2架。由于速度快，这种飞机很受飞行员们的喜爱。

▲ 一群德军Ju-88的飞行员正在做任务准备。1944年的夏天是德国轰炸机部队最后的时光。到秋天，由于燃料缺乏（原因：一是英美对德国燃料工业的战略轰炸，二是德军在东线丢掉了罗马尼亚的油田）德国最高统帅部不得不解散了绝大部分的轰炸机部队。

里希·沃赫内特少尉和他的僚机当时正在空中巡逻，德方用无线电把他们召回，沃赫内特在米多以西搜寻，找到了返航的苏机。他以一次精准的射击打中了瓦夏金中校的座机使其失控，瓦夏金及其机组人员不得不全部跳伞，但均未能生还。在这次空战中，沃赫内特宣称击落了2架Tu-2，他的僚机尤根·施特雷克（Eugen Streck）下士则取得了1个战果。而54联队第1大队在和苏军的这几次交锋中无一伤亡。

27日，波罗的海沿岸第2方面军拿下了陶格夫匹尔斯。但继续向里加（Riga，拉脱维亚首府）的推进变得越来越艰难，这和德军的空中打击不无关系。28日，第3攻击机联队和第4攻击机联队上报击毁了超过400台苏军车辆。

在顶住了苏军在波罗的海国家的进攻浪潮后，德国空军可以集中精力应付波兰方向的战局。在7月的第二和第三周，白俄罗斯第1方面军、乌克兰第1方面军继续发展胜利，横扫波兰西部和南部平原。德国第6航空队现在的主要任务就是阻止红军向华沙开进。

红军要夺占华沙，首先必须渡过维斯瓦河。该河将华沙分为两部分，其河东地区被称为普拉加（Praga），主城区则位于西岸。在24日夺取卢布林后，罗科索夫斯基命令第2坦克集团军转向西北，突向华沙以南的普瓦维（Pulawy）和登布林（Deblin），夺取维斯瓦河渡口，然后向华沙进攻。这一企图立刻遭到德军的空中压制。在24日的战斗中，红军在该战区著名的王牌飞行员、第149歼击机团的"苏联英雄"阿尔谢尼·莫罗佐夫（Arseniy Morozov）上尉牺牲。据目击者回忆，莫罗佐夫当时遭到多架德机居高临下的突袭，他在态势不利且以寡敌众的情况下仍挑落了2个对手，但随后他的Yak-9被击中起火，莫罗佐夫没有选择跳伞，而是驾驶着火的战机撞击了地面的德军行军纵队。莫罗佐夫事后被追授红旗勋章，他的个人最终战绩为24架。

此前德国攻击机部队对苏方重要的补给基地——莫洛杰奇诺、明斯克、大卢基、新索科利尼基等地的袭击取得了很大成功，现在他们把主攻方向对准了卢布林地区的第2坦克集团军。25日，第1轰炸机联队的He-177重型轰炸机对卢布林地区的轰炸造成了严重破坏。同一天，在华沙以东160公里，接近布列斯特-立托夫斯克（Brest-litovsk）的布格河，德军空袭了苏军步兵第80军的军部，第80军军长当场牺牲。但是空军的行动不能解救此前在这一带被包围的德军舍勒战斗群，在红军的围攻下，28日，该战斗群全军覆灭，指挥官瓦尔特·舍勒中将也被打死了。

现在第2坦克集团军冒着"敌方日益增强的空袭和燃料、弹药的严重短缺"艰难地向维斯瓦河挺进。28日夜间，德国第1轰炸机联队执行了其在战争中的最后一次任务，他们的He-177攻击了第2坦克集团军的驻地，有3架飞机在行动中损失。这次轰炸让苏军坦克的前进变得更加困难。由于缺乏燃料，德军总部就此将第1轰炸机联队撤出了战斗。该部队的成员返回德国，大部分成为新成立的第7战斗机联队的骨干，这个联队专门飞Me-262喷气式战斗机（当时德军上下普遍认为，飞惯了多引擎飞机的轰炸机飞行员更容易掌握Me-262的飞行技巧，因为Me-262是一种双发战斗机。后来的实战证明事实并非如此）。

29日，德军攻击机部队宣称在空袭中至少击毁了71辆苏联坦克。整个坦克集团军不得不暂时停顿了下来。利用这段宝贵时间，德军赶紧重新部署、增强了华沙地区的兵力。但为了眼前这点成就，德国空军特别是攻击机部队，其后备力量和燃料储备消耗得实在是太厉害了。战斗机部队一样前景黯淡。历史学家格布哈特·阿德斯（Gebhard Aders）和沃纳·赫尔德（Werner Held）这样描述1944年7月底的第51战斗机联队：

"仅有一小部分出击是进行真正的空战……由于敌方空中优势太大，我方Fw-189和Ju-88已经很难升空，只好用战斗机执行侦察任务……而且现在对方的优势已不仅仅体现在数量上，他们的飞机也比我们的好。Yak-9、La-5和La-7转弯半径更小，爬升更快。飞行员的技术水平也有了显著提高，一个涂装为红色机鼻的俄国近卫团更是可怕的对手……到7月底，我们的力量明显衰减了，第1大队能运作的飞机只有7架，第3大队有3架，而不久前完成换装第4大队还有9架可用的Bf-109 G6。"

7月29日，51联队获得的战绩仅有3架，但在比亚韦斯托克（Bialystok）附近的一场王牌对决中，约阿西姆·布兰迪（Joachim Brendel）上尉（总战绩为189架）取得了胜利，第162歼击机团的弗拉基米尔·肖格列夫（Vladimir Shchegolev）大尉的Yak-9被击毁，肖格列夫在阵亡前获得了14个个人战绩和3个集体战果。

强渡维斯瓦河

在苏联方面看来，其在波兰南部的进展还算顺利。白俄罗斯第1方面军和乌克兰第1方面军的联合攻势严重威胁着德国中央集团军群和北乌克兰集团军群的联系，并已将后者分割为两部分。苏联统帅部命令科涅夫元帅发起高速追击，剥夺德国人沿维斯瓦河建立防线的机会，同时渡过该河并建立登陆场。在7月的前4周，从桑河到维斯瓦河，在广阔的平原上，科涅夫下属的米哈伊尔·卡图科夫将军的近卫第1坦克集团军对已遭到重创的德国第4装甲集团军一路追着打，22日他们在雅罗斯瓦夫渡过桑河，接着在一周之内向西北方向推进了100公里，在桑多梅日（Sandomir）以南的巴拉努夫（Baranow）兵临维斯瓦河，7月30日，其先头部队已在河西建立了桥头堡。第13集团军和近卫第3坦克集团军也随后在此陆续过河。

在7、8月之交，从西乌克兰败退的德军地面部队乱成一团，根本无力阻止桑多梅日登陆场的建立，只能指望飞机了。用临时制作的简易器材渡河的红军步兵遭到了第2攻击机联队第2大队和第77攻击机联队的Fw-190的扫射，吃了大亏。由于地面部队推进的速度太快，和原有机场的距离过远，航程有限的苏联歼击机一时无法提供有效的掩护。

冒着德国飞机的狂轰滥炸，红军运来了重型桥梁。8月2日，在渡口附近的战斗中，德国攻击机宣称在河里打沉了28艘苏军渡船，而红军歼击机仅仅上报击落4架德机，保护力度明显太弱了。

但情况很快有了变化。第304歼击机师、第6近卫歼击机师、第12近卫歼击机师迅速转场到桑多梅日附近，俄国人甚至架设起了雷达来引导歼击机拦截德机。为上一次出动无一损失而沾沾自喜的第77攻击机联队第2大队，马上在8月5日遭到了报应：在飞蛇的拦截下，他们一次就被打掉了3架Fw-190 F8。当天空2集宣称在桥头堡击落敌机19架。7日，已有26次击坠记录（其中一半为分享战绩）的第438歼击机团团长——著名的红军王牌亚历山大·奥博林（Aleksandr Oborin）中校在桑多梅日登陆场上空的空战中击落了1架Bf-109和1架Hs-129（德国第9攻击机联队第10中队在战报中承认当天被苏联战斗机击落了2架Hs-129），随后他撞击了1架He-111（一说为1架德国战斗机），与之同归于尽。这位战争第一天就参战的老兵，苏联空军优秀的指挥员，牺牲时仅36岁，他于1945年4月10日被追授"苏联英雄"称号。

很快德国人就发现："俄国歼击机在桑多梅日上空力量强大，德国空军在本地区已无行动可能。"但相对2周之前，空军第2集团军的实力其实是有所削弱的。其下属的第8歼击机军、第10歼击机军和第321轰炸机师已经被转隶给空军第8集团军，而空8集已被红军最高统帅部列为战略预备队。

如前所述，丢掉了乌克兰的北乌克兰集团军群已被红军分割为两部分，向西逃到波兰的是第4装甲集团军，而第1装甲集团军和匈牙利第1集团军则向南撤退到喀尔巴阡山。这一来科涅夫就得照看两个相隔很远的战略方向：既要在右翼

北部争夺维斯瓦河的桥头堡，又要在左翼南面进攻地形复杂的山区。红军统帅部怕他难以兼顾，于是决定将科涅夫的左翼——近卫第1集团军和第18集团军分离出来，成立新的乌克兰第4方面军（后来又编入第38、第60集团军），由彼得罗夫大将指挥，而空军第8集团军将为这个方面军提供空中掩护。

现在维斯瓦河上游的桑多梅日登陆场日益巩固，但是在北方下游华沙地区，红军过河建立桥头堡的企图还是难以实现。7月29日，第2坦克集团军在空军第6集团军的IL-2的支援下重拾攻势。由于德国空军的注意力被吸引到南部的桑多梅日和北边的东普鲁士-立陶宛边境，行动之初红军飞机几乎完全控制了天空。晚间，苏军冲进了华沙东南40公里的谢尼察镇（siennica），从南方进逼波兰首都。7月31日，奥特沃茨克（Otwock）和拉济明（Radzymin）一线也被红军控制了，红军坦克离华沙只有15公里了！地面的进展很大程度上依赖于空6集助战，18日至31日，他们的出击次数高达12000次。

现在华沙城内已可以听到红军的隆隆炮声了，德国人的慌乱也被波兰人看在眼里。在伦敦的波兰流亡政府决定横插一杠，抢在红军进城之前从德军手里夺回华沙。8月1日，波兰国家军发动起义，并控制了华沙的部分街区。不过，这次波兰人又打错了如意算盘。如前所述，德国第6航空队此前的猛烈空袭在很大程度上迟滞了红军在华沙地区的攻势，让莫德尔有时间能够调来援兵、重新部署中央集团军群在维斯瓦河的防御。8月2日，德军的新锐力量，包括"赫尔曼·戈林"装甲师、党卫军"骷髅"师、党卫军"维京"师、第19装甲师、第4装甲师、第501重装甲营（装备虎王重型坦克，实力约等于1个装甲师）、第17和第45步兵师已经集结完毕，在大量飞机的支援下突然对红军发起反击！第2坦克集团军猝不及防，遭到惨重损失。特别是其下属的第3坦克军，由于位置过于突前，在华沙西北被德军三路围攻，元气大伤，6000余人被俘，余部只能溃退

（德军干脆宣称歼灭了这个军）。这样在维斯瓦河以东、华沙东区的普拉加，第2坦克集团军被迫转入防御，等待后续步兵集团军的到来。

在华沙南边，华沙和桑多梅日中间的瓦尔卡-马格努谢夫地区（Magnuszew），白俄罗斯第1方面军左翼的近卫第8集团军在8月1日夺取了维斯瓦河西岸的登陆场。4日，在华沙地区的反攻中取胜的"赫尔曼·戈林"装甲师、第19装甲师被调到这里。德军的猛攻虽然未能把近卫第8集团军赶下河去，但也让他们失去了继续西进的实力。这样，虽然在河西建立了几个桥头堡，但是苏联人的进攻在维斯瓦河沿线被全面遏制住了。随着红军兵败华沙城下，希特勒得以腾出手去收拾华沙城内的波兰国家军。1944年10月2日，华沙起义被德国人镇压。

华沙空运

对于波兰在第二次世界大战中的表现和作用，一直是战后的一个热点话题。毫无疑问，波兰人在反抗纳粹的斗争中不屈不挠，牺牲极为惨烈（但应指出的是，波兰人在犹太人问题上扮演的角色并不光彩），但是其流亡政府却不顾世界反法西斯战争的大势，认不清主要敌人，同时还高估自身的实力，外交手腕拙劣，在不断的讨价还价中逐渐丧失了本就不多的本钱，直到西方和东方的首脑都对其失去了兴趣为止。

1939年德国闪击波兰，迅速取得了成功，而对波兰一直有领土野心的斯大林也以保护侨民为借口，趁火打劫夺取了波兰西部的土地。这在波兰政府高层中埋下了仇恨苏联的种子，在苏军进攻华沙前横插一杠试图先夺取城市就是这种心理的集中反映。但斯大林对此的态度，与其说是不满，不如说是不屑：如前所述，连红军坦克军团一时都打不赢的德军，岂是只有轻武器的波兰人能对付得了的？

经过了史诗般的斗争后，面对压倒性优势的敌人，华沙城内的波兰起义军于1944年10月2日停止了抵抗。15000人被俘，包括起义总指挥博尔将军。在战斗中，约有18000名波军战士和15万平民被杀，德军伤亡约1万人。战后，根据党卫军全国领袖海因里希·希姆莱的命令，德国人开始系统地破坏城内的残余建筑。当1945年1月红军最终解放华沙时，70%的城区已变成了废墟。

对于华沙起义失败的原因则是众说纷纭。按西方的传统观点，当面红军是借刀杀人，放任德军消灭波兰人。但事实上，红军此前试图攻城但吃了败仗，第2坦克集团军遭重创，确实力量不足；而且在波兰国家军战斗的同时，红军做出了多次努力，试图进入城内，但均被德国人打了回去。

9月10日，白俄罗斯第1方面军（其下辖部队包括波兰人民军第1集团军）攻击了德军在华沙附近的维斯瓦河桥头堡，这一行动得到了新组建的波兰人民军空军的支援。波军第1歼击机团派出了Yak-1、第2轰炸机团派出了Po-2，与受苏军指挥的第611强击机团的IL-2共同出击，4天后红军占领了华沙郊区的普拉加。但苏军在维斯瓦河上架设的桥梁很快被德军摧毁了。

西方盟军做出了给华沙义军空投补给的尝试。8月4日晚至凌晨，14架英国皇家空军的轰炸机（其中一半飞行员为波兰籍）从意大利起飞，伞降了物资到城内。有5架飞机未能返航。英国皇家空军轰炸机司令部总共放飞了116个架次进行空投，而波兰人民军空军也先后派出了97架飞机空运补给。两方的总损失为34架，高达16%。

9月11日，斯大林终于同意美国利用苏联的米尔格德罗和波尔塔瓦的空军基地给华沙守军空运物资。从9月13日夜、14日晨起，苏军和波军飞机也开始投放武器和补给。到28日，他们共投下了55吨武器弹药、医疗用品供华沙起义军使用。

而美国陆航是盟军空运行动的最后参与者。首次行动日为18日白天，107架B-17"空中堡垒"投下了1248个补给品容器，仅有1架损失。第51战斗机联队第1大队的多恩巴赫（Dornbacher）少尉和京特·乔斯滕中尉各宣称打下了1架美机，后者的击坠记录达到了123架。至少有2架51联队第1大队的Bf-109 G6被"空中堡垒"的自卫枪手击落。

苏联方面的确曾拒绝了西方盟军利用苏控的波兰和白俄罗斯机场对华沙进行空投的请求。具体原因至今仍有争论。西方的结论无须多言，但俄国历史作家亚历山大·希洛科格拉德（Aleksandr Shirokograd）却提供了另一种解释。他指出苏方开始同意提供空军基地，但西方的一个条件将事情复杂化了：他们要求苏联准许那些忠于波兰国家军的波兰飞行员使用机场，而受流亡伦敦的波兰临时政府指挥的国家军一贯对苏联采取敌视态度，当时还在骚扰苏军后方，这自然超出了苏方容忍的底线。

9月18日，美国飞机飞临华沙，在投放物资后飞往米尔格德罗和波尔塔瓦，1架受伤的B-17则在布列斯特-利托夫斯克（Brest-Litovsk）机场着陆。在挂满苏制的FAB-250炸弹后，"空中堡垒"们在次日起飞，在回航的路上轰炸了索尔诺克（Szolnok，匈牙利城市）的铁路枢纽。

尽管英国皇家空军的四发重轰投放的物资最重，但一个常被人忽视的事实是，就架次而言，苏联空军和受其指挥的波兰人民军空军第1航空师，才是真正给华沙义军进行空运补给的主力。

激战波罗的海

8月份德军在维斯瓦河沿岸阻击战的成功很大程度上得益于空军的发挥。8月17日，德国空军在总结中宣称在此前6周内，在白俄罗斯和波兰一共击落苏机1217架，击毁坦克889辆。但由于四处充当救火队，德国空军拥有的资源，特别是油料补充，出现了明显不足的问题。所以当飞机集中到华沙战区时，波罗的海战区的德军就悲剧了。红军波罗的海沿岸第1方面军迅速突破了德军阻截，通过拉脱维亚北部直趋里加湾。为波罗的海沿岸第1方面军提供支援的空军第3集团军此前接收了一批援兵，包括第1近卫歼击机军和第1近卫轰炸机军。在此地的德军第2攻击机联队第3大队（装备Ju-87G型）大队长，德军最著名的攻击机王牌汉斯·鲁德尔（Hans-Ulrich Rudel）少校后来回忆：

"敌方空军在数量和出动频率上都很可观。漫天都是战斗机，但只有很少部分是咱们自己的：后方的补给出了问题。"

7月30日，波罗的海沿岸第1方面军的近卫机械化第3军第8旅攻入了里加西部的图库姆（Tuckum），31日，其继续前行的先头部队进抵克拉普卡尔恩斯，久违的波罗的海在这里汹涌澎湃！同日，红军又解放了叶尔加瓦。这意味着德国北方集团军群被孤立在北边的爱沙尼亚，沿波罗的海沿岸撤入东普鲁士的后路被切断了！8月1日凌晨，考纳斯也被白俄罗斯第3方面军占领。

德国人慌忙采取补救措施。他们发起反击，攻向波罗的海沿岸第1方面军位于立陶宛北部希奥利艾的左翼部队。德国空军也从芬兰调来了一个大队的攻击机（第5攻击机联队第1大队）和急需的油料，同时拼凑了86架Ju-52，将新组建的第31步兵师从东普鲁士运到拉脱维亚。在接下来的猛烈空袭中，鲁德尔少校在5日驾驶他的Ju-87G击毁了11辆苏军坦克，总战绩达到378辆，其中用37毫米机炮击毁约300辆。从当年6月初至今，他的战果就有80辆！8月5日，德军攻击机部队宣称在拉脱维亚地区击毁苏军坦克27辆。

7日14时45分，第54战斗机联队第1大队大队长的霍尔斯特·艾德米特上尉带领4架Fw-190在里加地区的克罗伊茨贝格（Kreuzberg）执行自由猎杀任务。15时17分，他们和10架苏机（IL-2和Yak-9）遭遇。3分钟后，艾德米特咬住了1架IL-2，但未能将其击落。随后战友们看到他追逐另1架红军强击机，他的僚机目睹大队长的Fw-190 A5和1架IL-2一起冲进了一团硝烟中，几分钟后，艾德米特的座机坠毁，很可能是被地面火力击杀。这位拥有600次出击记录和166架战果的超级王牌就此灰飞烟灭。

从第4攻击机联队的损失可以看出这段时间空战力度的增强：8月11日，他们损失了3架Fw-190 F8，12日损失4架，13日2架，14日的数据是4架。在此期间和前来拦截的苏联歼击机的空战中，第4攻击机联队第3大队上报有8个战果进账，主要是Yak-9。

随着维斯瓦河地区的境况逐步稳定，德国人将更多的战斗力量北移，以求打通中央集团军群和北方集团军群的联系。在德军总参谋长古德里安大将的建议下，希特勒将第17装甲师、"大德意志"装甲步兵师从罗马尼亚方向调来加强给第3装甲集团军。16日，重组后的第3装甲集团军（下辖第39、第40两个装甲军以及施特拉赫维茨集群）从立陶宛西部反攻，第二天就冲到了希奥利艾以西。19日，在执行一次反坦克任务时，鲁德尔少校的Ju-87被击落，少校本人的腿被打伤。但他很快克服病痛，又重返前线。

21日，施特拉赫维茨集群夺回了图库姆，这样，中央集团军群和北方集团军群恢复了联系。

同日，第54战斗机联队再遭打击，其第4大队的王牌飞行员西格德·哈拉（Sigurd Haala）中尉遭击落被俘，最终战绩40架。23日，未来全军第4号空战王牌、第54联队第1大队的奥托·基特尔（Otto Kittel）少尉的战绩攀上200架大关。

也在这一战区，苏军最新式的La-7首度亮相。La-7由La-5发展而来，和La-5的最好的型号——La-5FN相比，其发动机完全一样，但更轻，外形上做了修正使其更符合流体动力学，在6000米高度可以达到660公里的时速，比La-5快40公里左右，对Fw-190 A和Bf-109 G也有优势。和La-5FN一样，La-7在盘旋转向上可以胜过任何一种德国战斗机。这意味着继Yak-3后，红军飞行员又拥有了一种可以压制所有德国对手的坐骑（除了喷气式的Me-262，这种飞机已有少量在东线出现）。

第一个装备La-7的部队是第63近卫歼击机团，7月30日，他们开始换装，8月份编入空军第3集团军。8月24日，近63团的La-7首次出动就让德国人尝到了厉害：在和8架Fw-190、4架Bf-109的空战中，带队的阿列克谢·帕斯克维奇（Aleksey Paskevich）少校及阿福宁（Afonin）中尉、多罗费耶夫（Dorofeyev）少尉各上报击落1架Bf-109，苏机无一损失。

当天晚些时候，亚历山大·沃隆科（Aleksandr Voronko）少校指挥的6架La-7和6架Fw-190、4架Bf-109交火。战况仍是一边倒：苏方上报击坠3架Fw-190和2架Bf-109，己方均安全返航。到下午，近63团再次出击，与一批有战斗机掩护的德国攻击机遭遇。这回他们碰到了强手，德军阵中有数位超级王牌，虽然帕斯克维奇少校宣称打下了3架Fw-190，但La-7首次出现战损：波诺马连科（Ponomarenko）少尉和梅列霍夫（Melekhov）少尉被击落牺牲。通过比照德军战史，可知他们是被第51战斗机联队的安东·哈夫纳少尉和伯恩哈德·范克泰尔少尉（Bernhard Vechtel）打下的，哈夫纳少尉是当时51联队头号王牌，范克泰尔少尉则因93架击坠记录于7月27日荣获骑士十字勋章。

▲ 汉斯·鲁德尔，德国空军的象征性人物，德军最高荣誉——金钻石宝剑橡叶骑士十字勋章的唯一获得者。一生以杀伐征战为乐，永远没有畏缩和恐惧，他最著名的一句话是：只有自暴自弃才是最大的失败。

▲ 1名波兰人民军飞行员在他的Yak-9战机上。受苏联指挥的波兰航空兵在战争中一共出击5800个架次，宣称击毁1300台机动车辆、25辆坦克、290节车皮，并击落了16架敌机。自身损失飞机36架。

传奇的诞生：哈特曼的300胜

北线激战的同时，8月17日，在波兰南部、维斯瓦河上游的桑多梅日登陆场，德军集聚了一批坦克发动了一次猛烈反攻，试图将西岸的红军赶回河东。但和华沙地区不同，德国人的企图在这里遭到了彻底的失败，苏方的空军第2集团军放出了全部可运作的飞机迟滞敌人，IL-2的机组成员战后报告击毁了15辆德国坦克。

和地面部队的颓势相反，德国空军的战斗机部队在这里倒是战绩骄人。17日，第52战斗机联队第3大队大队长威尔海姆·巴茨上尉在桑多梅日附近报告击落苏机6架，累计战果超过200架。第二天仍是他的幸运日，他复制了前一天的胜利次数，总战果达到208！23日，第52战斗机联队第9中队中队长埃里希·哈特曼中尉在3次任务中一口气打掉8架苏机，总击坠数攀升至290架！第二天，联队所有人都等着他创造新的奇迹，哈特曼也没让大家失望：在两次出击中，哈特曼宣称取得了11次胜利，这样他的击坠记录站上了300架大关！人类空战史上第一位战绩达到300胜的超级王牌诞生了！在23、24日两天，德国战斗机飞行员上报在桑多梅日附近总共击落32架苏机，战果辉煌！

但是，事实真相究竟如何呢？

近年，俄罗斯航空历史学家狄米特里·哈扎诺夫（Dmitriy Khazanov）依据解密的苏联档案撰文指出，在1944年8月23至24日，苏联空军第2集团军在这一地区损失的飞机数为11架。7架损于地面高炮，1架毁于炮击，1架失踪，确认被德国战斗机击落的只有2架：1架为第208夜航轰炸机团的Po-2，另1架为第7歼击机军的飞蛇。

8月25日，哈特曼荣获钻石宝剑橡叶骑士十字勋章，成为第18名荣获这一极高荣誉的德国军人。这样，52联队第9中队出了两位钻石宝剑橡叶骑士：前一位为赫尔曼·格拉夫。

而联队的第1大队在8月底至9月初的桑多梅日空战中同样战绩彪炳。8月26日，弗朗兹·绍尔

8月25日，在同一空域的两次较量中，德国飞行员占据了上风，与一群Yak-9、IL-2混战后，他们报告击坠苏机5架，含3架Yak-9和2架IL-2，由第51战斗机联队联队部的海因茨·巴斯（Heinz Busse）中尉（他的第20至第22个战果）和另外两位王牌欧文·克拉夫特（Erwin Kraft）中尉（他的第6次胜利）、京特·海姆（Gunther Heym）少尉包揽。但当第63近卫歼击机团的La-7出现在天空时，形势发生了逆转。团长叶甫盖尼·戈尔巴丘克（Yevgeniy Gorbatyuk）中校亲自带领22架La-7，拦截了一个德国攻击机和战斗机的混合编队：20架Fw-190和哈夫纳少尉指挥的10架Bf-109。苏方在战后报告，他们消灭了8架Fw-190和1架Bf-109，其中沃隆科少校击坠3架Fw-190，伊格纳季耶夫（Ignatyev）中尉打下了2架福克。据德方档案，苏方记录大致准确，德国人承认他们确实损失了7架Fw-190和1架Bf-109。此前刚爽过一把的巴斯中尉和克拉夫特中尉均成了近63团La-7的手下败将。苏联方面仅有米罗诺夫（Mironov）中尉未返回，哈夫纳为德方挽回了点面子，没被俄国人剃光头。在5天后的另一场战斗中，伯恩哈德·范克泰尔少尉也被苏方击落负伤。

少尉击坠11架,安东·雷施少尉为7架,战果中大部为IL-2。这哥俩在31号继续大开杀戒,绍尔打下了13架苏机,总战绩达到109架,成为百架击坠王;雷施则在他的记分板上新增了7个战果,总数达到58架。从8月22日至9月3日,绍尔宣称取得了41次胜利,他因此荣获骑士十字勋章。9月2日,第1大队大队长阿道夫·博切斯上尉取得了联队历史上第10000个战绩,第52战斗机联队就此成为人类战争史上空前绝后的万胜联队!

不管这些炫目的战绩是否真实,一个事实是,到9月份,从波罗的海至维斯瓦河沿线,再到喀尔巴阡山,德军的绝地反击终于让苏联人暂时停止了西进的脚步,从6月底至此的红军夏季攻势也告一段落。无论在战术还是战略上,红军都取得了巨大的成功。

总结与未来

按照苏联的官方定义,巴格拉季昂战役结束于1944年8月29日。从6月22日起整整2个月的进攻中,200多万红军汇成的钢铁洪流如海浪般怒吼着冲毁了东部战线宽达1100公里的中央地段,向西奔腾涌动了550至600公里,一举收复了白俄罗斯、立陶宛和拉脱维亚的一部分,夺取了波兰的东部地区,将战火引入了德国本土!在这个大放血之夏,德国中央集团军群的大批精锐师团被红色海洋所淹没,到战役尾声时,除了一些残兵败将和遭到重创的第2集团军外,中央集团军群几乎完全是依靠援兵拼凑而成的,大量身经百战的老兵和优秀的指挥官永远消失在白俄罗斯大地上,老的中央集团军群事实上已经不存在了,这也意味着德军在东线最后一个完整的精锐重兵集团被彻底终结。激战也让双方的空军都元气大伤。在巴格拉季昂战役中,苏联空军损失飞机822架,加上西乌克兰之战中空军第2集团军在7月份损失的501架,苏联空军在夏季攻势中一共报销了约1500架飞机。他们的对手战损数字为1000架左右。但在东线,一下失去众多经验丰富的老手,对德国空军而言也是没有先例的。例如

▲ 1944年9月2日,在克拉科夫(Krakow)北边的祖洛瓦(Mzurowa)机场,第52战斗机联队第1大队大队长阿道夫·博切斯上尉在返航后接受战友们的喝彩。这次他取得了他个人第118个、全联队第10000个战果。在前一天,全联队的战果是9983个。9月2日9时36分,博切斯上尉带领4机编队起飞,与一群IL-2及其护航歼击机遭遇。在交火中,有5架IL-2、2架Yak-9、2架飞蛇被击落,其中3架归功于弗朗兹·绍尔少尉,阿道夫·博切斯上尉和安东·雷施少尉梅开二度。紧接着,52联队第1中队的放出了1个四机编队,他们同样碰到了苏军的IL-2和歼击机,并报告击落了2架IL-2(均为内里希上士的战果)和1架Yak-9。14时前,4名3大队的飞行员升空,后上报消灭IL-2和苏联歼击机各1架。这时全联队的战绩是9997,当阿道夫·博切斯率领4机于14时48分起飞执行自由猎杀任务时,所有人都怀着激动的心情等待他们创造历史性的一刻。但这一回,大队长他们扑了个空。不过博切斯没有让大家失望多久。稍后,15时42分,他再度出动,担任他僚机的是内里希(Nehrig)上士,此外一对双机是卡尔·穆兹少尉和曼弗雷德·埃贝魏因(Manfred Eberwein)少尉。他们袭击了一群由Yak-9护航的IL-2,交锋中他们出师不利,被Yak-9缠住,15时47分,埃贝魏因少尉被击坠。但德国人还是设法摆脱了护航机冲向了IL-2,从15时55分至15时57分,穆兹、博切斯、内里希秒杀了3架IL-2,大功告成。当天,全联队损失了5架Bf-109,其中4架属于第1大队。

第1攻击机联队在7至8月折损76架，同一期间第10攻击机联队的损失为73架。从西线调来的第11战斗机联队第3大队，从6月末参战，只打了2个月就有23名飞行员伤亡，一点不比同期留在西线、与英美航空兵对抗的第2大队少。9月初，3大队被撤出了一线战斗，所遗缺口只能由那些缺乏经验的菜鸟去弥补。

同样因为伤亡惨重，德军著名的王牌部队——第54联队第4大队也在9月份撤离东线。仅在7月该大队就注销了31架飞机，其中战损21架。在东线的最后4周，大队有10名飞行员伤亡。

从6月22日至8月29日，在与德国中央集团军群和北方集团军群的战斗中，红军阵亡和失踪178507人。其中波罗的海沿岸第1方面军41248人，白俄罗斯第3方面军45117人，白俄罗斯第2方面军26315人，白俄罗斯第1方面军65779人，第聂伯河舰队48人。而配属给白俄罗斯第1方面军的波兰人民军第1集团军（总兵力79900人）在战役期间阵亡和失踪1533人。

德国中央集团军群在1944年6月20日至8月31日承受了399096人的伤亡。其中：第2集团军阵亡7080人，战伤32833人，失踪12976人；第9集团军阵亡2955人，战伤13957人，失踪64762人；第4集团军阵亡8015人，战伤29838人，失踪113115人；第3装甲集团军阵亡8311人，战伤33508人，失踪72066人。

而整个东线德军从6月1日至8月31日的总损失更是2倍于中部战线：71685人阵亡，325381人战伤，503564人失踪，总损失高达900630人！造成这一结果的原因是德军在东线南部还将遭遇一场不亚于巴格拉季昂战役的大惨败，那就在东线南部的喀尔巴阡山，罗马尼亚战区。

◀ 1944年9月2日，第52战斗机联队联队长迪特里希·赫拉巴克中校在祖洛瓦机场从他的Bf-109 G6座驾中走出。赫拉巴克是二战德军中资历最深的军官之一，从1936年起他就成为1名战斗机飞行员，完整的经历了第二次世界大战，执行任务超过1000次。1939到1940年，他参加了闪击波兰和法国的战斗，在不列颠之战中和英国皇家空军交手；1941年在南斯拉夫和希腊；"巴巴罗萨"行动之后在苏联，他无役不与，直到战争结束。战争爆发时赫拉巴克在第54战斗机联队服役，1942年11月1日，他成为第52战斗机联队联队长。1年又11个月后，他把职务移交给赫尔曼·格拉夫，自己飞到被封锁的库尔兰半岛接任第54战斗机联队联队长，7个月后，德国战败。他对下属有一句名言："如果你带着战果返航，却损失了你的僚机，那你其实是打败了"。他的个人击坠记录为125架。迪特里希·赫拉巴克逝世于1995年9月15日。

终结的开端

第九章 CHAPTER 09

红星闪耀喀尔巴阡山

在1944年的夏天，东线各处炮火连天，在红军排山倒海般的打击下，德国的重兵集团一个接着一个的完蛋：中央集团军群几乎全军覆没，北方集团军群和北乌克兰集团军群也被打得丢盔弃甲丧师失地。只有最南边的罗马尼亚战区还算平静。不过，对驻防罗马尼亚的德国南乌克兰集团军群和罗马尼亚王军而言，他们的好日子马上就要到头了。

罗马尼亚地区的重要性对希特勒来说是不言而喻的，如果此处被苏联夺占，那么失去罗马尼亚大油田的德国将会被剥夺主要的能源来源。但是德军在罗马尼亚的兵力并不充足，特别是装甲机动兵团，如前文所述，其在6至8月份大部被调往北方，用于波兰地区和波罗的海沿岸的反击了。因此德国人不得不在相当大的程度上依靠他的盟友罗马尼亚军队。而随着德国在战场上的失利，罗马尼亚人的忠诚度越来越值得怀疑了。

在1944年8月初，罗马尼亚地区双方战线大致呈一个"7"字型，基本情况如下：在北方，德军左翼依托着喀尔巴阡山脉，在那里德军没有被迂回的危险，正北面是一道东西走向的山地，过了这道山地后，地形逐渐向下延伸，接着又向上重新抬高，形成第二道东西走向的山地，在这两道山地之间，坐落着雅西市，过了第二道山地就进入了平原，在东北方向地形比较平坦，因而比较有利于机械化部队的运动，但同时有两条由西北流向东南的河流：由东向西分别为德涅斯特河（Dnister）和普鲁特河（Prut）。

隔着北方第一道山地，苏军部署了马利雅夫斯基大将的乌克兰第2方面军，其机动兵团为第18坦克军、第23坦克军、第5近卫骑兵军；此外有第6坦克集团军作为远程突击力量。与之对峙的是德国第8集团军和罗马尼亚第4集团军；双方的争夺焦点在雅西。而东部托尔布欣大将的第3乌克兰方面军则基本沿着德涅斯特河呈西北-东南走向与轴心国军队对峙，且在西岸基茨坎地段拥有一个150平方公里的桥头堡。除一线步兵外，他的突击部队只有第4近卫机械化军和第7机械化军。其主要对手是德国第6集团军和罗马尼亚第3集团军。

红军意图以2个方面军分别从北部的雅西地段

和东部基茨坎地段进行突破，并抢在撤退的德军之前抵达、封住普鲁特河渡口，将德国南乌克兰集团军群主力——主要是第6集团军——歼灭在普鲁特河以西。而最为强大的第6坦克集团军将向更远的南部、罗马尼亚纵深发展，一旦目的达成，德军将陷于内外2个包围圈内，根本无法逃脱！

和白俄罗斯、乌克兰之战一样，红军也为这次进攻准备了大量的航空兵力。空军第5集团军（配属给乌克兰第2方面军）和空军第17集团军（配属给乌克兰第3方面军）总共集结了1759架飞机为此次战役提供空中支援。

1944年8月20日，恐怖的"红色风暴"来袭！在北翼的红军专拣软柿子捏，用炮火重点轰击罗马尼亚人防守的地段。在空中，IL-2以12至24架，甚至整团的规模出动，突击敌人后方的通信枢纽和后勤基地。所有的攻击行动都得到歼击机的强力护航。由于没有意料到喀尔巴阡山区会承受重点进攻，对这么大阵势缺乏心理准备的罗军只打了半天就迅速崩溃，中午，马利诺夫斯基命令第6坦克集团军进入战场，向纵深猛冲！

轴心国空军——德国第4航空队和罗马尼亚空军在本战区一共有约700架飞机（其中包含约300架战斗机）——从战役一开始就失去了主动权。在战斗的第一天，空军第5集团军宣称击落43架敌机，己方仅损失2架。由于上空有力的保护伞可靠地掩护了突击集团，当天德国轰炸机甚至未能向乌克兰第2方面军投下一颗炸弹。在为数不多的空中较量中，第179近卫歼击机团的飞行员亚历山大·季亚奇科夫（Aleksandr Dyachkov）表现最为出色，他驾驶La-5击落了2架Fw-190和1架罗马尼亚的Savoia轰炸机。

在战区东部，在铺天盖地的炮火准备后，乌克兰第3方面军的3个步兵集团军以密集阵形从基茨坎桥头堡蜂拥而出，同时伴以猛烈的空袭，给德军极大的震撼。德国第6集团军下属第306步兵师首当其冲。时任德军第306步兵师营长的汉斯·迪比什（Hans Diebisch）上尉后来描述：

"俄国战斗轰炸机空袭了我军防线主要地段和后方，打哑了火力支撑点，接着俄国步兵立马就杀了进来。我们企图撤退，却陷入飞机、迫击炮和机枪交织而成的火网，被打得非死即散。"

空地一体的联合绞杀让第306师一半的兵力几乎瞬间化为乌有，红军打开了进攻通道。德国空军的增援部队，包括第52战斗机联队第2大队、鲁德尔少校的第3攻击机联队第3大队被紧急调来，但也无能为力。8月23日，第52战斗机联队第2大队只上报击落2架敌机，自己的却损失了3架Bf-109。特别倒霉的是，其中1架是由联队著名的王牌，101架战果在身的海因茨·萨森贝格（Heinz Sachsenberg）少尉驾驶的，少尉本人身负重伤，但幸运地活了下来。后来传说他是被美国的P-51击落的。但据近年的深入研究，当天该空域并没有美国飞机参战。第52战斗机联队史作者贝恩德·巴尔巴斯认为，真正打掉萨森贝格的是1架苏军歼击机。

21日，轴心国阵地被全面突破！下午，红军占领了雅西。22日，战役才打了3天，乌克兰第2方面军已沿着宽120公里的大破口突入纵深60公里；乌克兰第3方面军也沿着130公里正面深入70公里。德罗联军大势已去。位于战线中央的第6集团军最为凶险，被2个方面军两翼包抄了！现在他们只能指望通过普鲁特河渡口西撤向罗马尼亚内地逃跑了，不过苏军的攻势也指向了同一地点！

当红军汹汹杀来之际，德军身边的罗马尼亚"朋友"的行为也变得越来越诡异。眼见德国人必然失败，罗马尼亚人内部发生了分裂，23日，布加勒斯特发生政变，独裁者安东内斯库元帅被拘禁，新政府决定和苏联停战。希特勒接报大怒！他命令驻罗德军立刻行动起来，胁迫罗马尼亚人继续打下去，同时命令第4轰炸机联队第1大队和第2攻击机联队第1大队空袭罗马尼亚首都罗政府驻地。希特勒的强硬态度让德罗两国关系更加恶化！两个前盟友的军队发生交火。在如此混乱的情况下，一些罗马尼亚战斗机飞行员无所适从，干脆德机苏机一块打！8月25日，罗马尼亚对德宣战。

◀ 一对罗马尼亚第7战斗机大队的Bf-109 G正准备起飞。从1941年初起，该大队就装备着Bf-109，一些最优秀的罗马尼亚战斗机飞行员也曾在该大队服役，包括：康斯坦丁·坎塔库济诺（Constantin Cantacuzino，罗军最高王牌，69胜），亚历山德鲁·谢尔伯内斯库（Alexandru Serbanescu, 55胜）和伊万·米鲁（Loan Milu, 52胜）。机头可见米老鼠标识，这是他们的特色涂装。1944年8月，罗马尼亚倒戈后，德罗两军的Bf-109刀兵相见，尽管罗军飞行员在1941到1944年期间对付苏军和美军战机时表现相当不错，但碰到了更成熟老到的德国空战精英时就完全不是对手了。1944年9月，罗纳尼亚空军只击落了4架德机，自身损失高达25架，一些最顶尖的罗马尼亚战斗机飞行员也在和德国人的交锋中败下阵来。而他们的主要对手，就是德国第52战斗机联队第2大队。

在德国人腹背受敌的大势之下，红军2个方面军开始发展胜利，完成了双重包围圈！在空军的支援下，苏军坦克矛头进展顺利，抢在撤退的德国人之前夺占了位于胡希、列乌舍内、列奥沃的普鲁特河渡口，将德国第6集团军和第8集团军一部20余万人堵在普鲁特河以东、基什尼奥夫以南地域。一份苏军文件总结道："在成功合围敌军的过程中，航空兵发挥了巨大的作用。他们卓有成效地打击敌军，破坏渡口，为我进攻兵团创造了有利条件。"

对德军而言更麻烦的是，在罗马尼亚腹地的罗军也造起反来！25日，德军空袭布加勒斯特，罗马尼亚空军反应很快，立刻操纵着德国提供的Bf-109升空，在交战中，罗马尼亚空军第7大队和第9大队击落了德国第4轰炸机联队第1大队的2架He-111和第2攻击机联队第1大队的2架Fw-190。罗马尼亚战斗机也没有放过向驻罗德军运送援兵的运输机。26日，罗空军第9大队上报击落德机8架（2架Bf-109、2架Bf-110、2架Ju-52和2架Me-323）。

在北部，空5集的部分和空17集的全部飞机在基什尼奥夫西南包围圈上空无处不在，仅在25至26日，空17集就出动943个架次，大肆播撒死亡的种子。被围德军大部在普鲁特河两岸被歼，部分冲过普鲁特河的也在更西面的锡雷特河沿岸覆灭，最终逃出生天的仅有不到2.5万人。

8月30日，一路向罗马尼亚内地狂奔的第6坦克集团军拿下了普洛耶什蒂油田。这意味着往后德国只能依靠少量的储备和匈牙利油田来维持庞大的战争机器。8月31日，红军坦克开进了布加勒斯特，并得到了数以万计的市民的欢迎。这也意味着罗马尼亚战役基本结束，德国的残兵败将艰难越过东喀尔巴阡山逃向匈牙利。在短短10天的战斗中，德国南乌克兰集团军群遭到了和中央集团军群一样的命运。

在罗马尼亚战役打响前，德罗联军拥有约90万地面野战兵力，而红军约有130万人。考虑到德罗联军有坚固而完善的防线，苏联人的优势并不是很大。但是红军的飞机数量明显压倒了对手，这也是他们获胜的关键因素之一。在这场苏式闪击战中，轴心国军队40万人被歼，其中20.86万人被俘。而苏方的损失相对非常轻微，仅有13197人阵亡，111架飞机被毁。

9月20日，元气大伤的南乌克兰集团军群被更名为南方集团军群。在1个月前还能聚集50万堂堂之阵的大军，现在只剩下20万人的惊弓之鸟了。

库尔兰口袋

到1944年8月末，白俄罗斯、乌克兰之战结束后，红军已经杀出了国土，但在东普鲁士边境、波兰维斯瓦河沿岸遭到德军全面反击，暂时无法西进。

同时期的西方盟军也遭遇了类似的境况。在诺曼底防线坍塌后，德军从法国撤离，且战且退，在法德、比德边界以及荷兰南部地区，德国人逐步站稳了脚跟，虽然在坦克数量上的优势达到了20:1，飞机上更是有25:1的优势，但盟军一路横扫的势头被遏制，被挡在了德国本土之外。在意大利，尽管盟军无论是地面兵力还是航空兵力都远超德军，但德国人依据复杂地形顽抗，盟军也无法达成战略突破。

与此同时，希特勒的救命稻草，也就是所谓的"奇迹武器"开始逐一登场。喷气式的Me-262和Ar-234在西线天空出现，但根本无法抗衡盟国飞机在数量上的巨大优势。除了飞机外，还有超重型的虎王坦克，以及V-1、V-2飞弹。6月份，首批V-1空袭伦敦。9月初，更先进、威力

◀ 1944年9月，第140轰炸机团团长格列楚欣（Grechukhin）中校正驾驶Pe-2在爱沙尼亚上空执行他的第140次任务。第104轰炸机团隶属第276轰炸机师，该师在1944年9月夺回爱沙尼亚的战斗中战果累累。期间最成功的一次战斗发生在9月19日，第276轰炸机师下属45架Pe-2在第27近卫歼击机团和第40歼击机团50架Yak-9的掩护下，对爱沙尼亚的铁路交通进行了轰炸，带来了很大的破坏。

◀ 在罗马尼亚投降后，1架苏联的Li-2——其实就是C-47的苏联版本——在康斯坦察附近的机场卸货。

◀ 第140轰炸机团的阿纳托利·马林大尉（Anatoliy Malin，左）是空军第1集团军在战争后期表现最杰出的轰炸机飞行员之一。在他的Pe-2座机上，可见他的个人标志：一头搬运炸弹的熊。到1945年3月，马林共有182次出击记录。战后，他被授予"苏联英雄"称号。

更大的V-2也投入使用。

但对希特勒而言，更致命的危险还是在东线。8月20日，红军发起罗马尼亚战役，近百万德罗联军不堪一击，倒霉悲催的第6集团军在斯大林格勒被消灭一次后，在罗马尼亚又一次遭到被全歼的厄运。现在罗马尼亚人已经掉转了枪口，和乌克兰第2方面军尾随撤退的德军杀入了匈牙利南部。而乌克兰第3方面军则穿过罗马尼亚向西南欧横扫，巴尔干的轴心国势力如多米诺骨牌般倒下：在苏军的进逼面前，德国的盟国保加利亚选择了投降，并在9月5日对德宣战。当托尔布欣的大军攻入南斯拉夫时，希腊和南斯拉夫大部分地区的德军都迅速卷起铺盖，溜之大吉。

在东线北部，迫于北极熊的巨大压力，芬兰在9月4日宣布退出战争。苏联的下一步打算无疑是乘势消灭德国部署在波罗的海国家的全部军队。波罗的海沿岸第1、第2、第3方面军将发动全面进攻，3个空军方面军共2643架飞机配合他们的行动。其基本思路是，北面的波罗的海沿岸第2、第3方面军攻向里加，而波罗的海沿岸第1方面军则变更部署，将攻击方向由北转为西和西南，沿着希奥利艾-梅梅尔轴线向德军的深远后方突击，冲向海边，彻底斩断北方集团军群和东普鲁士的联系，为将来歼灭波罗的海沿岸的全部德军创造有利条件。

9月14日，波罗的海沿岸第2、第3方面军首先挑起战斗。在进攻首日，双方飞机激烈交火。第54联队第1大队大队长弗朗茨·爱森纳赫（Franz Eisenach）上尉在一天之内击落苏机9架，把击坠记录提高到100架。在他的战果中包括第68近卫歼击机团伊万·格拉乔夫（Ivan Grachyov）少校驾驶的飞蛇，格拉乔夫在牺牲前总共获得了13个个人战绩和4个集体战绩。

第二天，德国第4攻击机联队遭苏军狠揍，被击落了8架Fw-190。在4周前进入本战区、装备La-7的第63近卫歼击机团成为他们最大的苦主，当天近63团宣称击落17架Fw-190而己方无一损失。此外第137近卫歼击机团的帕维尔·伊万诺夫（Pavel Ivanov）上演大四喜，战果均为Fw-190。德军方面，爱森纳赫上尉、卡尔-海因茨·科德斯（Karl-Heinz Cordes）少尉以及第54战斗机联队第2大队的赫尔曼·施莱茵赫格（Hermann Schleinhege）少尉均上演帽子戏法，2大队的格尔哈特·蒂本（Gerhard Thyben）少尉则宣称击落4架苏机。16日，蒂本少尉继续他的胜利，5架苏机成了他的手下败将，包括3架La-5和2架Yak-9。同日，另一个刚刚装备La-7的团：第32近卫歼击机团牺牲了2名飞行员，不过尼古拉·切尔诺乌索夫（Nikolay Chernousov）大尉上报击落了4架Fw-190。

9月19日，德军又在里加附近损失了几架飞机，著名的坦克杀手、拥有60辆战绩的第3攻击机联队第10中队（反坦克）的约瑟夫·布卢梅尔（Josef Blumel）上士的Ju-87被击中，坠向苏军控制地域，布卢梅尔成功地将飞机迫降，但他和他的通信员均被抓获，后遭处决，原因至今不明。

随着第176近卫歼击机团的到来，本战区出现了更多的La-7。拥有未来反法西斯盟军头号空战王牌伊万·阔日杜布少校的该团很快成为德国空军最强劲的对手之一。22日，阔日杜布驾驶着他新的La-7座驾一举击落了第3攻击机联队的2架Fw-190，总战绩攀升到48架。

10月5日，已完成变更部署的波罗的海沿岸第1方面军开始冲击，攻向德国第3装甲集团军，为此大本营特地将近卫第5坦克集团军调到了这个方向。德国人直到最后才明了苏军的企图，已来不及做出反应了。因连续数日大雾，空军第1集团军一开始并不活跃，但在10月6日他们取得了一次重要胜利，第51战斗机联队第3大队的京特·沙克上尉被一架苏联歼击机击落，拥有161架战绩的沙克虽然生还但也负了伤。

4天后，波罗的海沿岸第1方面军就在梅梅尔（Memel）以北打到了波罗的海海岸！北方集团军群只能转身向北退却，被孤立在所谓的"库尔兰口袋"中，无法支援其他地段的行动。希特勒拒绝了集团军群司令官费迪南德·舍尔纳大将

▶ 1944年9月，一群第104轰炸机团的Pe-2在爱沙尼亚上空执行任务。通过座舱下的标识判断，近景的这架就是阿纳托利·马林大尉的座机。

从海路撤退的建议，要求北方集团军群就地死守，保持侧翼威胁以延缓苏联人攻击德国本土。这样苏军不得不继续在此战区分派后勤资源并保持相当大的兵力。

眼看北方集团军群连连败退，负责给他们提供空中掩护的库特·普夫卢格拜尔（Kurt Pflugbeil）将军的第1航空队也是一样没招。第1航空队下属的战斗机主力为第54战斗机联队，这个以"绿心"标识闻名的德国空军老牌精锐现在只剩下残山剩水：原有的4个大队现在东线的只剩下2个，第3大队早在1943年初就调到西线去了，第4大队因为伤亡太大于1944年夏季被遣回本土。不过和当时大多数德军战斗机联队一样，其第1、第2大队在1944年8月将下属中队从3个扩为4个。当库尔兰之战开始时，他们得到了第51战斗机联队第10中队（前第8中队）的加强，10中队中队长是我们的老熟人：51联队头号空战王牌安东·哈夫纳中尉。他于10月14日打下了2架Yak-9，接下来数天内连续击落6架苏机，战绩站上了200架大关。

13日，波罗的海沿岸第3方面军解放了里加。随后，该方面军解散，所属部队被另两个波罗的海方面军瓜分。原来配属给他的空军第14集团军被收为最高统帅部预备队。剩下的第1、2波罗的海沿岸方面军在空军第3集团军和空军第15集团军的支援下，向库尔兰半岛进攻。进攻发起日为10月16日。与此同时，白俄罗斯第3方面军也开始向东普鲁士进发。但这两个攻势都未能获

得成功。一周后，向库尔兰的进攻暂时停止了，此间德军报告击毁了约80架苏联飞机。

也在这段时间，德国第6航空队获得了援兵，其作战序列重整如下：

第4航空师，司令官弗朗茨·罗伊斯（Franz Reuss）中将，驻东普鲁士；

第1航空师，司令官罗伯特·富克斯（Robert Fuchs）少将，驻波兰中部；

第8航空军，1944年7月从第4航空队转来，由汉斯·塞德曼将军指挥，驻波兰南部；

而因为燃料缺乏，德国统帅部已经解散了第9航空军下属的大部分轰炸机部队，1944年9月，这个军干脆也被注销了。

为了死守东普鲁士，第4航空师得到了很大加强：从库尔兰半岛调来了第51战斗机联队第3大队，从第8航空军转隶第52战斗机联队联队部、第1大队和第3大队。这样在小小的东普鲁士，德国人一下子囤积了800架飞机！当面莫费伊·赫留金将军的苏联空军第1集团军立刻感到对方抵抗力度大大增强：不过这也说明，苏联空军已经取得了巨大的进步，就是面对那些身经百战的德军王牌，也可以进行正面对抗了。

在东普鲁士，德国空军还遭遇了一个特殊的对手，那就是由"自由法国"飞行员组成的"诺曼底-涅曼"歼击机团，该团装备着Yak-3。10月16日，法国人获得了一场大捷，上报击落了16架Fw-190，8架Bf-109和5架Ju-87，己方无一伤亡。和"诺曼底-涅曼"飞行团同属一个师的第30近

卫歼击机团不甘示弱，同样宣称打了德国人一个18：0，战果均为Fw-190。

在当日下午，120架德国攻击机在战斗机的掩护下轰炸苏军坦克集群，空战达到最高潮。第51战斗机联队上报以损失5架的代价击落苏机13架，其中大部分为攻击机，歼击机只有4架。而第52战斗机联队有6架飞机损失，1大队战果超过百架的大王牌鲁道夫·特伦克尔（Rudolf Trenkel）中尉被击落，好在他跳伞生还。第18近卫歼击机团的伊万·格涅兹季洛夫（Ivan Gnezdilov）大尉后来回忆：

"德寇飞机不顾重大伤亡，拼死迟滞我方地面部队的进攻。在10月16日的空战后，他们出动的频率变低了，但是规模更大，同时伴以战斗机的强力掩护。"

10月17日，"诺曼底-涅曼"团获得了12个战果（9架Fw-190，3架Bf-109），自损2架。而第51战斗机联队遭遇重大打击：虽然他们上报击落了4架Pe-2和4架Yak，但是联队在二战中的头号空战王牌——安东·哈夫纳中尉阵亡！

哈夫纳中尉出生于1918年，1940年参战，因战绩彪炳荣获橡叶骑士十字勋章。在他的最后一战中，他带领的四机小队全军覆没，他本人被一架Yak击坠身亡。他的个人最终战绩为204架（其中东线战果184架）。

在10月16至18日，第18近卫歼击机团收获了40个战绩，己方无一伤亡。德国第4攻击机联队的损失大部由其造成，为了攻击红军坦克部队，在16至20日，后者付出了17架Fw-190的代价。

德国空军的坚决抗击阻止了红军首次进攻东普鲁士的尝试。在Fw-190和Ju-87的支援下，德国第4集团军集结起装甲力量，突袭了安格拉普河（Angerapp）地区的苏军。两军坦克激战一场，红军被迫退却。

10月27日，苏军再次向库尔兰口袋发起进攻，当天第54战斗机联队宣称击落57架苏机。第二天，54联队第2大队大队长埃里希·鲁道弗上尉在战后报告击落了11架苏机，把总战绩提高到209架。

巴尔克霍恩的奇迹

虽然红军无法取得大的战略突破，但不断的零打碎敲也让德国军队消耗很大。8月到10月，东线德军蒙受了67.2万人的伤亡，只得到了20.1万人的补充兵。而从6月到10月，德国空军在东线有3650架飞机毁伤，同一时期，巴尔干和意大利战区毁伤数字为1014架。

▲ 1架"诺曼底-涅曼"歼击机团的Yak-3。该团从1943年春即在东线作战，在整场战争中取得了273次空战胜利。战争结束后，苏联政府允许这些法国飞行员回国时带走他们的座机。1945年6月20日，当他们的Yak-3降落在巴黎时，得到了市民们狂热的欢迎。

▲ 1架第3攻击机联队第10（反坦克）中队的Ju-87G。这个反坦克单位与1944年春在拉脱维亚成立，1944年4月参加了克里木的战斗，在1944年剩余时间内辗转于拉脱维亚、立陶宛和东普鲁士。1945年1月，他们改变番号为第9攻击机联队第3（反坦克）中队，换装Fw-190 F9型战机直至战争结束。

在年内，匈牙利战区的南方集团军群在第4航空队和匈牙利军队的帮助下，和一路追来的乌克兰第2方面军（空军第5集团军支援）、乌克兰第3方面军（空军第17集团军支援）拼死战斗。11月，苏军已经进抵匈牙利首都布达佩斯。不过直到圣诞节，红军才完成了包围。

在养了几个月伤后，第52战斗机联队第2大队大队长格尔哈特·巴尔克霍恩少校终于复出，11月14日，巴尔克霍恩打下1架Yak-9，个人击坠记录达到了275架。在接下来的数周内他连续击落26架飞机，1945年1月5日，他梅开二度，成为史上第二成功的战斗机飞行员，总战绩达到300胜，达到301架。不过他的好运也就此终止了。随后他被调往西线，至终战日再未能取得一次胜绩。

库尔兰口袋艰苦的争夺还在继续。在波罗的海沿岸，从9月14日到11月24日，苏联方面记录了779架飞机的损失。作为最重要的对手，第54战斗机联队在同期宣称取得了约600个击坠记录。一个明显的事实是，苏联人把波罗的海战区当成了新飞机的试验场，La-7最先就是出现在这里的。从10月25日至12月25日，空军第3集团军下属的第163歼击机团还对新式的Yak-9U也进行了实战测试，在398次出击中和德机交锋18次，上报击落27架Fw-190和1架Bf-109，己方仅损失3架，2架毁于空战1架被高炮击落。不过比照德方战史，可知苏方大大高估了战果。12月份，空军第3集团军宣称击落148架德机，但德国第1航空队下属的主力：第54战斗机联队和第3攻击机联队第3大队实际的损失连20架都不到。

矛与盾

1944年下半年红军的大进军让"第三帝国"损失惨重。1944年6至11月，德国国防军死亡、失踪和被俘145.7万人，其中约三分之二消失在东线。不过秋天的防御战说明，讲东线德军已就此终结还为时尚早。到年底，德军还可以在对苏作战中拼凑约200万人，以及一些当时最精良的武器装备。

▶ 安东·哈夫纳，1918-1944。

严重的消耗让东线德国空军的实力从1944年6月份的2085架飞机下降到1945年1月份的1875架。不过攻击机部队大多集中到了东线，攻击机的数量1944年6月是580架，7月份下降到520架，但1月份的数字回升到620架。在对柏林威胁最大的东普鲁士、波兰地区，德军部署了主力：1060架飞机，归属冯·格莱姆中将的第6航空队指挥。

北线红军准备以2个方面军进攻东普鲁士：伊万·切尔尼亚霍夫斯基将军的白俄罗斯第3方面军从北翼突击，而白俄罗斯第2方面军则部署在切尔尼亚霍夫斯基和朱可夫的中间位置。在扎哈罗夫大将的第一次东普鲁士攻略失败后，他被解职，白俄罗斯第2方面军司令员的职务由罗科索夫斯基元帅接任。

在空中，苏军空军第1集团军和空军第4集团军将从南北两个方向合击东普鲁士的德国飞机。赫留金和维尔希宁这对老搭档又将联手发动对德国本土的首次大规模空中打击。为这次任务，他俩在1945年1月一共获得了约3000架飞机，此外还将得到新组建的空军第18集团军800架远程轰炸机的支援，空18集由亚历山大·戈洛瓦诺夫（Aleksandr Golovanov）空军主帅指挥。

斯大林的铁腕在空军第18集团军的组建中可见一斑。空18集的前身就是红军的战略空军：远程航空兵（ADD）。1944年初，他们多次对芬兰首都赫尔辛基进行轰炸，吹嘘取得了赫赫战果，几乎夷平了城市。但当芬兰退出战争后，苏联人很快就发现完全不是那回事儿，赫尔辛基总体完好无损。感觉遭下属忽悠了的斯大林大发雷霆，下令将远程航空兵由一个独立的兵种降为一个普通的空军集团军，而原来远程航空兵的一把手戈洛瓦诺夫也只能屈尊去当集团军司令了。斯大林甚至选择了一个特殊的日子作为集团军的建立日：12月6日，恰好是芬兰的独立纪念日。

在中路，德国人利用红军暂时转入防御的时间，沿着维斯瓦河和纳雷夫河（Narev）构置了类似东普鲁士西北边境那样完善的梯次防御阵地，共有7个纵深不少于500公里的筑垒地域。此外，在维斯瓦河西边，还挖掘了6条反坦克壕，每条在20至60公里之间。

为了在波兰打穿这条恐怖的防线，朱可夫

▲ 双料"苏联英雄"内尔松·斯捷巴尼扬（Nelson Stepanyan）中校在他的IL-2前。斯捷巴尼扬中校是红旗波罗的海舰队航空兵第47强击机团的团长。1944年12月14日，红旗波罗的海舰队对库尔兰口袋内的利耶帕亚港进行了两次大规模袭击，第1次攻击从11时持续到12时，击沉了7艘船只。16时50分至18时，又发动了第二波进攻，这次的战果是4艘。在两次空袭中，苏联飞机遭到了第54战斗机联队的疯狂拦截，不知出于什么原因，红军的护航歼击机并没有出现，结果攻击部队损失惨重，所有的A-20都被击落，还赔上了13架IL-2。德机均全身而退，此战过后第54战斗机联队的总战绩突破9000架大关。在损失的IL-2中，有10架来自于红旗波罗的海舰队航空兵第47强击机团，斯捷巴尼扬中校也在他的第259次出动中牺牲。内尔松·斯捷巴尼扬是红军中最杰出的IL-2飞行员之一，从1941年8月起就在波罗的海舰队航空兵服役，执行对地攻击任务，确认战绩为德国坦克80辆、地面飞机25架，另击沉数艘船只，包括1艘驱逐舰和5条运输船。

元帅的白俄罗斯第1方面军和科涅夫元帅的乌克兰第1方面军开始大规模聚集兵力：总共225万人，6500辆坦克，32143门大炮和迫击炮。直接支援他们的2个空军集团军：鲁坚科的空军第16集团军和克拉索夫斯基将军的空军第2集团军合计集结了4772架飞机。

为了帮助地面部队突破德军梯次配置的防御地带，从北起布格河，南至喀尔巴阡山的广大地区，空16集和空2集开展了广泛的空中侦察活动。在数周内，红军飞机出动了约3500架次，对德军防御阵地进行航拍。侦察卓有成效，红军很快就细化了空袭方案，并在苏联境内制作了部分防御工事、掩蔽壕、地面炮兵和高炮阵地的模型。12月20日，空军第2集团军抽出部分飞机进行了实战演习。第5歼击机军和第6歼击机军打头阵，他们低空扫射了"高射火力点"，然后大批轰炸机临空，密集轰炸了"德军战壕"，跟下来IL-2们在树梢高度袭击了"反坦克阵地"，而第2近卫轰炸机军的Pe-2在军长伊瓦·波尔宾将军的带领下对一些重点目标进行了精准的俯冲突袭，最后的收尾工作由第1近卫强击机军大批IL-2完成。各攻击波间隔很短，IL-2出击时，Pe-2轰炸后的硝烟都还没有散去。整个演习完美无缺。"德国人在1941年时也没能达到这个水平"，乌克兰第1方面军军事委员克赖纽科夫将军（K V Kraynyukov）后来给出了这样的总结。

西线救急

从事前规划看，本次空地一体攻势的规模甚至超过了白俄罗斯和乌克兰之战的水平。所以气象因素非常关键，天气必须晴好，因为红军飞机得充当先锋，从空中解决掉那些最难对付的防御阵地。攻势预计在1945年1月20日发起。但计划不如变化快，当红军紧锣密鼓地进行各项准备时，西方盟军来喊救命了。

1944年12月16日，希特勒出其不意地在西欧组织了一场豪赌，他孤注一掷，将第5装甲集团军和第6装甲集团军集中起来，拼凑了960辆坦克,再加上第7和第15集团军一共25万人,打响了阿登战役:1940年,德军正是从这里发起了对法国的突袭。德国空军也派出了2292架飞机,西线上空爆发了大规模空战。尽管盟国战斗机不顾重大伤亡奋勇迎击,但美国陆航的战术轰炸机也在德方拼死进攻下遭遇了战争中最惨重的损失。仅在12月23日,美国第9航空军就报销了42架B-26和16架战斗机。德军第3战斗机联队第4大队一个大队就宣称以损失8架的代价打下31架B-26和3架喷火。24日,盟军又有94架飞机战损。1945年1月1日,德国空军集中主力对盟军机场进行空袭,作战计划代号为"底板"。尽管本次行动总体得不偿失,但也让英国皇家空军和美国陆航305架飞机被毁、190架受伤。在1月的最初几天,盟军飞机集中兵力在阿登地区进行反击,初步扭转了战局,但是第6装甲集团军(由泽普·迪特里希指挥)的威胁始终未能消除。

在这种情况下,大英帝国首相丘吉尔向斯大林发出请求,希望苏军在东面尽快发起攻势牵制德军,"以解西线燃眉之急"。而在2年前,是斯大林急如星火地要求西方尽快开辟"第二战场",否则"苏联会遭遇失败",现在形势完全倒转了。不过,斯大林倒是非常爽快地答应了丘吉尔,"无论天气如何",进攻将尽快开始!

1月8日,科涅夫接到电话,情况紧急,必须提前转入进攻!此时战场上空被低气压控制,寄希望于天气迅速好转显然是不可能了。事实上,红军是在外界条件不利的情况下投入战斗的,而且据解密的德方文件揭示,德军对苏联方面的意图已有所警觉,提前做好了战斗准备。

红军的威胁让德国统帅部只能剜肉补疮,从西线抽调6个战斗机联队:第1、第3、第4、第6、第11和第77战斗机联队共650架飞机驰援东线的第6航空队。而用来支援阿登攻势的第4攻击机联队也东返去加强第6航空队,带去了100架Fw-190。这些调动说明,红军吸引德军、缓解盟军压力的战略目的达成了。

数天后,1月12日,东线德军飞机数量上升到2600架,其中包含1700架Bf-109和Fw-190,第6航空队下属就有1800架作战飞机。但在他们陆续抵达之前,红军已向西方挥出了利剑!双方集结的力量表明,1945年欧洲上空的伟大较量,又将在东线爆发!

红星与白头鹰的较量

1944年8月和9月,红军横扫了罗马尼亚与保加利亚,随即,乌克兰第3方面军和乌克兰第2方面军左翼做好了进入南斯拉夫、与铁托的游击队会师的准备。空军第17集团军全部和第5集团军的部分兵力:总共有2000架飞机将参与本次作战行动。10月20日,红军和南斯拉夫军队合力解放了首都贝尔格莱德。

有2个航空师被挑选出来指定掩护南斯拉夫游击队:第10近卫强击机师,师长是"苏联英雄"获得者安德烈·维特鲁克少将;第236歼击机师,师长为瓦西里·库德里亚肖夫(Vasiliy Kudryashov)上校。这两个单位后来成为新组建的南斯拉夫人民军空军的基础。

▲ 摄于1944年11月17日,第2攻击机联队联队长汉斯·鲁德尔中校正驾驶他着的Ju-87 G飞行。在拍照后不久,鲁德尔的座机就被红军地面火力重创,他的腿部也被机枪子弹打伤,只能在布达佩斯-布达厄尔什(Budapest-Budaors)机场紧急着陆。但这名斯图卡王牌很快设法溜出了医院,重返部队,到1944年12月22日,他已执行了2400次战斗任务,第二天,1辆坦克成了他的第463个坦克击毁战果。1944年12月29日,汉斯·鲁德尔荣获金钻石橡叶骑士十字勋章,这是二战德军的最高荣誉,仅有他一人获得。鲁德尔执行战斗任务达到了2530次,这一记录无人能破。汉斯·鲁德尔于1982年12月18日辞世。

▲ 1架苏联红旗波罗的海舰队航空兵的道格拉斯A-20，这种飞机被作为鱼雷轰炸机使用。

当红军进入南斯拉夫后，他们穿过的领土是西方盟国空军1943年以来经常活动的地区。在1944年4月，英国皇家空军曾帮助铁托的游击队建立了南斯拉夫第1战斗机中队，在皇家空军中的番号为352中队，装备为喷火式战斗机，从1944年8月起驻扎在意大利。随后英国人又帮助成立了第2战斗机中队，该中队飞的是飓风式战斗机，从10月13日起正式运作。

美国的第15航空队的飞机也常在德控的南斯拉夫上空活动。不可避免的，苏联歼击机和美国飞机于11月7日遭遇了。当天，美国陆军航空兵第82战斗机大队的60架P-38闪电式战斗机得令前往攻击扫射米特罗维察（Mitrovica）区域的敌军，但其中一个编队误击了苏军的第13步兵军的行军纵队，牺牲者中，包括该军的军长科托夫（Kotov）将军。

看到这种情况，空军第17集团军司令员弗拉基米尔·苏杰茨（Vladimir Sudets）中将只能命令苏联歼击机紧急出动，驱逐美机。装备着Yak-9和Yak-3的第866歼击机团立刻从尼什（Nis）机场起飞，美军第82战斗机大队后来记录："当P-38从俯冲中改出时，在高空掩护的编队报告有不明飞机从机场起飞正朝他们而来。当领队的闪电脱离时，1架升空的Yak迅速抬起机鼻，击坠了1架P-38。"

在交火后，双方都识别出对方其实是盟军。在空中的苏联飞行员中，包括空战王牌亚历山大·科尔杜诺夫（Aleksandr Koldunov）大尉，当时他的战绩是18胜，包括1个分享战果。根据866团战斗日志：

"13时，第866歼击机团发出战斗警报，命令飞行员科里沃诺基赫（Krivonogikh）中尉和他的僚机希普里亚（Shipulya）少尉驾驶Yak-9起飞；13时05分，另外6架Yak-9升空，包括中队长邦达尔（Bondar）大尉、编队长机苏尔涅夫（Surnev）上尉、热列兹诺夫（Zheleznov）上尉、波茨巴（Potsiba）上尉和飞行员若斯托夫斯基（Zhestovsky）中尉、谢尔久科夫（Serdyukov）少尉；13时10分，一对Yak-3双机起飞，为科尔杜诺夫大尉和他的僚机科拉休科夫（Krasyukov）中尉。

第1个双机编队向右转弯，拦截一个4机编队的闪电。这时2架闪电冲来，向科里沃诺基赫的双机开火。1架闪电在试图再次攻击我地面部队时，被希普里亚少尉以40度的大偏角射击击中，于尼什机场北边500米处坠毁。在防守2架闪电的进攻时，科里沃诺基赫中尉设法在一个垂直机动中打着了其中1架，该机坠向尼什机场北边8到10公里的山区。

在接下来的战斗中，科里沃诺基赫中尉在另1架P-38后方占据了攻击位置，此时我方的高射炮也在开火，结果误中科里沃诺基赫的座机，他的飞机拖着浓烟翻滚着以80到85度角坠毁在机场西南3公里处。在第二个编队中，邦达尔大尉、苏尔涅夫上尉和热列兹诺夫上尉都识别出对方是美制的闪电式，故避免与其交战。那些闪电以单机或双机编队进行垂直和水平机动，意图规避我方火力。苏尔涅夫上尉摇动机翼，示意自己不是敌人，让美国飞机放弃了攻击。

谢尔久科夫少尉刚起飞就有1架闪电朝他开火，但被他躲过。这时他注意到另1架闪电在攻击1架Yak-9，他向那架闪电射击，后者着火后在机场西北1公里处撞地。接着谢尔久科夫朝另1架闪电用机炮和机枪打了两个点射，对方拖着浓烟消失在西北方向。在尼什以北2公里处，若斯托夫斯基中尉以一敌二，他从后上方打中了1架，眼见其冒着烟向西北俯冲而去。这时另1架闪电摸到他后面,一阵炮火打来,若斯托夫斯基的座机起火,他的右脚、右躯干和右手的一个手指都受了伤,只能跳伞,在尼什以北8公里的卡梅迪察(Kameditsa)附近落地。

波茨巴上尉在起飞后爬升到2000米高度,这时他遭遇了正向机场飞来的12架闪电,方位是100度。他摇晃机翼提醒美机,对方没有开火,向左转至240度方位。另有60架闪电出现了,他们同样左转飞走。科拉休科夫中尉认出对方是美国飞机,没有参加战斗。他观察到1架Yak-9坠毁在机场北边1公里处。

战斗中有2架我方的Yak-9被闪电击落,希普里亚少尉失踪,若斯托夫斯基中尉跳伞,科里沃诺基赫中尉遭我方误击牺牲。地面观察站目击了空战,我方歼击机和高炮打下来5架闪电。"

美国方面宣称击毁2架Yak,由卡恰克(Katschake)中尉和布卢默(Blumer)中尉获得;2架可能击落,另击伤1架。己方的损失为3架:金(King)上尉被防空火力击落,菲利普·布鲁尔(Philip Brewer)少尉和埃尔登·科尔森(Eldon E.Coulson)少尉被Yak击坠,另有5架闪电受伤。

外篇：黑十字与红星
1945

1945年初期，苏德空军都向东线投放了新的装备。苏联方面，Yak-3和La-7歼击机开始大批出现，仅La-7就有近400架入役。

强击机的最新型号——IL-10也已陆续抵达前线。虽然样子很像IL-2，但是IL-10是全金属结构，2000马力的AM-42发动机可以驱动他在2300米高度飞出550公里的时速，比IL-2快了至少140公里。如果在海平面和德国的Fw-190 A8战斗机飙速度，IL-10也只差个20到25公里/小时。IL-10火力强大，装备有4门23毫米VYA型加农炮和两挺7.62毫米机枪，此外还有一挺12.7毫米的自卫机枪保证其后半球的安全。IL-10同样装备了含10枚榴弹头DAG火箭弹。在战争结束前，苏联人一共生产了785架IL-10。

德国空军同样领到了更好的武器。1944年秋天，Fw-190 D9和Bf-109 K4相继投入使用。得益于1726马力的Jumo 213A液冷发动机，长鼻子的Fw-190 D9可在6600米高度达到686公里/小时的极速。大部分Fw-190 D9装备给西线的第26战斗机联队，但也有部分给第3战斗机联队第4大队、第6战斗机联队、第11战斗机联队和第51战斗机联队使用，参加了东线最后几周的战斗。

Bf-109 K4则是梅塞施密特Bf-109战斗机最新的型号，他更轻，机身设计得到优化，在7500米高度时速高达715公里，爬升率更是罕有其匹。到1944年末，德国空军战斗机部队拥有300余架Bf-109 K4，占一线Bf-109战斗机的四分之一。后期通过对螺旋桨的改进，其速度还有提升。

这样，在面对盟军顶级活塞战斗机——东线的La-7、Yak-3；西线的野马、喷火、暴风时，德国人仍能拿得出以上两个型号进行对抗。而阿拉度（Arado）和梅塞施密特的喷气式战斗机更是革命性的设计，堪称战争结束前最先进的战斗机，但对盟国而言有利的是，这两种喷气机远谈不上完善，产量也很少，主要部署在西线对抗英美航空兵。

面对红军的坦克洪流，德国空军还研制了一些更新更有效的反坦克武器。Hs-129安上了75毫米的Pak 40 L型火炮，而Fw-190的攻击型的新家什更是厉害：翼载88毫米反坦克火箭，包括"坦克杀手"（Panzerschreck）和"装甲闪电"（Panzerblitz）。前者被认为是美军巴组卡火箭筒（Bazooka）的德国山寨版，1944年末，德国攻击机部队尝试将"坦克杀手"三联甚至四联装，利用ETC炸弹挂架装在Fw-190机翼下以攻击地面目标。"坦克杀手"在60度射入角时可击穿160毫米的装甲，但缺点是射程过短，仅有150米。为了保证威力，只能在极近距离发射，如果命中，爆炸的碎片和冲击波有很大概率会同时毁掉载机。

由于"坦克杀手"自身也是"飞机杀手"，德国人很快又搞出了改进型的"装甲闪电"1型，采用空心装药战斗部，火箭发动机也做了升级，得益于推力增加和弹道变得较为平直，飞行员可以在较远距离上开火了。"装甲闪电"安装在被称为"园林栅栏"的长1.5米的发射轨上,每架Fw-190可以挂载12枚。一般情况下,只要命中一发,就足以让坦克起火。1944年12月,"装甲闪电"1型正式入役。

但即使是"装甲闪电"1型,有效距离还是偏短,使得飞行员在攻击前只能减速。直到战争结束前几周,这一问题才通过"装甲闪电"2型得到解决。"装甲闪电"2型大约可看作Me-262使用的R4M空对空导弹的对地版本,其空心装药战斗部破甲深度可达130毫米,每个发射轨上可装6至7枚。

1945年,仍部署在东线的少数轰炸机单位也得到了新装备:HS-293型制导炸弹。这种滑翔炸弹采用火箭动力,无线电引导,用轰炸机投放后,可通过一个18个频道的无线电接收机接收指令,在一定程度上调整飞行方向,堪称现代"灵巧炸弹"的鼻祖。

不过在德国空军的"末日武器"中,最灵异的应该是"槲寄生"("Mistel")轰炸系统。该系统由一架有人操纵的战斗机和附着其下的一架无人驾驶的轰炸机组成。轰炸机携带1800千克的弹头,由战斗机投放后自行飞向指定目标,以求"定点清除"之效。

1945年1月7日,德国空军总参谋长Karl Koller将军命令第200轰炸机联队第2大队,在2至3月份,用"槲寄生"子母机轰炸莫斯科和伏尔加河上游地区的苏联电力发电站,计划代号"铁锤"(Iron Hammer),目标是摧毁苏联的战时工业!当然这一计划的可行性如何,将军大人是不用考虑的。

◀ 采用液冷发动机的Fw-190 D型战斗机是第二次世界大战中最优秀的活塞战斗机之一。他的外形和采用空冷发动机的Fw-190 A型有所不同。

◀ Bf-109 K4是梅塞施密特Bf-109最新型号。

◀ 左边为Fw-190挂载的"坦克杀手"的特写。右边可见机翼下"装甲闪电"的发射轨上。Bf-109 K4是梅塞施密特Bf-109最新型号。

奥德河上的冬天

第十章 CHAPTER 10

冬季飓风

1944年夏秋的伟大胜利为红军下一步的进攻创造了更有利的局面：对手的重兵集团已基本被粉碎，红军在维斯瓦河西岸的数个登陆场站稳了脚跟，相当多的德军被封锁在库尔兰成了无用之兵，下一步，苏联人将如何选择主攻方向，以迅捷且少流血的方案获得胜利呢？

德国统帅部、特别是希特勒，对在巴格拉季昂战役中红军从南北两翼出击、在中央制造一个巨大的包围圈的手法印象太深刻了。于是他们把主要的装甲预备队放在了两翼的东普鲁士和波兰的克拉科夫地域，准备顶住红军从南北两侧伸出的坦克铁钳，以防再次被红军彻底包围。

但是斯大林的想法和他们不同。如果从位于波兰的维斯瓦河西岸数个桥头堡出发，经奥德河天堑，向西北就可以兵临柏林城下！这里的地形也完全适合机械化部队机动。

具体的实施方案，对东普鲁士，白俄罗斯第3方面军（切尔尼亚霍夫斯基）将向西杀出血路，直扑东普鲁士首府柯尼斯堡，他的右翼由巴格拉米扬的波罗的海沿岸第1方面军掩护。而罗科索夫斯基的白俄罗斯第2方面军则负责从南边包抄，为此他获得了近卫第5坦克集团军作为远程突击力量。2个方面军将合力肃清东普鲁士的中央集团军群（由北向南部署为第3装甲集团军、第4集团军、第2集团军）。

与此同时，朱可夫和科涅夫将穿过波兰向德国A集团军群（1944年9月由原北乌克兰集团军群改组而来，注意这和1943年至1944年在东线最南端作战的A集团军群不同。其由北而南部署为第9集团军、第4装甲集团军、第17集团军、第1装甲集团军）发动主要攻势，他俩手中各有8个诸兵种合成集团军和2个坦克集团军。白俄罗斯第1方面军的主攻方向将从马格努谢夫登陆场发起，同时其右翼将合围华沙地域的德军，左翼则从较小的普瓦维出击，突破之后与友邻会合，狂奔向西。而科涅夫的乌克兰第1方面军则从桑多梅日登陆场破茧而出，但仅以部分兵力指向克拉科夫并夺取西里西亚工业区，主力将和白俄罗斯第1方面军一起，向西北冲击，直趋柏林！受西方盟国的请求，具体的攻势将提前8天进行。

1945年1月12日，波兰。漫天的雾气和冰雪让能见度极差，气温也只略高于摄氏零度，恶劣的天气严重限制了红军飞机的活动。不过通过先前航拍的照片，科涅夫和他手下的将领们对当面德军防御阵地的情况已大致掌握：凌晨5时，红军阵地上升起了密密麻麻的橘色光点，随即变成了恐怖的钢铁风暴：乌克兰第1方面军的炮火准备开始了！在战线上，红军每公里平均摆放了300门重型或中型火炮！密集的弹幕很快把德军的防线砸开了数个缺口。突然间，炮击停止了。幸存的德国士兵马上明白这是苏军发起冲击的先兆。在山呼海啸般的"乌拉"声中，红军步兵在浓雾的掩护下迅速冲过无人地带，杀进了德军一线战壕！在德军阵地上空，出现了一些低飞的Po-2，他们的任务是观察评估第一轮炮火准备的效果，并搜集相关信息准备下轮炮击。此外，他们最重要的成果是判明了德军装甲机动兵团已经集结，正从凯尔采（Kielce）和赫梅尔尼克（Chmielnik）地域向前线开进！

当Po-2将这些重要信息传回红军司令部，"战争之神"——红军的大炮又开始发言了！

"持续1小时47分钟不间断的猛烈炮火给对手物质上的极大破坏和心理上的巨大震撼。炮击德国第4装甲集团军的命令迟滞、打击了敌人紧邻主战线部署的装甲预备队。科涅夫的炮兵猛袭了德军后方，也在一线阵地上打开了大缺口，在苏军重炮的打击下，丧魂落魄的德军向二线阵地溃退。"

乌克兰第1方面军在维斯瓦河-奥德河攻势初期这次极为成功的大炮击名垂战史。而苏联空军在侦察和校射上的贡献，是无论如何不能忽视的。

眼见德军一线阵地被炮火犁出了缺口，科涅夫投入了第一波坦克突击力量。当日下午，第10坦克军和第6近卫机械化军进入战场。由于事先精心构置的一线阵地已被打得支离破碎，德军地面部队只能祈求空军施以援手。但对第6航空队司令官冯·格莱姆将军而言，1月12日也是焦头烂额的一天。由于坏天气，他的飞机大批趴窝，当天除了63个侦察架次，他的战斗机部队只挤出了47个架次，而攻击机也仅有57次出动记录。战役的第一天，德国战斗机上报击落苏机3架，但只击毁1辆苏军坦克。在克拉科夫（Krakow）机场，第52战斗机联队联队长赫尔曼·格拉夫中校派出了一些Bf-109，对开进中的苏军进行了低空扫射。

相对他们的对手，苏联空军的发挥无疑更为出色。在进攻发起前数小时，歼击机和强击机部队都派出了一些最有经验的飞行员升空，IL-2对德军的防御支撑点进行了突袭，使得后续的坦克和步兵能够碾过残破的德军防线继续前行。到了下午，雾气有所消散，虽然天气并未彻底好转，空军第2集团军司令员克拉索夫斯基将军立刻命令飞机在薄雾中起飞。苏机的出击强度不小，在天黑之前，约有400架强击机和轰炸机以小编队和单机克服云层低垂和能见度有限的不利条件，对凯尔采和赫梅尔尼克开出的德国坦克纵队实施了攻击，迫使其在黄昏时分停止了前进。据德方记录，当天苏联飞机在第4装甲集团军上空出现了549个架次，部队和司令部均遭到猛烈空袭。到夜间，第4装甲集团军防线已被撕开了一个40公里宽的口子，苏军已经深入德国防线20公里。

发觉形势危急，德国统帅部赶紧调兵遣将支援第6航空队。在苏军进攻前，德国人已从西线调来了第4攻击机联队和第6战斗机联队，现在又追加了第1战斗机联队和第11战斗机联队。此外，第52战斗机联队第2大队从第4航空队转隶第6航空队。

当天晚上，德国统帅部又得到东普鲁士方面的急报：苏联轰炸机猛烈空袭了戈尔达普河（Goldap）和皮尔卡伦（Pilkallen）河之间的德军防御阵地。不需要太多的聪明才智也能明白，苏方进攻在即！事实上空军第1集团军在7月12日夜至13日凌晨一共出击了740架次。但到了6时整，切尔尼亚霍夫斯基将军的白俄罗斯第3方面军准备冲锋时，如同南边一样，老天爷又来作梗，天气变坏了，红军飞机无法起飞。切尔尼亚霍夫斯基原本指望以空1集的545架轰炸机和强击机来开路，现在一样只能依靠大炮了。各种火炮发射了约12万发炮弹，德军阵地上一时弹如雨下！

对东普鲁士，当面的白俄罗斯第3方面军的

基本设想为：沿着德军第3装甲集团军和第4集团军的分界线攻击，以4个集团军和2个坦克军直接冲撞德军主防线的尖牙利齿，穿过因斯特堡（Insterburg）攻向柯尼斯堡；近卫第11集团军作为预备队发展胜利。方面军的右翼则由波罗的海沿岸第1方面军左翼（第43集团军）掩护。但这里德军享有地形优势，且有较好的导航设施，让空军可以部分克服能见度差的困难，因此第6航空队相对比较活跃，给白俄罗斯第3方面军的推进带来了一些麻烦。而苏联空军第1集团军的歼击机也是倾巢而出驱逐德机，第6航空队事后报告"苏联歼击机防守严密"。空战总体上类似苏德战争初期，只是双方态势恰好颠倒了：苏联歼击机不断从高空俯冲而下掠袭Fw-190和Bf-109，后者只有被动挨打的份。苏机往往能在无一损失的前提下击落数架敌机，或者迫使对方丢掉炸弹放弃对地攻击行动。第6航空队全天有19架飞机遭击落，而上报战果仅有4架。

但和南边不同，德军没有溃退。一来希特勒在这里部署了不少精锐，二来德国人在东普鲁士苦心经营多年，构置了相当完善的防御工事。雾气很大，云层也低，空军第1集团军的1333架飞机只能停飞待天气放晴。

苏军的冲锋在德军的猛烈射击下受阻。此时天气情况稍有好转，空1集司令员赫留金将军在14时放出了他的第一攻击波。在2小时内苏机出动了490个架次，但是仍然无法克服德军的反抗。德国第6航空队先后出动140架攻击机反击，当天整个航空队损失了12架飞机，其中攻击机8架。

在南部，科涅夫的乌克兰第1方面军从德国第4装甲集团军的防线缺口处迅速涌入！不顾恶劣天气的影响，空军第2集团军活动非常积极，在1月13日就出动了700架次，其中有400架次专门轰炸了凯尔采和赫梅尔尼克地域的德军装甲预备队，第4轰炸机军和第2近卫强击机军以9至12架飞机为一组连续出击，他们上报击毁了50辆坦克和400台其他机动车辆。

苏联空军的猛烈空袭让A集团军群的装甲预

▲ Yak-9正准备从被冰雪覆盖的野战机场上起飞。到1944年底，苏联生产了10381架Yak-9。1945年还将生产4744架，这使其成为二战中苏联产量最高的歼击机。

备队：瓦尔特·内林（Walther Nehring）将军指挥的德国第24装甲军吃尽了苦头，未能完成实施反突击的准备。在尼达河（Nida River）以南，德军装甲部队被乌克兰第1方面军的坦克矛头击溃。而德国空军不仅受到天气影响，也被红军歼击机的进攻搞得疲于应付。空军第2集团军的游猎歼击机封锁了数个德军机场，任何试图起飞的德机都会遭到雅克、拉沃齐金或者飞蛇的掠袭。少数利用大清早暂时无雾的机会出动的德机，在抵达战场后马上明白战况极为严峻。在装备Hs-129的第9攻击机联队第10中队（反坦克）服役的瓦尔特·克劳斯（Walter Krause）少尉回忆：

"情况明摆着：到处是燃烧的德国车辆，队伍都给打散了。记得某次任务，我们在一片相当大的树林边上看到一大票的T-34正在集结准备进攻——一眼扫过去有五六十辆。没有任何迟疑，我们兜了个圈子进入阵位，把剩余的弹药泼洒下去，击毁了3辆T-34。在树林边上的农场，我们看到了德国坦克：只有孤零零的一辆，已经被击中起火。一个身着黑色装甲兵制服的坦克手从指挥塔中爬出来，拖着腿，垂头丧气地走离那烈火熊熊的铁棺材，此时最近的俄国坦克距他只有200米：我飞过去，在燃烧的德国坦克上空10米处盘旋，摇晃机翼试图鼓励那个可怜的人，他抬头看着我，做了一个绝望的手势：我永远忘不了他的眼神，那是个装甲兵少尉，看起来和我一般大……"

14日，当第一缕阳光照射到大地之时，朱可夫元帅的白俄罗斯第1方面军从马格努谢夫桥头堡破茧而出，铁拳砸向德国第9集团军；但是进攻地域的天气都很糟糕，或多或少地影响了空中支援。在炮火准备前1小时，空军第16集团军派出了最精锐的夜航轰炸机组轰炸压制了第9集团军下属第56装甲军的司令部，破坏其对部队的指挥。但由于前述原因，进攻首日，空16集只出击了寥寥85个架次。不过，朱可夫的行动依旧达成了很大的战术突然性：在几个月前，德军还在这里打出了相当漂亮的阻击战，而这次没撑几个回合就垮了：到14日晚间，尽管缺乏空中掩护，朱可夫的先头部队已经突进了20多公里。

在华沙北边，14日，罗科索夫斯基元帅的白俄罗斯第2方面军也动手了。他们从纳雷夫河上的桥头堡出击；罗科索夫斯基计划动用5个集团军从登陆场出发，击穿德国第4集团军的防线冲向姆瓦瓦（Mlawa）和马林堡（Marienburg，今天波兰的马尔堡，Malborku），然后以近卫坦克第5集团军向西边的埃尔宾（Elbing，今天波兰的埃尔布隆格，Elblag）发展胜利，冲向波罗的海，将中央集团军群孤立在东普鲁士；而方面军右翼将向东席卷，和东边打过来的白俄罗斯第3方面军、波罗的海沿岸第1方面军合力，肃清东普鲁士守军。

不过在这一地带，德军的防守组织得相对成功。14日，从华沙以北至波罗的海，老天爷送来了一场大冰雹，把空军第4集团军的1647架飞机的基本压在了地面。天公不作美加上德军拼死顽抗，导致罗科索夫斯基一开始进展甚微。

至此，以华沙为中心，双方战线的情况如下：切尔尼亚霍夫斯基和罗科索夫斯基在波兰首都北边的东普鲁士地域裹足不前，而南边的朱可夫和科涅夫倒是高歌猛进。当天，为了防止被科涅夫包饺子，德国第4装甲集团军开始主动撤退。空2集司令员克拉索夫斯基将军命令手下的轰炸机和IL-2对德军后方道路进行了轰炸。德军控制的、可向琴希托霍瓦（Czestochowa，波兰中南部城市）以东撤退的桥梁被苏机炸垮，德国人一时进退不得。每当风起雾散，向西逃跑的德国车辆在雪地上根本无处可躲，从空中俯瞰非常明显，统统成了苏联强击机的盘中美餐。

15日，德国第8航空军的攻击机部队取得了一个战术胜利，他们在斯洛尼基（Slomniki）附近空袭了乌克兰第1方面军的坦克纵队，宣称击毁了13辆坦克。而德国战斗机也终于开和，第52战斗机联队上报击落10架敌机，自损2架。当天第6航空队出击了244个架次，含132个攻击机架次和58个战斗机架次。

在华沙北郊，白俄罗斯第1方面军右翼的第47集团军开始强渡维斯瓦河，这也是15日红军最后的攻击行动。红军的突破完成得非常顺利。冒着冰雹，德国侦察机发现了这一动向。很明显，华沙地域德军有被白俄罗斯第1方面军右翼合围的危险。在全天，空军第16集团军只拼凑了181个架次给地面提供支援，其中第618强击机团以双机或四机编队出了22次任务。当天他们最大的战果是由希什金（Shishkin）上尉、谢尔库诺夫（Shchelkunov）中尉、科拉诺夫（Kranov）中尉和格罗哈列维奇（Grokhalevich）少尉创下的，他们四机在茨维鲁夫（Tsviluv）地域发现了德军车辆和部队的集结地，一阵突袭扫射过后，12台车辆和2个地面炮兵连成了燃烧的废铁。在白俄罗斯第2方面军战区，老天爷依旧不赏脸，空军第4集团军全天只有40次出击，大多

▲ 1945年，在东线上空飞翔的Yak-9双机。

数为侦察架次。

但16日，天气放晴了，双方立刻都放出了全部可用的飞机。德国第6航空队记录有587次出击，含414个对地攻击架次。第77攻击机联队派出了加挂着反坦克火箭的Fw-190 F8，空袭了苏军坦克部队并取得了一些成功：火箭摧毁了7辆坦克，重伤了2辆。但77联队为此付出了高昂的代价：损失了7架Fw-190，其中有3架是在苏机袭击格林尼克（GLinik）机场时被毁。当天的空战非常激烈，以第52战斗机联队为例，他们的作战空域很广：联队部和第1大队在波兰南部；第2大队在匈牙利，第3大队在东普鲁士：一个联队基本和苏军所有一线航空部队都交上了手，全天他们有7架飞机未能返回。

在波兰南部乌克兰第1方面军进攻地段，空军第2集团军以30架强击机或轰炸机规模轮番出动，咬着撤退的德国第4装甲集团军不放，德军第10摩托化师和第24装甲军被炸得狼狈不堪。在他们北边，鲁坚科将军的空军第16集团军同样盯上了向西"转进"的德军行军纵队，从奥波奇诺（Opczno）至托马舒夫马佐维次基（Tomaszow）的公路上，红军飞行员数出了上千台德军车辆在移动。得报IL-2和Pe-2的大机群马上出击，在数小时凶狠的空袭之后，整个道路上一片狼藉。由科瓦廖夫（T.O.kovalyov）上校指挥的第300强击机师重点关照了拉多姆（Radom）以西60公里的奥波奇诺附近地段，战后上报他们至少击毁了3500台机动车辆和15辆坦克。考虑到攻击后升起的浓烟严重阻碍了对战果的验证，红军高估了战果也不是什么奇怪的事情。而第9强击机军军长伊万·克鲁普斯基（Ivan Krupskiy）将军率领手下的30架IL-2分成4个机群进攻，拉多姆至托马舒夫马佐维次基公路上的德军摩托化部队被他们打得落花流水，随后赶到的苏军第65坦克旅确认了红军飞机的战果。一小时后，当他们控制住此段高速公路后，数出了12辆烧毁的坦克、120台车辆残骸和约200具德军尸体。

16日另一次成功的攻击行动由Pe-2俯冲轰炸机完成，在华沙以西的伊诺沃兹（Inowlodz），他们精准的将位于皮利察（Pilica）河上的桥梁炸垮，废掉了一条德军从华沙撤向索哈切夫（Sochaczew）的重要路线。到16日晚间，朱可夫下属的第47集团军从北、第61集团军会同波军第1集团军从南，两支铁钳已基本把华沙夹住，A集团军群的守城部队只能准备卷铺盖跑路，由于桥梁被毁，车辆大量淤积，达5000辆之巨。如此诱人的目标很快引来了空16集的Pe-2和IL-2：一阵狂轰滥炸后，红军飞行员上报战果超过500台。在罗兹市（Lodz）至华沙的半道上，德军第25装甲师也在Pe-2和IL-2的反复攻击下死伤累累。

空16集的对地攻击行动帮了白俄罗斯第1方面军的大忙。第65坦克旅亲眼见识了红军IL-2的威力：当该旅行进到纳拉多姆卡（Radomka）河时遭到德军炮击，于是他们招来了强击机。IL-2迅速打哑了德国火炮，使得红军坦克未受耽搁，毫发无伤的继续前进。

位于奥波奇诺、奥里舍维齐（Olszewicy）、伊腊尔杜夫（Zyrardow）和希马努夫（Simanow）的车站及停靠的列车也遭到了苏机的轰炸。袭击的结果，德军增援部队在奥波奇诺、罗兹市、斯凯尔涅维策（Skierniewice）、托马舒夫马佐维次基各个地段停滞不前。

因为天气晴朗，空16集在16日这天出击了3431个架次，其中强击机部队占了1481个架次。战斗机部队上报和德机空战24场，取得了18个击坠记录。在其中的一场战斗中，由6架Yak-9和La-5掩护的10架IL-2和德国第1攻击机联队第3大队遭遇，红军歼击机的攻击迫使德机丢弃了炸弹，在交火中他们打掉了4架Fw-190。驾驶Fw-190 F8"白色1号"的德军著名攻击机王牌、骑士十字勋章获得者、第7中队中队长奥托·胡尔施（Otto Hulsch）中尉在此战中被击落身亡。

在白俄罗斯第1集团军北翼，同样因为天气好转，空军第4集团军可以全体出动，大力协助白俄罗斯第2方面军的主要打击力量：近卫第5

坦克集团军。在第48集团军打开缺口后,近卫第5坦克集团军沿突破口迅速进入战场。在他们头顶上,空军第4集团军一天统共出动2500架次,投弹1800吨,德军的铁路货运编组站、车站及桥梁均遭到猛烈轰炸。 在1月16日、17日这两天,第5轰炸机军对奥尔什丁(Allenstein)、什奇特诺(Ortelsburg)、维伦贝格(Willenberg)和奈登贝格(Neidenburg)进行了327架次的空袭。不过这两天空4集的主要精力还是放在了掩护坦克集团军上。德军只要试图在红军坦克矛头前组织抵抗,都会被苏机狠狠蹂躏一番。在空军的积极助战下,红军坦克24小时内已前进60公里。

在东普鲁士,双方的战机蔽天遮日。为了抵消苏机的数量优势,德国攻击机部队派出了大机群,在攻击红军坦克集群的两次重要行动中,德方分别派出了18架、50架飞机。双方空军激烈交锋,16日,第3攻击机联队记录有5架Fw-190被击落,第51战斗机联队则报销了6架飞机。

当天在贡宾嫩(gumbinnen)上空,第9近卫歼击机团的伊万·鲍里索夫(Ivan Borisov)少校驾驶La-7击落了2架Fw-190和1架Bf-109。第9近卫歼击机团是苏联空军中的"专家部队",其成员均为空战王牌。该团的帕维尔·戈洛瓦乔夫(Pavel Golovachyov)大尉16日这天也在同一空域梅开二度,战果均为Fw-190。

空军第1集团军夺取了制空权,有效支援了白俄罗斯第3方面军的进攻。12时起,空1集的轰炸机和强击机对白俄罗斯第3方面军进攻地段的德军守备支撑点进行了为时2个半小时的空袭,为近卫第2坦克军的进攻做准备。蒂尔西特(Tilsit)附近往北,空1集的飞机几乎无处不在,在他们的掩护下,苏联第39集团军顺利拿下了施勒嫩镇(Schillehnen)。

近卫第2坦克军的行动得到了空1集飞机的重点支援,为此还特地从友邻空军第3集团军临时抽调了部分援兵。在坦克军进入战场前,空1集和空3集出动了342个架次,攻击了贡宾嫩以北的德军控制地域,接着,284架轰炸机对因斯特堡以东的德军第三防御带也进行了轰炸。13时,当红军坦克发起冲击时,其上空保护伞包括5个轰炸机师、3个强击机师和1个歼击机师!给坦克部队打前站的是第1近卫强击机师,为此空军代表携带电台到一线进行即时通信。掩护其左右两翼的任务,分别交给了第277强击机师和第182强击机师;而费奥多·申卡连科(Fyodor Shinkarenko)上校的第130歼击机师则担负起为轰炸机和攻击机护航的重任。在16日,空1集和空3集总共执行了2800次任务。

此时,北起波罗的海,南至喀尔巴阡山,德军的整条防线出现了全面崩溃的征兆。正从华沙逃离的德国人被红军飞机追着打,损失惨重。17日,华沙附近的较量已变为纯粹的后卫战斗,城内的混乱达到高潮。在红军轰炸机、强击机和歼击机的联合扫荡下,残余德军的抵抗很快被压垮,波兰人民军第1集团军首先攻入城区,到中午,华沙被彻底解放。在华沙战役中,波兰人民军的第1混合航空军共执行了999次战斗任务。

华沙的失守让希特勒大为光火。他认定这是参谋本部和陆军有人在捣鬼,下决心要惩办他几个。A集团军群的司令官约瑟夫·哈佩大将和第9集团军司令冯·吕特维茨(Smilo von Luttwitz)上将被立刻撤职,而参谋本部作战处处长冯·伯宁(Bogislaw von Bonin)则被逮捕送进了集中营。

继任A集团军群司令官的是舍尔纳大将,此前他指挥北方集团军群(后更名为库尔兰集团军群)在库尔兰成功地挡住了苏军的扫荡,被"元首"认定为忠诚和能力兼备的将领。但无论是他还是第9集团军的新任司令布塞(Theodor Busse)上将,面对这种形势都没戏可唱。只有德国空军能给苏军坦克矛头带来些麻烦了:16、17日两天,德机出动频率有所增加,上报击毁65辆坦克和62架敌机。

在北翼,苏军地面部队在空军的掩护下一路攻城略地,空军第1集团军全天有3468次出击记录。往南一些,在华沙和东普鲁士边境之间的主要防御支撑点——切哈努夫（Ciechanow），于17日被白俄罗斯第2方面军拿下。同一天，空4集出击超过1000架次，而其对手德国第6航空队仅能派出350架飞机，含214架攻击机，他们宣称击毁了12辆苏军坦克和52台车辆。

18日，莫德林（Modlin）和普扎斯内什（Przasnysz）落入苏军手中。接着德军又丢掉了东普鲁士的皮尔卡棱（Pilkallen）。形势危急，德机加强了出击力度。在东普鲁士，德国攻击机以20至50架的大编队连续突击苏军的坦克纵队。而苏军再次祭出王牌：第9近卫歼击机团进行压制。18日，在贡宾嫩空域，近9团的6架La-7拦截了25架Fw-190，尽管众寡悬殊，但红军飞行员打了对手一个5:0，戈洛瓦乔夫大尉包揽了其中4个战果，将个人战绩提高到26架。

18日全天，第6航空队下属各部队总共飞了616次任务，其中攻击机出击427次。第77攻击机联队的Fw-190 F8再次扮演了反坦克明星的角色，在克拉科夫地区他们宣称击毁了13辆苏军坦克。

东线的波兰军队

波兰军队在二战中的经历是其国家苦难的组成部分之一。俄波两大民族历史上积怨甚深，而20世纪20年代的苏波战争使得双方关系进一步恶化。当时波军统帅毕苏斯基击败了红军名将图哈切夫斯基，迫使苏联让出了白俄罗斯西部和乌克兰西部的控制权。1939年9月德国入侵波兰后，斯大林很快也派出军队趁火打劫抢占地盘，并俘虏了大批波兰官兵。1940年，由于觉得这些人既无法感化，放了又不安全，斯大林动了杀机，干脆将11000名波兰军人、官员等秘密处决，就这是历史上著名的"卡廷森林惨案"。当这一事件败露后，流亡伦敦的波兰临时政府和苏联的关系彻底破裂。

于是斯大林决定找新的代理人。他建立了受苏联控制的波兰军队，人员主要从1939至1940年被驱逐出祖国的波兰人中招募。1943年5月，波兰人民军第1"科希丘什科"步兵师成立，师长齐格蒙特·贝林格（Zygmunt Berling）上校。该师成立时有11000人，到1944年7月，扩充到1个集团军，兵力10万人；等战争结束时，波兰人民军总兵力达到了33万人，分为3个集团军。1943年10月，在白俄罗斯的列宁诺（Lenino），波兰人民军首次投入战斗。

而波兰人民军的第一个空军单位是第1独立歼击机中队（1st Samodzielna Eskadra Mysliwska），于1943年7月7日成立。后来该部扩充为第1歼击航空团（1st Pulk Lotnicuwa Mysliwskiego）以及第2"华沙"夜航轰炸机团（2nd Pulk Nocznych Bombowcow）。这两个单位的空勤人员是波兰籍，但是指挥官是苏联人。第1歼击机团于1944年8月23日在华沙上空首次参战。

到1945年，波兰人民军空军已有1个混合航空军的实力，含强击和歼击机师各一。

▲ 1945年初，第6近卫强击机团的伊万·巴甫洛夫（Ivan Pavlov）大尉在东普鲁士。巴甫洛夫的老家在哈萨克斯坦的库斯塔奈，他是二战中最著名的苏联IL-2飞行员之一，1942年夏参战，到1943年9月，他已经执行了超过120次任务，并在空战中打下了3架德机。他的家乡居民听闻这一消息后特地募集资金捐献了1架IL-2给他，如本张照片所示，上面的文字为"赠给同胞、'苏联英雄'巴甫洛夫同志 库斯塔奈工人赠"。在飞机上的是巴甫洛夫的后射机枪手：谢尔日·马米林（Serzh Mamyrin）中尉。巴甫洛夫是第一个完成200次出动的IL-2飞行员，在战争中两次荣获"苏联英雄"称号：第二次是1945年2月23日（当天是红军节）。到战争结束时，伊万·巴甫洛夫总出击次数为250次。除了巴甫洛夫，第6近卫强击机团在战争中另有9人荣获"苏联英雄"称号。

顾此失彼

拿下波兰首都，标志着红军基本打垮了维斯瓦河一线的德军前沿防御部队。各方面军开始向德军后方纵深突击，发展胜利：罗科索夫斯基的白俄罗斯第2方面军向北扫荡，直指波罗的海，以达到分割、孤立东普鲁士的目标。朱可夫的白俄罗斯第1方面军的目标是波兹南（Poznan），并计划在2月初进抵比得哥熙-波兹南（Bydgoszcz-Poznan）一线。在南翼，科涅夫的乌克兰第一方面军将集中主力将向西北方向进攻，直趋布雷斯劳（Breslau）。而其右翼的第59和第60集团军则继续向西突击，以攻占重要的上西里西亚工业区。西里西亚对纳粹德国的重要性是不言而喻的：这里有数个大型合成燃料厂，15个钢铁厂年产钢240万吨，还有100多个煤矿，每年产煤达9500万吨。

希特勒当然不会把这么重要的地区拱手相让。他决定将德国国防军中的顶级精锐："大德意志"装甲军从东普鲁士抽出来，堵到乌克兰第1方面军正面。但如此调动势必要通过朱可夫的白俄罗斯第1方面军及空军第16集团军的战区。此时朱可夫大军的进攻势如破竹，战役打响才4天，已经向西推进了150公里。空军第16集团军对各交通道路狂轰滥炸，以阻止德军的任何调动、增援及阻击行动，第3轰炸机军和第211轰炸机师在这一系列战斗中起了关键作用。他们炸坏了罗兹（Lodz）、拉斯克（Lask）和帕比亚尼策（Pabianice）的火车站，以及位于符沃次瓦维克（Wloclawek）、横跨普洛次克（Plock）和托伦（Torun）的铁路、公路桥梁。在罗兹火车站，正在卸车的"大德意志"装甲军被红军飞机捉个正着，还未投入交战就损兵折将，其南下被迫延迟。

在南方，18日，科涅夫的部队拿下了克拉科夫，第4装甲集团军此时已溃不成军。这样一来，在其南边的德国第17集团军的侧翼彻底暴露。科涅夫将原本向西的近卫坦克第3集团军（雷巴尔科）向南旋转90度，去包抄这一洞开的侧翼，辅以第21集团军和近卫骑兵第1军进行正面冲击。这样驻守西里西亚工业区的德国第17集团军从北边到东边，被第21、第59、第60三个集团军围攻，后路还有被雷巴尔科切断的危险。没有选择，他们只能后撤，准备在下西里西亚东面建立新的防线。而红军为了完整的夺取工业区，后来有意围三阙一，才让第17集团军逃脱了被全歼的下场。

为了给白俄罗斯第1方面军的先锋部队提供不间断的空中保护伞，空16集冒着危险向前线转场，而红军地面部队虽已碾过了这些地段，但仍有不少残余德军尚未肃清。这点和1941年夏天德国入侵苏联初期德军第2航空队面临的境况极为相似。由阿纳托里·鲁巴欣（Anatoliy Rubakhin）少校指挥的第402歼击机团（卫国战争中苏军王牌歼击机团之一）奉命前出到华沙西边的索哈切夫，等他们降落后才发现，苏联陆军甚至还没能完全控制住此地，城市西郊部分仍在德国人手里！

在空军的大力协助下，白俄罗斯第1方面军下属近卫第8集团军于1月19日解放了波兰的大工业中心罗兹市。不过由于推进得太快，近卫第8集团军甚至被自己人误炸，直到他们打出绿色信号弹才消除了误会。此时因为西线抽调来的航空部队陆续到达，德机变得日益活跃。18日，冯·格莱姆将军决定第二天第6航空队倾巢出动。同时，国防军也命令把可用的全部航空油料库存集中调拨给东线组织空中行动："其他任何战区的重要性和东线相比都不值一提"。

19日，德国第6航空队执行了813次空中任务，宣称击落了36架苏机，摧毁了40辆坦克和178台机动车辆。不过德国人无疑处于被动局面，德方记录红军飞机当天出现了1900个架次！红军歼击机对敌方机群采用高速掠袭、一击脱离的战术，在1941和1942年，那些德国战斗机王牌就是这么干的，现在轮到苏军以其人之道还治其人之身了。虽然少数身经百战的德国老手依旧能在空战中取得一些胜利，但随着大批基干飞行员转向去对付英美航空兵，东线德国空军的境况也变得越来越糟了。战后，一位德国飞行员对历史学家约翰·普里恩（Jochen Prien）说："苏联飞机的数量优势没有西方盟军那么明显，但是他们的战斗机飞行员往往表现得更加出色。"

此时，德军头号战斗机王牌埃里希·哈特曼上尉已将个人战绩提高到336架。1月末，他被调去领导第53战斗机联队第1大队。这个长期在西线作战的部队到了东线后明显水土不服，上级希望哈特曼的经验能帮助他们。不过据赫尔穆特·利普弗特中尉回忆，哈特曼"未能给该大队注入战斗精神"。第6战斗机联队在罗兹市投入战斗，在19日一天之内就被打掉了4架Fw-190 A8。同一天，在东普鲁士上空的交战中，第3攻击机联队联队长提奥尔多·诺德曼（Theodor Nordmann）少校阵亡。诺德曼少校在德国攻击机部队中享有很高的威望，他个人执行过1200次战斗任务，是仅有的7名荣获宝剑橡叶骑士十字勋章的攻击机飞行员之一。在1月17至19日，顶级精锐第52战斗机联队也报销了15架飞机。19日，第6航空队统共损失各类飞机32架。

进抵德国

在一系列的溃败之后，德国本土已面临着红军的直接威胁。1月20日，科涅夫的乌克兰第1方面军在纳姆斯劳（Namslau）越过德国原来的国境线。

同一天，随着白俄罗斯第3方面军下属的精锐——近卫第11集团军开进战场，东普鲁士方面的战况也愈发激烈。在近11集进入交战前，苏联空军以130架轰炸机对集团军行动地带最大的铁路中心因斯特堡实施了轰炸。同时，2个轰炸机师和2个强击机师出动300架飞机猛烈空袭了德军的抵抗枢纽——贡宾嫩城，趁航空兵突袭、德军的防御陷入混乱之际，红军地面部队攻占了大半个城市。更北边，在空军第3集团军飞机的掩护下，波罗的海沿海第1方面军的左翼也介入了对东普鲁士的进攻，在蒂尔西特（Tilsit）附近冲过了冰封的涅曼河（Neman）。在当天的一次行动中，由里亚茨基（Lyadskiy）大尉率领的

第90近卫强击机团的一队IL-2和一批德军的Hs-129遭遇，爆发了一场攻击机之间的空战，苏军战后上报击落了3架Hs-129。

1月20日，第6航空队出击575架次，宣称击落19架苏机，击毁坦克23辆。但德国人也付出了高昂的成本：在损失的24架飞机中，1架Fw-190 F8是由第1攻击机联队第9大队的古斯塔夫·舒伯特（Gustav Schubert）中尉驾驶的，中尉本人当场死亡。舒伯特是橡叶骑士十字勋章获得者，在苏德战争爆发的第一天就参战，执行过1100次任务，击毁坦克70辆，是德国攻击机部队的标志性人物之一。21日，德军又失去了一名尖子，第1攻击机联队第2大队大队长，骑士十字勋章获得者恩斯特·罗伊施（Ernst-Christian Reusch）少校。也在这一天，坦能堡落入苏军手里。此地是日耳曼军事胜利的象征之一，在第一次世界大战中，俄军的精华就在此地被德军歼灭。22日，红军占领了因斯特堡。

注意到德国空军在东普鲁士气焰颇盛，空军第1集团军决定对柯尼斯堡（Konigsberg）附近的机场进行空袭，以求将德机消灭在地面。第1近卫强击机师、第227近卫强击机师和第6近卫轰炸机师在数天内连续了扫荡上述目标，上报将64架德机击毁在机场上，击伤了40架。

▶ 1945年初，第1攻击机联队第1大队一位奥地利籍的飞行员艾贡·布德里安（Egon Budrian）在完成任务后归来，满面笑容。即使到了1945年，仍有不少德军官兵拒绝相信德国会成为战败国。应该承认，纳粹的宣传机构水平极高，在相当程度上鼓舞了军队的士气，延长了战争。

在中路，德军的情况更是不妙。朱可夫的白俄罗斯第1方面军渡过维斯瓦河后势不可挡，一路突进，直冲瓦尔塔河（Warta River）。在这一带德军只能派出飞机进行阻击，但是消耗极大。20日，第4攻击机联队第2大队失去了阵中最有经验的飞行员之一，于尔根·哈朗（Jurgen Harang）中尉，哈朗后被追授骑士十字勋章。

20至21日，第77攻击机联队损失了18架Fw-190和Ju-87。20日，联队中的反坦克王牌，拥有85辆坦克击杀记录的汉斯·路德维格（Hans Ludwig）军士长驾驶他的Ju-87与1架苏军的IL-2相撞，路德维格当场丧生。

对德国空军而言，最大的损失还是来自于地面。22日，没有任何预兆，红军坦克突然冲进了波兹南以东的机场，以此为基地的第77攻击机联队和第9攻击机联队第4（反坦克）大队措手不及，只能仓皇逃命，机场上的20架Hs-129和Fw-190全部丢给了苏联人。而当天在攻击红军坦克纵队时，77联队有8架Fw-190被击落，这样他们一天之内就报销了15架飞机。第二天，同样的一幕发生在克莱奈辛（Kleineichen）机场，第9攻击机联队第4（反坦克）大队的2架Hs-129成了红军的战利品。当近卫第1坦克集团军控制住这一地带后，数出至少有700架德机被丢弃在地面。"刚开始，坦克集团军司令员卡图科夫将军拒绝相信这个数字。红军最高统帅部同样表示怀疑，派出一个特别委员会前来调查，证实这一情况是准确的。"

在朱可夫大军的南翼，乌克兰第1方面军的第5近卫集团军在布雷斯劳东南的奥波莱横渡奥德河，并于22日在西岸建立了桥头堡。

东北方向，罗科索夫斯基的白俄罗斯第2方面军通过东普鲁士中部汹涌向北，然后向右侧转向。22日，白俄罗斯第2方面军下属的第3近卫骑兵军冲进了奥尔什丁（Allenstein），而毫无防备的德国人还在这里的火车站为第4集团军卸载武器装备！

23日，朱可夫的部队攻克了比得哥煦（Bydgoszcz），推进到波兰原来的国境线。这样在9天内，他们向西跃进了300公里！

而罗科索夫斯基则掩护着西南方向朱可夫的北翼，往东则和白俄罗斯第3方面军相呼应。1月23日晚间、24日清晨，罗科索夫斯基的先头部队进抵波罗的海之滨的维斯杜拉泻湖（Frisches Haff），这里位于波罗的海沿海的柯尼斯堡和但泽（Danzig，现波兰北部港市格但斯克）之间。24日，近卫第5坦克集团军主力到达，这样，莱因哈特大将的中央集团军群在东普鲁士的主力——整个第3装甲集团军、第4集团军和第2集团军的8个师——被包围了，向西方撤退的后路被切断了。

南方德军的运气比北方的同伙好不了哪里去。在布雷斯劳两翼，乌克兰第1方面军均设立了奥德河西岸桥头堡，一个在施泰瑙（Steinau），还有一个在奥波莱-布热格-奥劳（Oppeln-Brieg-Ohlau）地区。苏军先锋直接超过德军溃退的大部队，如脱缰野马般狂奔向西。瓦尔特·内林的第24装甲军和第62军残部发现他们处于维斯瓦河与奥德河之间的地带，被进攻的红军挟裹在一个"移动的大锅"里，只能往西边打边撤，而补给只有零星的空投。德国人放出了第8航空军全部的飞机（包括Bf-109战斗机），全部投入了对渡口的攻击，才暂时阻止了苏军进一步挺进、扩大登陆场的企图。在此类交战中，1月23日，第52战斗机联队第1大队和联队本部被击落了5架Bf-109，全联队在22和23日报销了17架飞机。

但无论如何，德国空军都得硬着头皮打下去。24日，汉斯·塞德曼将军的第8航空军更名为西里西亚空军指挥部（luftwaffenkommando Schlesien）。当天，塞德曼所部执行了280次战斗任务，他们向严密的苏军防御网发起冲击，死伤惨重。第4攻击机联队在24和25日两天损失了9架Fw-190。而被调到东线作战的第301战斗机联队同期也损失了3架Fw-190，其中1架Fw-190 D9在25日被苏联歼击机击落。德国空军的拼死反击总算赢得了时间，地面援军陆续抵达，从西线紧急调来的第169步兵师抵达布雷斯劳，堵住了苏军的去路。随后，"大德意志"装甲军和内林的"移动大锅"也抵达西里西亚，作为援兵加强防守。

不过上西里西亚工业区及其更东南方向的防御已经没救了。负责防守此地区的德军第17集团军10万人在苏军的迅猛攻势下几乎陷入合围，在最后时刻，约三分之一的部队好不容易逃了出来。在这一系列战斗中，1月27日，乌克兰第1方面军下属的第60集团军解放了奥斯威辛。这里的一切让他们完全惊呆了。

奥斯威辛集中营是如此的凄惨和可怖，以至于当苏联公布相关照片和电影时，西方媒体一开始都拒绝相信这种"红色影像"。但是亲眼看到这些的苏联士兵自然明了这一事实。再加上这一年半以来，德军在撤退时执行焦土政策，边撤边烧，红军解放的城镇往往只剩下颓垣残壁，青壮年、大型牲畜被掳走，妇女被强奸：苏联人心中早已按捺不住的怒火被彻底点燃了！顺便值得一提的是，就是现在西方史学界，也承认德军：无论是党卫军还是国防军，都是杀人抢劫强奸样样在行，但却有相当多的中文书籍，却还在一本正经的宣称德军在苏联境内是如何"文明"、如何"秋毫无犯"、"没有大规模强奸行为"云云。这些年来支持希特勒从东方夺取"生存空间"的"德国人民"，将尝到被掠夺的滋味了！

▲ 1945年初，苏联军人在1架Hs-129的残骸边上。1月22日，红军坦克部队闪电突袭了波兹南东边的德军机场，将大批德国空军飞机摧毁在地面。这些Hs-129属于第9攻击机联队第4（反坦克）大队。

进入德控地区后，苏军以牙还牙，有的部队烧杀抢掠，军纪很差，甚至在盟友的土地上：比如南斯拉夫，也是如此。特别是俄国人常管不住自己的下半身，往往激发强烈的民愤，严重影响了苏联红军反法西斯解放者的形象。随着他们一路西行，身后留下了一片哭天抢地的妇孺（这种情况直到1945年春季苏联政府整顿军纪后才有所好转）。那些从德国战俘营被解放出来的人，对待德国平民尤其残暴。历史学家约翰·艾瑞克森写道："那些粗鲁、醉醺醺的、毫无纪律肆意杀戮的第二梯队：这些作恶的人很多是随着红军的推进，从德国的奴工营中被解救出来的，这些战俘被塞给一支手枪，就被立即补入了苏军队伍中。"在拉锯中，驻防德军有时也能看到此类景象，而设法从苏占区逃脱的平民则传播了这些恐怖。这无疑增强了德国人的抵抗意识，也让战争的最后阶段变得尤为血腥残酷！

回光返照

在1月24、25日，德军部队进行了重组。东普鲁士包围圈内的德国空军部队由新组建的东普鲁士空军指挥部（luftwaffenkommando Ostpreussen）指挥，司令官是克劳斯·乌艾伯（Klaus Uebe）少将。而西边那些还在德国人手中的东普鲁士和波美拉尼亚（Pomerania）地域内的空军部队则归第2航空军节制。

而中央集团军群重组为北方集团军群，之前的北方集团军群被更名为库尔兰集群，前A集团军群则改称中央集团军群。此外，为了保卫东普鲁士西部和波美拉尼亚，成立了一个新的维斯瓦集团军群，其麾下包括丢掉了华沙的第9集团军和从东普鲁士包围圈逃出的第2集团军的剩余部队。希特勒出人意料的启用党卫军全国领袖海因里希·希姆莱（Heinrich Himmler）出任集团军群司令官。众所周知希姆莱本人完全缺乏军事经验。这也表明希特勒的立场：国防军的将领均不可靠且有叛意，只有忠诚的党卫军才能拱卫首都！

26日，德军组织反击，意图打通和东普鲁

士包围圈的陆路联系。东普鲁士空军指挥部为此得到了从西边飞来的几个单位的支持,当天其下属部队全体出动,在低空炸射了苏军阵地和机动车辆。新调来的第4战斗机联队首次在东线作战就损失了9架飞机,其中5架属于第2(突击)大队。此前在与美军四发重型轰炸机的对抗中,该部立下不小的战功。第二天再战,第4战斗机联队又有6架飞机未能返航。

在南部,赛德曼将军的西里西亚空军指挥部所属飞机则猛烈空袭红军的奥德河桥头堡。27日,第4攻击机联队有7架Fw-190被地面火力击落,另有2架成了苏联歼击机的美餐。

而整个德国空军把主要精力放在了战线中央,特别是波兹南。朱可夫元帅的白俄罗斯第1方面军正从这里向德国首都进发!此前战况顺利得出乎意料,朱可夫已提前到达预定位置,现在他准备直接冲击柏林!27日,元帅向红军最高统帅部报告,在前往柏林的道路上已没有完整的德军防线和大规模的预备队了。朱可夫的判断没有太大的问题,现在德国人能仰仗的,只有空军了!

1月27日,德国空军出击1403架次,主要使用在中部战区。他们宣称以损失30架的代价击毁8辆坦克、20个炮兵阵地、约300台机动车辆,并击落了8架苏机。

这时老天爷来帮希特勒的忙了。大暴雨夹着雪倾盆而下,随后又是解冻:这给苏军带来了很大的麻烦,毕竟他们的后勤要利用新夺占地区的铁路网,这就面对轨道宽度不一致的难题。而解冻带来了泥泞,严重影响了坦克的机动,卡车和马拉货车也是寸步难行:如此苏联人只能利用有限的几条硬路面的公路运输补给,德国攻击机和战斗轰炸机自然不会放过这么好的机会。苏军的草地野战机场也或多或少受到了影响,出动效率降低了,而德国空军却拥有内线优势,可以利用德国境内在战前就修建的、拥有混凝土跑道和机库、装备良好的永备机场。

尽管因为天气恶劣,德方28日的出动架次跌到了608次,但在红军战线后方公路上淤积的大批车辆让德国攻击机饱餐了一顿。据他们战后报告,他们打掉了800台苏军车辆,另有14辆坦克和40门大炮。这样自进攻发起2周后,苏军开始失去冲劲。不过红军最高统帅部对此显得后知后觉。28日夜间、29日清晨,他们还对朱可夫和科涅夫发出命令,要求他们在2月15日或者16日开始联手进攻柏林!

德国空军在执行近距支援任务中损兵折将。1月30日,西里西亚的布雷斯劳附近,第52战斗机联队队部的赫恩赖希·菲尔格雷贝(Hernrich Fullgrabe)中尉驾驶Bf-109掠地攻击时被打中,人机俱毁。菲尔格雷贝中尉时任联队长赫尔曼·格拉夫的副官,1941年就已参战,出身于著名的第52战斗机联队第9中队,曾和赫尔曼·格拉夫、阿尔弗烈德·格里斯拉夫斯基、恩斯特·聚斯(Ernst Suss)并称"王牌四重奏",他在阵亡前获得了67个击坠记录,是骑士十字勋章获得者。次日,第77战斗机联队也在同一地区损失了6架Bf-109。

在维斯杜拉泻湖方向,罗科索夫斯基的白俄罗斯第2方面军打退了德军的反扑。30日,德国第4集团军再无力向西突围,希特勒解除了集团军司令官霍斯巴赫(Friedrich Hossbach)将军的职务。此前一天,北方集团军群司令官莱因哈特大将也被炒了鱿鱼,继任者是洛塔尔·伦杜利克大将(Lothar Rendulic)。

31日,被围在托伦(Thorn)的德军在白俄罗斯第2方面军的后方发动一次反击,威胁到方面军左翼的后勤供应线。眼看着苏联第70集团军要挡不住了,空军第4集团军的飞机及时杀到,第260强击机师火力全开一阵猛扫,德军死伤惨重。事后,第70集团军司令员承认,IL-2在挫败德军反击中起了决定性作用。

现在,红军已经一口气向西前进了300至500公里,后勤补给已经到了极限。这给了德军全线反击的机会。朱可夫的白俄罗斯第1方面军离柏林只有不到100公里了。在这一地区,德国人在20世纪30年代曾经构置过梯次配置的防御地带,当时是为了抵御波兰方面可能发动的对德国首都的进攻。

在1月底2月初，白俄罗斯第1方面军进抵奥德河，并在数个地点试图过河。1月31日，第5突击集团军下属的第89步兵师在基尼茨（Kienitz）建立了一个登陆场。往南一点点，2月1日，近卫第1坦克集团军在屈斯特林（Kustrin）附近也成功渡河建立了前进基地。第二天，第4近卫步兵军也在同一地点过河。

消除这些小桥头堡现在成了得到加强的德国第6航空队最优先的任务。从1月31日到2月2日，德国空军在东线出击3300个架次，同期，至少有107架德国飞机被苏军歼击机或者地面炮火击落。他们的拼死力战严重杀伤了红军的地面部队。历史学家克里斯多佛·达菲（Christopher Duffy）曾经这样描写过2月2日的屈斯特林登陆场：

"步兵在冰封的河面上小心翼翼地前行，在坚冰上排列木质的厚板和捆木作支撑物，一些高射炮被拖过河加强对空防御，驱离敌机。但Fw-190以7到9架的编队规模一波接一波地不请自来，连番轰炸扫射，行动只能终止。"

2月2日和3日，白俄罗斯第1方面军的第5突击集团军记录他们吃到德机5008个架次的袭击。"俄国佬在我们的空袭中的损失之大，你很难想象"，一个德国飞行员在家信中写道。在2月的头3天，德国空军宣称击毁51辆苏军坦克和约2000台机动车辆。

除了德国空军的袭扰，随着气温的上升，奥德河上的冰面开始解冻，也给苏联人带来了很大的麻烦。继续西进是不可能了，朱可夫只能命令部下掘壕据守。德国空军再次拯救了柏林：毫无疑问，这让战争又延长了一段时间。

事实上，到1945年2月下旬，德国空军把大部分可运作的飞机都集中到东线，暂时夺取了制空权。这意味着苏军面对的是德国空军王牌飞行员们的集中部署，哪怕是西方盟军，从1940年以来都不曾见识过如此强悍的阵容。随着霜冻化解，土地变软，接近前线的那些苏军临时机场变成了烂泥塘，与之相对应的是德方机场拥有完善的混凝土跑道。此消彼长，红军的空中威力大打折扣。在2月的头十天，白俄罗斯第1方面军对空观察哨记录有13950架次的德机飞过他们的头顶，而掩护他们的空军第16集团军仅执行了624次空中任务。德国空军对苏联机场的攻击加大了红军的困难。2月4日，红军著名的王牌飞行员，第3歼击机军的谢尔盖·基谢廖夫（Sergey Kiselyov）少校遭德机空袭，被炸身亡。基谢廖夫是1941年6月份就参战的老手，在牺牲前已经累积了18个个人战绩和1个集体战果。

基于上述原因，在少数的空中较量中，德国人也没吃什么亏。4日，据德方记录，双方在空战中各被击落14架飞机。当日，苏军另有一名在战争初期即入役的王牌战死，第813歼击机团的苏联英雄费奥多·米特罗法诺夫（Fyodor Mitrofanov）少校的La-7被击落，战绩永远停留在19个个人击坠加3个分享战果上。

从1月12日至2月3日，在维斯瓦-奥德河攻势中，红军总共损失战机343架。

▲ 1架被击落的Fw-190。1945年1月底至2月初，德国空军对红军地面部队的猛烈空袭在很大程度上迟滞了苏军的攻势，但是自身付出的代价也极为高昂。

东线德国空军的编成与实力（1945年1月10日）			
单位	机型	总数	可运作数量
第1航空队			
第54战斗机联队联队部	Bf-109 Fw-190	21	17
第54战斗机联队第1大队	Fw-190	35	32
第54战斗机联队第2大队	Fw-190	41	40
第3攻击机联队第3大队	Fw-190	39	35
第3夜战大队	Ar-66 Go-145	34	25
第1运输机联队第1大队	Ju-52	45	42
合计		215	191
第6航空队			
第51战斗机联队第1大队	Bf-109	36	26
第51战斗机联队第3大队	Bf-109	38	28
第51战斗机联队第4大队	Bf-109	34	24
第52战斗机联队联队部	Bf-109	10	5
第52战斗机联队第1大队	Bf-109	34	30
第52战斗机联队第3大队	Bf-109	42	40
第5夜间战斗机联队第1大队	Bf-110 Ju-88	43	35
第100夜间战斗机联队第1大队	Bf-110 Ju-88	51	41
第1攻击机联队联队部	Fw-190	5	5
第1攻击机联队第2大队	Fw-190	39	38
第1攻击机联队第3大队	Fw-190	38	36
第3攻击机联队联队部	Fw-190	9	8
第3攻击机联队第1大队	Fw-190	47	43
第3攻击机联队第2大队	Fw-190	34	31
第77攻击机联队联队部	Fw-190	6	6
第77攻击机联队第1大队	Fw-190	40	34
第77攻击机联队第2大队	Fw-190	38	31
第77攻击机联队第3大队	Fw-190	38	30
第77攻击机联队第10（反坦克）中队	Ju-87	19	16
第4夜战大队	Ju-87 Si-204	60	47
第3运输机联队第1大队	Ju-52	36	27
合计		697	581
第4航空队			
第51战斗机联队第2大队	Bf-109	36	26
第52战斗机联队第2大队	Bf-109	34	30
第53战斗机联队第1大队	Bf-109	19	18
第76战斗机联队联队部	Bf-109	4	4
第2攻击机联队联队部	Ju-87 Fw-190	10	7
第2攻击机联队第1大队	Fw-190	32	23
第2攻击机联队第2大队	Fw-190	34	29
第2攻击机联队第3大队	Ju-87	35	29
第2攻击机联队第10（反坦克）中队	Ju-87	10	9

第4航空队			
第9攻击机联队第4大队	Hs-129	59	45
第10攻击机联队联队部	Fw-190	3	1
第10攻击机联队第1大队	Fw-190	22	17
第10攻击机联队第2大队	Fw-190	23	19
第10攻击机联队第3大队	Fw-190	21	20
第4轰炸机联队联队部	He-111	1	1
第4轰炸机联队第1大队	He-111	25	22
第4轰炸机联队第2大队	He-111	23	12
第4轰炸机联队第3大队	He-111	24	11
第5夜战大队	Ar-66 Go-145	47	39
第7夜战大队	Hs-126 Fiat CR.42	54	37
第10夜战大队	Ju-87	30	25
第2运输机联队第2大队	Ju-52	11	11
第2运输机联队第3大队	Ju-52	28	16
第3运输机联队第3大队	Ju-52	31	22
合计		616	473
总计		1528	1245

苏联空军的编成与实力（1945年1月）						
	轰炸机	强击机	歼击机	侦察机	炮兵校射机	合计
空军第13集团军（支援列宁格勒方面军）	5	67	320	55		447
空军第3集团军（支援波罗的海沿海第1方面军）	433	331	645	52		1461
空军第14集团军（支援波罗的海沿海第3方面军）	26			22		48
空军第15集团军（支援波罗的海沿海第方面军）	219	157	145	38		559
空军第1集团军（支援白俄罗斯第3方面军）	343	449	605	107		1504
空军第4集团军（支援白俄罗斯第2方面军）	316	566	652	59		1593
空军第16集团军（支援白俄罗斯第1方面军）	546	664	1184	96		2490
空军第2集团军（支援乌克兰第1方面军）	522	919	1106	89		2636
空军第5集团军（支援乌克兰第2方面军）	136	260	333	22	20	771
空军第8集团军（支援乌克兰第4方面军）	89	193	219	52		553
空军第17集团军（支援乌克兰第3方面军）	227	380	458	31	29	1125
苏联空军伞兵部队	88	44				132
空军第7集团军（隶属大本营预备队）		148		15	11	174
大本营预备队	50					50
空军第6集团军（支援波兰人民军第1集团军）	122	91	143		37	393
总计	3122	4269	5810	638	97	13936

大崩溃

第十一章 CHAPTER 11

浴血布雷斯劳

当红军在柏林方向的攻势停滞后，红军最高统帅部决定把重点放到南北两翼。2月8日，猛烈的炮击过后，乌克兰第1方面军从布雷斯劳南北两侧的奥德河桥头堡杀出，突向尼斯河。对面的德军中央集团军群赶紧调兵遣将：以第4装甲集团军应对施泰瑙桥头堡，第17集团军则去封堵奥劳方向冲过来的苏军。汉斯·赛德曼将军指挥的第8航空军——2月2日，他们从西里西亚空军指挥部改回旧称——也全体出战。但德军防线未能撑多久就被打开了缺口，红军向西突进，一夜就挺进了60公里。

工程兵部队在前线很快建好了水泥跑道的机场，提高了空军的出动率，是苏联陆军迅速打开局面的重要原因。8日，德国最高统帅部战报，己方损失19架飞机，击落苏机9架。其中，第301战斗机联队损失5架，第300战斗机联队损失4架。次日，德苏双方的战损分别是43架和8架。9日德军飞行员的伤亡名单里，包括头号攻击机王牌，唯一的金钻石宝剑橡叶骑士十字勋章获得者、第2攻击机联队联队长汉斯·鲁德尔上校。当天鲁德尔用他的斯图卡轰掉了13辆苏联坦克，但座机随后被地面火力击伤，鲁德尔在迫降中挂彩，只能接受右脚的截肢手术，暂时退出了一线战斗。

11日在布雷斯劳，东线上空另一个传奇人物的生命画上了休止符。红军俯冲轰炸战术专家、杰出的领导者、第6近卫轰炸机军军长伊万·波尔宾少将的Pe-2被德国地面火力直接命中，机组成员中仅有通信员奥尔洛夫（Orlov）成功跳伞。数周后，波尔宾第二次赢得"苏联英雄"称号，但这次已是追授了。12日在同一空域，第41近卫歼击机团的米哈伊尔·谢缅佐夫（Mikhail Sementsov）大尉带领数架La-5为一群Pe-2护航，与一群德机遭遇。谢缅佐夫杀入敌阵，他刚打着了1架Fw-190，就被另1架俯冲下来Bf-109开火击中，2架飞机燃烧着一起坠向地面。此前大尉在战斗中8次负伤但都大难不死，创下了红军飞行员中的记录，但这次他的好运用尽了。谢缅佐夫的最终战绩为20个个人击坠和8个分享战果。

布雷斯劳的血战持续了数日，到15日，苏军第6集团军和第5近卫集团军的战线终于联成一体，布雷斯劳被包围了。为了帮助城内的35000名守军，德军组织了空中支援。猛烈的空袭多次迟滞了科涅夫的攻势。18日，第5近卫歼击机团的亚人称为"党卫军的斯大林格勒"。从1944年10月29日开始至1945年2月13日结束,苏联空军在布达佩斯战役中损失飞机293架。

在布达佩斯和布雷斯劳上空

1944年12月25日,红军包围了匈牙利首都布达佩斯。德国空军立刻开始了空运行动。在康拉德(Conrad)中将的领导下,空运补给行动部(Luftversorgungs-Einsatzstab)迅速成立,包括以下单位:

第2运输机联队第3大队(装备Ju-52)、第3运输机联队第3大队(Ju-52)、第2教导联队第1大队(Do-17拖带DFS-230型滑翔机)、第4轰炸机联队第1大队(He-111)、第4轰炸机联队第2大队(He-111)、第4轰炸机联队第3大队(He-111)和匈牙利空军运输机中队(Ju-52)。

由于费里海吉(Ferihegy)机场已被苏军夺取,再加上苏联歼击机成天在城市上空巡逻,空运任务从一开始就相当艰难,大多数只能在夜间进行。刚开始几周,布达城堡边上街区的主干道被当成了运输机和滑翔机的起降场地。但后来,此地也进入了红军大炮的射程。

随着被包围的日子一天天过去,城内的食品严重短缺。就像2年前的斯大林格勒那样,德匈守军只能搜刮手里的库存,甚至把军马也宰杀了。营养不良开始蔓延,随着温度越来越低,部队的状态也是越来越差,而匈牙利平民的日子更是不好过。据信1945年1至2月,有上万人死于冻饿。

在对布达佩斯的空运中,德国空军运输机部队损失了36架Ju-52、7架He-111和12架DFS-230滑翔机。另有36架滑翔机、1架Do-17和1架Ju-88在卸货后被放弃。

2月13日,布达佩斯被红军攻克。运输机单位又接到了新活:为西里西亚的布雷斯劳守军空运物资。该城于2月15日被围,这一任务获得了最高优先级,从2月16至20日,运输机单位飞掉了第6航空队库存油料的四分之一。

事实上,因为燃料危机,空运已很难再进行下去。而红军歼击机的坚决阻击更让情况雪上加

▲ 伊万·波尔宾,他的母亲因参与颠覆沙皇政府的活动被捕,他于1905年2月9日在狱中出生。1927年入伍,1931年成为飞行员,1933年至1941年在远东服役,从1939年起指挥轰炸机团,在苏日诺门罕冲突中曾荣获列宁勋章。在卫国战争中历任第150快速轰炸机团团长、第301轰炸机师师长、第6近卫轰炸机军军长。先后执行过157次战斗任务,发展完善了轰炸机作战战术,因表现出色于1942年11月23日荣获"苏联英雄"称号。1945年2月11日在布雷斯劳上空牺牲。

历山大·马斯捷尔科夫(Aleksandr Masterkov)上尉驾驶La-7在一次任务中上演帽子戏法,打下了3架Ju-87。当天同一空域,第77攻击机联队第10(反坦克)中队的2架Ju-87 G2被苏联歼击机击落,此外还有2架Fw-190损失。而第2攻击机联队第2大队18日也有4架Fw-190未能返航。

再往南,在匈牙利,在经过数周血战后,乌克兰第2方面军和乌克兰第3方面军的部队终于完成了对布达佩斯的包围。由于守城德军中有相当部分的党卫军,布达佩斯巷战惨烈异常,被后

霄。运输机大多只能在夜间出动，尽管如此，其损失率仍在10%左右。从2月15日至3月24日，装备Ju-52的单位共执行了635次往返布雷斯劳的运输任务，损失了64架飞机。从1945年3月中旬起，He-111型飞机也被用于布雷斯劳空运。后来一些Bf-109和夜间攻击机部队的双翼机都被拉来执行空投任务。由于红军地面部队的推进，从4月7日起，运输机已无法在包围圈内起降。再加上极度缺油，以后的运输只有零星的空投了。

对布雷斯劳的最后一次补给是在1945年5月1日由7架飞机投放滑翔机完成的。少许，2架Fi-156型联络机落下，将滑翔机飞行员接走。整个布雷斯劳空运行动一共输入了1800吨物资，共有165架运输机损失。

东普鲁士的陷落

随着东普鲁士包围圈被封闭，德国海军启动了海运支援，并大规模疏散市民。而空军第1集团军和萨莫欣（Mikhail Samokhin）将军指挥的红旗波罗的海舰队航空兵（VVS KBF）则开始了对德国港口和船只的空袭。

德军在柯尼斯堡的防御阵地也遭到红军飞机的猛烈攻击。2月3日，第6近卫轰炸机师轰炸了普赖斯艾劳（Preussisch Eylau）的德军防御支撑点，丢下了55吨FAB-500和FAB-250型高爆弹。5日，第1近卫强击机师的IL-2突袭了从皮劳（Pillau）启航的德国船只，打沉了德军1艘炮艇和1艘猎潜舰。当天在保卫港口的空战中，第51战斗机联队联队部上报击落7架苏机，其中1架为赫尔穆特·勋费尔德（Helmut Schonfelder）军士长的第50次胜利。第二天苏军还以颜色，装备Yak-9的第483歼击机团飞行员维克多·布洛津斯基（Viktor Brodinskiy）上尉一天之内消灭了3架Fw-190，把个人战绩提高到15架。

10日，苏军强击东普鲁士，在东边，是切尔尼亚霍夫斯基的白俄罗斯第3方面军，兵锋直指柯尼斯堡。而罗科索夫斯基的白俄罗斯第2方面军则从格劳登茨（Graudenz）南部出发，主要目标是但泽。攻势得到了空军的强力支援。空军第1集团军、空军第3集团军和红旗波罗的海舰队航空兵助战白俄罗斯第3方面军，对德军的堡垒、港口和舰队进行了轰炸。

▶ 米哈伊尔·索姆科林（MikhailSamokhin）将军，苏联红旗波罗的海舰队航空兵司令员。从1941年7月15日到战争结束，这一职务一直由他担任。从1941年至1945年，红旗波罗的海舰队航空兵执行了158050次战斗任务，宣称击落2418架飞机，自损1670架。

红军逐步夺回了在1月底失去的制空权。2月12日，德国最高统帅部战争日志记载，当天观察到苏联空军出现了1500个架次，德军的出击记录是1133次。在战斗中，德军折损了2员经验丰富的老将：在雷布斯（Lebus）地域靠近莱奇（Letschin），1架苏联歼击机击落了第1攻击机联队第1大队大队长霍尔斯特·考比什（Horst Kaubisch）少校驾驶的Fw-190，考比什在阵亡前已执行了超过1000次空中任务，荣获橡叶骑士十字勋章。离考比什的坠机地点不远，第9攻击机联队第10（反坦克）中队的奥托·里茨（Otto Ritz）上士驾驶的Hs-129被苏军地面火力打中，再没有人见到这位拥有70辆坦克击毁记录的对地攻击专家。苏方作战日志显示，当天第176近卫歼击机团的伊万·阔日杜布少校驾驶La-7击落了3架Fw-190。

据德方文献，13日，有25架德机和12架苏机在交火中被击落。次日，德机损失21架，但只上报打下来5架苏机。15日，空军第1集团军执行了1600次战斗任务。尽管如此，柯尼斯堡的防守依旧坚如磐石，无论在空中还是地面，德国人的反击都十分猛烈。18日，在空战中第51战斗机联队第3大队宣称在东普鲁士取得了6次胜利，约阿西姆·布兰迪上尉上演帽子戏法。红军第9近卫歼击机团副团长普洛特尼科夫少校的牺牲也表明苏方处境艰难：他的La-7在19日被敌军地面火炮击落。4天后，第66近卫歼击机团拥有15架战果的王牌弗拉基米尔·什马盖伊洛（Vladimir Shmagaylo）上尉也在柯尼斯堡上空成了德军高炮的牺牲品。

德军仍试图夺回战场的主动权。在波美拉尼亚，新组建的维斯瓦集团军群接收了一批强援，包括新组建的党卫军第11装甲集团军，后更名为第3装甲集团军，原来中央集团军群下属的第3装甲集团军的下属单位已解散或合并到驻东普鲁士的其他部队中了。15日，维斯瓦集团军群在斯德丁（Stettin，即什切青，波兰西北部城市）东南方向的施塔尔加德（Stargard，现称布格施塔尔加德）对朱可夫的白俄罗斯第1方面军的右翼进行了一次逆袭。开始阶段德军取得了一些成功，解除了施塔尔加德东南30公里阿恩斯瓦尔德（Arnswalde，现称霍什奇诺）的包围圈，并夺回了南面的皮利兹（Pyritz）。在以上作战行动中，第51战斗机联队第1大队的京特·乔斯滕上尉在16日击落了5架IL-2，个人击坠记录站上150架大关。

但红军迅速投入反坦克炮和飞机，狠狠地回击了德国人。17日在空战中，第482歼击机团的加夫里尔·季坚科（Gavriil Didenko）驾驶La-7轰下了3架Fw-190。第二天的战斗，第51战斗机联队第4大队付出了4名飞行员战死的代价，包括拥有24架击坠记录的约翰内斯·凯勒（Johannes Keller）下士。19日在同一地区，第3战斗机联队第4大队有6架Fw-190被击落。德军的推进被遏制住了。

为了反制苏方的空中优势，从2月20日开始，所有东线的德国战斗机都被派出去执行自由猎杀任务，这也开始了德国战斗机部队最后一段空中狩猎时光。在行动的第一天，德国战斗机交出了击落54架、自损11架的答卷；次日的成绩是20次胜利，7个战损。由于德军战斗机联队攻击重点的转移，苏军空军——特别是强击机部队损失增多了，但是苏联陆军遭受的空中压力因此明显减轻。随着德军在施塔尔加德的攻势被挫败，红军开始组织对东波美拉尼亚的进攻。

注意到维斯瓦集团军群从北面威胁到白俄罗斯第1方面军右翼，再综合当时的情况，红军最高统帅部决定白俄罗斯第2方面军不再进攻东普鲁士，把攻击矛头向西北移动，会同朱可夫的右翼，攻占但泽至斯德丁之间的东波美拉尼亚，粉碎盘踞在此的维斯瓦集团军群（从西往东部署为第3装甲集团军、第2集团军），前出到波罗的海海岸。2月24日晨，罗科索夫斯基的白俄罗斯第2方面军的第19集团军在新斯德丁（Neustettin，现称什切齐内克）附近转入进攻，迅速取得了成功。一天之内集团军就推进了20公里。26日，罗科索夫斯基的后备力量近卫第3坦克军参与进攻，向德军后方发展胜利，次日，德军的防御枢纽新斯德丁被攻克。3月1日，在罗科索夫斯基西南翼，即2月中旬德国维斯瓦集团军群发动反扑的地域，白俄罗斯第1方面军下属第3突击集团军和波兰人民军第1集团军冲击了德国第3装甲集团军阵地，并在党卫军第3装甲军和党卫军第10军的结合处凿穿了防线。朱可夫立刻把第二梯队——近卫第1、第2坦克集团军及第61集团军投入战斗，向北突进以扩张战果。

而苏联空军此时正忙着应付德机的自由猎

▲ Ju-52正面图。这种飞机在东线对很多德国军人而言是希望的象征。运输机部队在战争中进行了很多困难重重的空运，他们的最后一个重大任务就是给布雷斯劳的守军运输补给。以第3运输机联队第2大队为例，他们从1945年1月1日到战争结束，共执行了566次任务，运送了657吨物资和7052名士兵，付出的代价是损失52架Ju-52，105名机组成员阵亡或失踪，23人负伤。

杀,并派出相当多的歼击机执行相同的任务进行反制。他们飞到朱可夫坦克矛头的前面,到德军大后方寻找战机,战果颇丰。3月3日,第233歼击机团的王牌飞行员弗拉基米尔·别里契科(Vladimir Velichko)中尉在一天内击落敌机4架,包括3架Fw-190和1架Ju-52运输机。3月3日,在施塔尔加德地域执行任务的第3战斗机联队共损失飞机17架。但搞笑的是,德国最高统帅部战争日志记录,"本日飞机损失为零"。

挺进的苏军遭到德国地面部队和空军的绝望反扑。3月3日第3战斗机联队第1大队瓦尔特·布兰特(Walter Brandt)少尉的经历可谓这一时期德国士兵战斗的缩影。据德方记载,布兰特少尉此前已在战争中丢了一条腿,他当天拖着义肢出动,在被击落前,他在战斗轰炸任务中击毁了3辆苏军坦克,20辆卡车,并击坠了3架敌机(他个人的第40至42次胜利)。当天1大队总战绩是6个击坠,付出了7架Bf-109的代价。

红军的进攻极为犀利,4日,近卫第1坦克集团军在科尔贝格(Kolberg,现科沃布热格)冲到了波罗的海,控制了80公里的海岸线,德国第2集团军被分割包围了。同时,第3装甲集团军遭到穿插,被切为两半,东边的党卫军第10装甲师被孤立在斯德丁和新斯德丁中间的德拉姆堡(Dramburg)附近,而其他部队则被逼到西边退往斯德丁和奥德河下游。

3月4日至5日,在本地区的空战中,空军第16集团军上报损失飞机7架,消灭德机25架。德国方面,仅第3战斗机联队在3月5日就有十余架Bf-109战损。第233歼击机团的尼古拉·耶夫谢耶夫(Nikolay Yevseyev)中尉成了德国人的煞星,当日他射杀了3架德机:1架Bf-109、1架Ju-87和1架Fw-190。同团的别里契科中尉在6日又在德国人伤口上撒了把盐:他一天之内击落了3架Fw-190,把个人击坠记录提高到11胜(含1架集体战绩)。但两天之后,别里契科在和一群Fw-190的交战中被击落失踪,这批德机应该属于第11战斗机联队第3大队。

2月份,越来越严重的燃料危机已经扼住了德国空军的咽喉。3月4日,德国最高统帅部不得不命令限制战斗机活动——除非是喷气式战斗机拦截美国陆航和英国皇家空军的重型轰炸机。德国空军把主要精力转移到了东线,据战争日志记载,3月的第一周,其日出动频率为285个架次至621个架次,到9日达到了1718个架次。当天德方记录击落苏机19架,但苏联空军的优势还是一天强似一天。

10日,白俄罗斯第2方面军夺取了但泽西北的施托尔普(Stolp,现斯武普斯克)和东边的埃尔宾(Elbing,现埃尔布隆格),维斯瓦集团军群的防线已是支离破碎。在波美拉尼亚(Pomeranian)战区,第3战斗机联队仍在苦战,11日在斯德丁附近,在和一群La-5的较量中他们报销了6架飞机:2架Bf-109 K4,2架Bf-109 G10和2架Fw-190,他们的对手无疑是精锐的第176近卫歼击机团。团内的La-7王牌们在团长帕维尔·楚比科夫(Pavel Chupikov)上校的带领下在斯德丁执行游猎任务,团长本人报告击落了2架Fw-190,另有1架福克被伊万·阔日杜布少校击毁,而谢尔盖·什普尼亚科夫(Sergey Shpunyakov)上尉和尼古拉·鲁坚科(Nikolay Rudenko)上尉则各取1架Bf-109。3月3日至3月11日,第3战斗机联队承认在东线损失Bf-109和Fw-190共37架。此外,第3歼击机军军长叶夫根尼·萨维斯基(Yevgeniy Saviskiy)将军在11日也亲自出马,驾驶Yak-3在斯德丁上空参加了自由猎杀行动并击落了1架Fw-190。他的手下败将很可能是第1战斗机联队第5中队的中队长、拥有15架战绩的胡伯特·斯沃伯达(Hubert Swoboda)少尉,斯沃伯达当时被1架Yak-3打中,虽成功跳伞,但后来还是伤重不治。同日在东面,第51战斗机联队第4大队拥有69架击坠记录的王牌彼得·卡尔登(Peter Kalden)中尉遭击落被俘。

到3月中旬,除了几个据点外,东普鲁士西边的波美拉尼亚地区已基本被罗科索夫斯基和朱可夫荡平,东普鲁士、特别是柯尼斯堡的德国守军成了红色

◀ 叶夫根尼·萨维斯基，1910-1990，红色空军杰出指挥员，在苏联空军中他首先引入了松散护航的概念，即护航的歼击机松散地分布在伊尔-2机群的周围和上方1000至1500米的范围内，而非早期战术条令中的紧凑密集混编队形，赋予了护航歼击机更大的主动性。他的另一个贡献是率先放弃了过时的三机V型编队，转而采用先进的两机或四机编队。他担任军长的第3歼击机军是苏联歼击机部队中战绩最好的军级单位。1944年他年仅34岁就被提升为中将，并获得"苏联英雄"称号。他也是一名技艺高超的空战王牌，击坠记录为22个个人战绩和2个分享战果。萨维斯基极富个人魅力，在部属中威信很高，不过由于过于耿直、时常据理力争，导致同上级的关系恶劣，所以上至第3军，下至下属各团都没有获得"近卫"称号。1961年萨维斯基晋升空军元帅。1966年出任国土防空军副司令，1980年起任苏联国防部总监组成员。

海洋中的孤岛。这为红军最后拿下城市打下了基础。

2月18日，白俄罗斯第3方面军司令员切尔尼亚霍夫斯基大将在前线巡视时遭德军炮击，红军的杰出统帅、最年轻的方面军司令员当场牺牲。亚历山大·华西列夫斯基元帅接替了他的职务。3月13日，华西列夫斯基开始攻打柯尼斯堡。但一连5天天气都极差，红军的空中优势无从发挥，地面部队只能以每天4至10公里的进度艰难行进。18日，天气放晴，当天空1集和空3集就放飞了2520个架次，红旗波罗的海舰队航空兵和空军第18集团军的远程轰炸机也参与了轰炸行动。随后几天，德国防御阵地、码头设施和运输船只都遭到了猛烈空袭。

为减轻地面守军的压力，驻东普鲁士的德国战斗机部队也拼上了老命。3月18日，第51战斗机联队第3大队的约阿西姆·布兰迪上尉在空战中连续击落了3架苏机，其中1架很可能是由第163歼击机团的彼得·科萨琴科（Petr Kozachenko）中校驾驶的，中校本人拥有12架击坠记录，当天他在东普鲁士上空牺牲。第51战斗机联队付出的代价是第10中队再折一名中队长，乌泽尔曼（Urselmann）少尉阵亡。22日，第51战斗机联队第3大队上报至少击落了8架苏机。27日，第51战斗机联队第4大队的伯恩哈德·范克泰尔中尉的战绩攀升到100胜。

但这些成功的意义对德国人而言聊胜于无。25日，苏联航空兵在柯尼斯堡空域出击了约5000个架次，协助地面部队夺取了柯尼斯堡西南的海利根拜尔（Heiligenbeil，现马莫诺夫）。德国第4集团军不得不退往弗里茨-加夫湾（Frisches Haff）。沿着海岸线行动的他们无遮无掩，在红军飞机凶狠的打击下损失惨重。

3月26日，第51战斗机联队联队部上报击落了7架德国轰炸机。第二天，装备Yak-3的第66近卫歼击机团失去了一名王牌飞行员，拥有15个击坠战果的马克·西多维克（Mark Sidorenko）上尉在空战中牺牲。但这两天，苏联红军在此战区出击总数达10000架次。3月13日至3月27日，空军第1集团军和空军第3集团军一共出了20030次任务，其中有15440次是在白天。本月，2个空军集团军共执行战斗任务30000次。

到29日，德军在柯尼斯堡以南的据点全部被红军拔除。当天，北方集团军群司令部报告："敌方战斗机和攻击机活动猖獗。前线、道路和桥梁都遭到其日益猛烈的轰炸和扫射。"

现在红军开始着手准备拿下柯尼斯堡。德军的防御力量很强，迫使苏联空军必须打起十分的精神来应付。除了空1集、空3集、波罗的海舰队航空兵外，红军还调来了空军第18集团军，此外空军第4和第15两个友邻集团军各贡献了1个轰炸机军。这样为准备这场战役，红军共集结了2400架飞机，所有战斗活动由最高统帅部代表、空军主帅亚历山大·诺维科夫负责协调。由于气象条件不佳，红军最高统帅部决定将预定开始战役的日期从4月5日推迟至4月6日，由此可见，柯尼斯堡战役中苏联空军的战斗活动是何等的重要。

4月6日上午，华西列夫斯基元帅指挥的白俄罗斯第3方面军开始攻城。早晨天气不好，限制了红军飞机的发挥，但到下午，老天爷终于开眼，苏联航空兵大举出动，共达1000个架次。7日，天气继续好转，从10时至13时30分，第334轰炸机师的246架Tu-2分三波光临柯尼斯堡，轰炸了德军的防御设施。Tu-2们得到了124架歼击机的护航，同时苏军还派出108架歼击机围绕城市在不同高度上巡逻，将德国战斗机驱逐出空中。诺维科夫同时要求空军第18集团军司令员戈洛瓦诺夫派出500架远程轰炸机参与行动。后者对白天出动这么大规模的编队感到为难，但诺维科夫清楚柯尼斯堡空域的德国空军已被打垮："将有125架歼击机保护您的轰炸机，他们是不会把1架'梅塞'放进来的！"在远程轰炸机抵达柯尼斯堡前20分钟，苏联空军的300架强击机和轰炸机对德方两个主要机场进行压制。最终，空军第18集团军516架轰炸机在德国人头顶上扔下了

▲ 柯尼斯堡上空的Pe-2编队。

550吨炸弹后，全部安全返航。

现在柯尼斯堡守军的命运已经被决定了。有200至300架红军强击机在歼击机的直卫下飞翔在城市上空，全天，第11近卫歼击机军的飞机都在封锁德国机场、扫射高射炮兵阵地。4月7日，红旗波罗的海舰队航空兵执行了240次战斗任务，对集中在皮劳（Pillau）港口的德国舰艇进行了空袭。同日，苏联飞机在柯尼斯堡上空出现了5000个架次。德军柯尼斯堡城防要塞司令拉斯（Lasch）将军被俘后供认："在攻克柯尼斯堡的战斗中，航空兵起了很大的作用。我军被打得非常狼狈，有的就地毙命，有的钻进了掩护所。"

8日，苏方的空袭进一步增强，6000架次的苏机扫向柯尼斯堡。在企图阻截苏机时，第51战斗机联队的少尉中队长，拥有62次击坠记录的威尔海姆·哈布纳被击落身亡。在柯尼斯堡战役的最后4天，苏联空军出击14090个架次，投掷炸弹4440吨，为战役胜利做出了重要贡献。9日21时30分，拉斯将军签署了投降书，92000名德国守军放下武器走入了战俘营。

4月11日，苏联航空兵对德国第6航空队在东普鲁士残存的基地进行了大规模扫荡。攻击过后，第51战斗机联队第3大队仅有2架飞机幸存。12日，京特·沙克上尉在战斗中被击落，标志着第3大队全军覆没，沙克本人跳伞生还。

现在柯尼斯堡西北的泽姆兰半岛（Samland）还有65000名德军驻守，13日，苏军发动了进攻。德军支持不住，往西南方向的皮劳港撤退。在那里

◀ 阿列克谢·阿列柳申少校（Aleksey Alelyukhin）在他的"白色14号"La-7上。在座舱下方，有一个丘比特之箭射穿红心的标识。1945年4月，该机被漆成红色，1945年4月12日，在柏林附近，

阿列柳申用这架La-7取得了他在战争中的最后一个战绩：1架Fw-190。这架机体全红的飞机在红军中就像一战德国"红色男爵"里希特霍芬的红色座机一样有名。阿列柳申完整地参加了苏德战争，在601次任务中获得了40个个人战绩和17个分享战果，是红军的精英部队——第9近卫歼击机团的头号王牌。第9近卫歼击机团在战争中出了28位"苏联英雄"，其中有4人两次获得这一荣誉。

他们坚持到4月21日，最后被苏军全歼。

现在东线最后的战役即将打响。但纳粹不会束手就擒，为了赢得最后的胜利，红军仍将面对残酷的战斗。1945年1月13日至4月25日，苏联空军损失了3574架飞机。

第五次库尔兰战役

1944年，红军基本收复了波罗的海沿岸的领土，但在拉脱维亚西北角，德国库尔兰集团军群（前北方集团军群）仍占据着一小块飞地，这就是所谓的"库尔兰口袋"。他们无疑牵扯着苏军向东普鲁士进攻的力量，同时还威胁着苏军的后方供应线。

1945年2月中旬，波罗的海沿岸第2方面军再次进攻，试图荡平库尔兰的德国守军。此前，苏军已经发动了4次这样的攻势，但均未能达到目的。

这一次，红军首先以猛烈的空袭打击利耶帕亚（Liepaja）港和文茨皮尔斯（Ventspils）港，这两个港口是库尔兰集团军群的主要补给通道。尼古拉·瑙缅科（Nikolay Naumenko）中将的空军第15集团军和红旗波罗的海航空兵都参战了，时间是1945年2月14日。他们遭到了第54战斗机联队第1大队的Fw-190的拦截，后者宣称打下了48架苏联飞机，很明显，空军第15集团军飞行员的素质还存在成问题。

▶ 1945年4月7日，空军第18集团军出动516架轰炸机猛烈空袭了柯尼斯堡，Yer-2型轰炸机在近3年中首次露面。这种飞机只生产了71架，就在1942年年中停止了生产。主要原因是不可靠的发动机引发了不少事故。战争结束前夕，换装了新式的M-40F引擎后，苏联人又重启了该机的生产线。在1945年春天，空军第18集团军的第327轰炸机团和第329轰炸机团装备了这种飞机。1944至1945年，Yer-2一共生产了385架。该机可以携带5000千克炸弹，比IL-4高出1倍。

▶ 1架第566强击机团的IL-2。1945年4月在柯尼斯堡上空，该团立下了赫赫战功。第566强击机团原是空军第13集团军所属的部队，战斗在列宁格勒上空，故机身上有"为了列宁格勒"的字样。照片上的飞机上还有"为赫里斯坚科复仇"的字样，这显然是为了纪念牺牲的战友。

▶ 在天空飞翔的Tu-2编队。1945年4月7日，第334轰炸机师的246架Tu-2出击执行轰炸柯尼斯堡的任务。在2周前，他们迎来了新的师长：费奥多·别雷（Fyodor Belyy）上校，原来的师长伊万·斯克科上校被提拔为该师的直属上级——第6轰炸机军的军长。

◀ 阿列克谢·阿列柳申在他的La-5前。他后来驾驶MiG-15参加过朝鲜战争。1985年晋升少将，1990年10月逝世。

但到2月16日地面攻势开始的时候，空15集获得了一批强援：空军第3集团军下属的第5近卫轰炸机师、空军第8集团军下属的第7强击机军、第305强击机师、第336歼击机师和整个第1近卫歼击机军。在当天的空战中，第54战斗机联队的头号精英、人类空战史上第4号空战王牌奥托·基特尔中尉被击落，人机俱毁。基特尔的最终战果为267架，他也是迄今为止在空战中身亡的战绩最高的飞行员。而红旗波罗的海舰队航空兵则继续着他们对本战区德国船只的猎杀。2月16日，2架红旗波罗的海舰队第1近卫鱼雷轰炸机团的A-20G型鱼雷攻击机在布吕斯特罗特（Brusterort）和梅梅尔之间打沉了5119吨的埃姆斯特罗姆号（Emsstrom）运输船。第二天在利耶帕亚以南，苏联轰炸机又将艾菲尔号（Eifle，1429吨）运输船送入了海底，当时船上载有923名士兵，只有138人生还。

在地面，德军依旧打得非常顽强。经过一周的苦战，苏军仅仅推进了数公里之遥。一直到战争结束，盘踞在库尔兰的德军才最终放下武器。

冰海悲剧

当攻向西方的红军孤立了东普鲁士后，恐慌情绪在德国居民中蔓延开来：他们害怕红军会在征服地区搞报复性的种族仇杀。因此，1945年1月23日，德国海军司令卡尔·邓尼茨元帅发布命令，计划进行史上最大的海路撤离，代号为"汉尼拔行动"，目的是运走东普鲁士的全部平民。

由于飞机和潜艇的攻击，本次行动中惨剧连连。

在开始阶段，1945年1月25至28日，先后接走了62000人，头开的还算不错。但是麻烦事很快就来了。

1月30日，25484吨的班轮威尔海姆·古斯特洛夫号（Wilhelm Gustloff）从但泽港（当时称哥德哈芬，Gotenhafen）驶入大海，船上载有10582人，其中有1500名军人、8956名德国难民。讽刺的是，当天正是希特勒上台执政12周年的纪念日。当夜，这条船被亚历山大·马里涅斯科（Aleksandr Marinesko）大尉指挥的苏联潜艇发现并击沉，死者在8800至9300人之间。这也是世界航运史上死亡人员最多的海难。

不过马里涅斯科大尉不打算就此收手。2月10日，他又击沉了德国运输船施陶本号（Steuben）。当时船上有3500名伤兵和1000名平民，仅有650人幸存。

而西方盟军的介入使得悲剧进一步扩大。3月12日，约700架美国重型轰炸机在400架战斗机的掩护下光临施韦因蒙德港（Swinemunde），这里是从东普鲁士撤离的德国人的主要目的地之一。载有2000名难民的安德洛斯号（Andros）正好抵达，被劈头炸中，有570人身亡。在本次空袭中，有6艘撤离舰只被毁，确切的死亡人数至今不明，估计在8000至23000人之间。

▶ 京特·沙克作为第51战斗机联队的成员基本完整地经历了苏德战争。他的第一个战绩在1941年7月23日获得，而最后一个——第174个战绩是1945年4月取得的。他是橡叶骑士十字勋章的获得者。1945年4月底，沙克驾驶第51战斗机联队第3大队最后1架可运作的飞机升空作战，被击中后跳伞生还。稍后，他于1945年4月底接任第3战斗机联队第4大队大队长，当时该大队在短时间内连续折损2名大队长。京特·沙克在战争中执行了780任务，以好运气和出色的技术闻名。2003年6月14日，京特·沙克以85岁高龄去世。

奥托·基特尔。1941年秋，他加入了第54战斗机联队第2中队。据战友回忆，他是一个语速缓慢、沉默严肃的人。一开始他驾驶Bf-109，到1943年2月，总共获得了69个战绩，在高手如云的德国空军中远不算显眼。但换装Fw-190之后，他的战绩直线飙升，在一年多时间内战果就攀升到150架。其间他被击落两次，但均幸运生还。在最后一战中，他被IL-2的后射机枪击中，当场死亡。基特尔的267架战果中有220架是用Fw-190获得的，为最高Fw-190王牌。他的阵亡对第54联队士气打击很大。他的一名战友说过："当奥托·基特尔死的时候，黑暗开始笼罩库尔兰。"

3月22日，苏联空军空袭了柯尼斯堡北边的下皮劳港（Off Pillau），将门多萨号（Mendoza）运输船（5193吨）轰沉。30日，运输船耶尔斯贝克号（Jersbek, 2804吨）也步前者后尘。次日，埃尔宾4号（Elbing IV, 314吨）亦被苏联飞机击沉。

3月26日，白俄罗斯第2方面军夺取了格丁尼亚（Gdynia），东普鲁士西部的难民聚集到了北边的赫拉半岛（Hela Peninsula）。从4月4日夜至第二天凌晨，大批的小船和登陆艇集结，设法从但泽港以北的奥克斯霍夫特角（Oxhofter Kampe）接走了3万多名难民和士兵，把他们送往赫拉（Hela）。不过第二天苏联飞机就赶到了，迅速干掉了供应舰弗兰孔号（Frankon, 10850吨）及其姊妹舰迪特马申号（Dithmarschen）。

4月份的前半个月，红旗波罗的海舰队航空兵在空军第1集团军、第3集团军和第15集团军的支援下，加强了对赫拉和柯尼斯堡的皮劳港的反舰攻击。4月4日，皮劳港中5950吨的瓦勒号（Vale）货船成了苏联空军的战果。9日，他们又超度了赫拉港中5446吨的运输船艾伯特·延森号（Albert Jensen）。两天后在同一海域，莫克费尔斯号（Moltkefels, 7862吨）也被他们送入了海底，陪葬的还有500名乘员。

4月12日，在从皮劳港撤退时，货船魏泽施坦号（Weserstein, 1923吨）未能从红军飞机的攻击下幸存。同一天，医疗船波森号（Posen）在赫拉遭轰炸起火，300人死亡。而卡尔斯鲁厄号（Karlsurhe）在皮劳港触雷，搭上了970条人命。

4月16日晚间，一个由8艘船组成的编队撤离赫拉。其护航舰波尔克号（Boelcke）很快苏联飞机发现并击沉。次日晚，苏联潜艇L-3号结果了运输船戈亚号（Goya），7000名乘员中只有334人获救。24日的空袭中，韦尔瓦号（Huelva）货船在利耶帕亚仅80公里的地方沉没。

当月，德国旧式战列舰西里西亚号（Schlesien, 14400吨）搭载1000人从但泽港前往施韦因蒙德港，在那里其可用舰炮进行火力支援，轰击白俄罗斯第2方面军。发现这一情况后，红军立刻派出反舰飞机——红旗波罗的海舰队航空兵第51鱼雷轰炸机团的A-20和第7近卫强击机团的IL-2，由红旗波罗的海舰队航空兵第12、第21歼击机团的Yak-9提供护航。在规避空袭时，西里西亚号触雷，船舵受伤。由于此舰仍可带来潜在的威胁，红军下决心要彻底终结他。5月4日晚8时，红军5架A-20和16架IL-2在18架Yak-9的掩护下再次前来攻击，在吃了1条航空鱼雷或是1枚1000千克FAB-1000型炸弹后，西里西亚号被彻底摧毁。

另外，苏联海军飞机还在对施韦因蒙德港的空袭中击沉了2艘拖网渔船和T-36号鱼雷艇。为此苏军付出的代价是1架A-20和4架IL-2。

以上列出的仅仅是"汉尼拔行动"中德国人丢掉的大家伙。本次行动德方共有161艘商船被击沉，另有一些小型的海军舰艇，25000人丧生。总共有250万人（包括50万伤兵）最终撤离。

"春醒"迷梦

1945年2月13日，德国人丢掉了布达佩斯。但希特勒仍念念不忘地想在东南欧争取主动。1944年12月份在西线阿登地区给英美盟军带来极大麻烦的党卫队全国总指挥兼武装党卫军上将泽普·迪特里希指挥的党卫军第6装甲集团军得令调往这一地区。这支党卫军部队堪称帝国之花，装备着一批当时世界上最好的坦克，包括豹式、虎式和虎王。希特勒要求迪特里希和第6集团军、匈牙利第8军合作，在巴拉顿湖和韦伦采湖（Velencze）之间发动反击，同时，第2装甲集团军也将攻向巴拉顿湖以南。本攻势的主要目的是打垮托尔布欣的乌克兰第3方面军，第4航空队将提供850架飞机进行支援。该作战计划代号为"春醒"。2月17日，战斗打响。德匈联军拥有431000人、877辆坦克和突击炮，而对应红军仅有407000人、407辆坦克自行火炮，力不能支，只能后撤。

但在空中，苏联空军的飞机更多一些。配合乌克兰第3方面军作战的是弗拉基米尔·苏杰茨将军指挥的空军第17集团军，拥有飞机965架。2月19日，德国人记录苏机本地区有540个出击架次，而本方仅有200次。这样在消除了一个苏军在多瑙河的桥头堡后，党卫军部队只能停下来重组。

3月5日夜到6日晨，德国人再次进攻。由于地面部队仍具备数量优势，轴心国部队开头进展颇为顺利，能给他们带来麻烦的主要是苏联空军。德国最高统帅部战争日志特别提到了红军强击机的空袭。

这时空军第5集团军（主要负责支援乌克兰第2方面军）派出部队来支援空17集。3月8日，据德国最高统帅部日志，苏联空军在匈牙利地区出现了500个架次，记录中特别强调了他们袭击各渡河点带来的杀伤。德国和匈牙利战斗机与之进行了激烈的较量。

3月8日，苏联人挑选出一批飞行员驾驶Yak-3执行自由猎杀任务，第886歼击机团的空战王牌亚历山大·科尔杜诺夫少校在战斗中射杀了3架Bf-109。9日他又干掉了1架Fw-190，而他的部下尼古拉·苏尔涅夫（Nikolay Surnev）上尉则消灭了1架Fw-190和1架Bf-109。11日，德国空军在匈牙利执行了300次战斗任务，只有对手的一半。苏尔涅夫再灭2架Bf-109和1架Fw-190。当天第52战斗机联队第2大队记录在匈牙利战区损失4架Bf-109。13日，科尔杜诺夫继续取得胜利，这次是2架Fw-190，第二天，又有1架Fw-190栽在他手里。

不过德国空军的活动也相当积极，让苏联空军不得不认真加以应对。14日，第116歼击机团拥有18次胜利记录的飞行员阿纳托里·潘捷尔金（Anatoliy Pantelkin）少校的La-5被击落，潘捷尔金牺牲。他很可能是被赫尔穆特·利普弗特上尉击落的，后者于2月中旬接任第53战斗机联队第1大队大队长，当天他宣称击落了1架La-5和1架IL-2，这是他个人第187和第188个战绩。至此他已有657次出击记录。

因为补给线被空袭炸断，3月15日，德军的地面攻势停顿了。"由于没有燃料，那些重型坦克趴窝了，成了俄国攻击机的美餐。有500辆坦克和突击炮、300门大炮和40万军人被丢进了最后的、毫无意义的赌局。"

红军飞机的助战使得地面部队有了反击的资本。16日，托尔布欣的乌克兰第3方面军在德军南翼发动进攻，同时，马利诺夫斯基元帅的乌克兰第2方面军从北翼打了过来。面对被包围的危险，迪特里希的党卫军只能狼狈不堪地通过一条2公里宽的走廊跑路。

在空中，科尔杜诺夫少校继续他的游猎。16日，他干下来1架Fw-190，17日是3架Bf-109，这样他的战绩站上了40架大关。

◀ 尼古拉·斯卡马拉霍夫，1920-1994，1943年参战，605次出击，143场空战，46个个人战绩和8个合作战果，主要驾驶La-5和La-7，两次荣获"苏联英雄"称号，1981年晋升苏联空军元帅。作为红军中最著名的王牌飞行员之一，他的运气可谓好得出奇，从未在空战中被击落过，其座机甚至连一发子弹都没挨过。

25日，乌克兰第2方面军已在90公里宽的正面突入了30公里。3天后，苏军在宽广的战线上渡过了拉布河（Raab River）。4月1日，匈牙利最后一个大城市索普隆（Sopron）获得解放。此时已有40到45万轴心国士兵成了苏联人的俘虏，红军也进入了奥地利：这里从1938年起就成为第三帝国的领土。乌克兰第2、第3方面军突向布拉迪斯拉发（Bratislava）和维也纳（Vienna）。4日，德军弃守布拉迪斯拉发。6日，托尔布欣开始攻打维也纳，两天就接近了市中心。

8日，在维也纳附近的空战中，第53战斗机联队第1大队大队长利普弗特上尉猎杀了1架La-5，战绩达到了200胜。但空战精英的这种个人胜利变得越来越少见，无论是苏联还是德国方面都认为此时制空权归属于红色空军。4月8至10日，根据德国国防军最高统帅部记载，东线德军有45架飞机损失，战果仅有18架。而由于资料散失，德国空军的损失数可能更高。

连续的血战让德国空军的空战精英们也支持不住了。4月9日，第51战斗机联队第2大队拥有超过20架战绩的赫尔穆特·齐姆（Helmut Ziehm）中尉在和1架Yak-3的交锋中败下阵来，再也未能返回基地。另1架苏联歼击机则在维也纳上空击落了第52战斗机联队第2大队的弗里德里克·哈斯（Friedrich Haas）少尉（他的战绩是74胜），哈斯当场身亡。10日，第103攻击机联队第6中队的中队长、骑士十字勋章获得者——利奥波德·温格（Leopold Wenger）中尉遭遇了同样的命运。温格在战争初期即已参战，只差一个月未能挺到战争结束。而第10攻击机联队第3大队记录有4架Fw-190被苏联歼击机消灭，他们运气实在不好，很可能撞上了红军二战中最杰出的空战王牌之一、第31歼击机团的尼古拉·斯卡马拉霍夫（Nikolay Skomorokhov）少校，少校当日驾驶La-7执行为IL-2护航的任务，事后报告在此空域击落了3架福克。斯卡马拉霍夫个人最终战绩为46个个人击坠和8个分享战果。

4月11日，第52战斗机联队的另一个空战

▶ 亚历山大·科尔杜诺夫，1923-1992，1943年参战，358次出击，96次空战，46个个人战绩，两次获得"苏联英雄"称号，战果均用雅克战机获得，为最高雅克战机王牌。战后科尔杜洛夫在苏军中官至空军主帅，1978年至1987年担任国土防空军司令。1987年，19岁的联邦德国青年马蒂斯·鲁斯特驾驶着他的"塞斯纳"轻型单引擎运动飞机，穿过当时被认为是无懈可击的苏联防空系统的重重警戒，降落在莫斯科红场上，引起轩然大波，导致科尔杜诺夫去职。

▶ 奥托·基特尔（右）和第54战斗机联队战友合影。从1941年2月起，基特尔一直在第54战斗机联队第1大队服役，他的267架战绩是在583次战斗出动中获得的。

精英，拥有130次胜利记录的超级王牌格尔哈特·霍夫曼少尉在布雷斯劳附近阵亡。第二天，第10攻击机联队联队长、橡叶骑士十字勋章获得者格奥尔格·雅克布（Georg Jakob）中校也被击落，虽然保住了性命但身负重伤。13日，第52战斗机联队第2大队的彼得·达特曼少尉获得了他在空中的第150次胜利。不过这对战局已毫无影响。13时，苏军宣布维也纳德军被彻底消灭。

攻克柏林
第十二章
CHAPTER 12

兵临城下

1945年2月，朱可夫元帅指挥的白俄罗斯第1方面军的部队在距离柏林仅有75公里的奥德河沿岸停下了脚步。这有几个原因：德国第6航空队的空袭给红军的行军纵队带来很大的杀伤，而负责给朱可夫提供空中掩护的空军第16集团军那些接近前线的野战机场大部分是土质的，在地面化冻后很难使用；此外，德国人新组建的维斯瓦集团集群于2月中旬在施塔尔加德对白俄罗斯第1方面军右翼发起的突袭达成了战术突然性，迫使朱可夫紧急向北调度部队；更讨厌的是，位于白俄罗斯第1方面军后方的波兹南此时还在德国人手里。在苏联方面于1月份发起的闪击战中，红军向西狂飙突进，对德国人顽抗的据点不做过多纠缠，仅是简单的绕过，现在这些位于红军后方的、被希特勒"要塞化"的交通枢纽成了俄国人腹内的梗阻，严重影响着苏联方面往奥德河前线的后勤运输。直到2月22日，近卫第8集团军才最终克服了德军的反抗，拿下了波兹南。

而此刻在白俄罗斯第1方面军北翼，白俄罗斯第2方面军在波美拉尼亚地带陷入苦战，迫使朱可夫施以援手，于3月1日派出第3突击集团军和波兰第1集团军助战。这些战斗也拖住了德国空军，无法对正筹备进攻柏林的朱可夫进行先发制人的打击。在科涅夫的乌克兰第1方面军完成西里西亚战役，和朱可夫大军连成一片后，位于奥德河和南边奈塞河（Neisse）上的桥梁，就成了双方争夺的焦点。

3月1日，希特勒任命沃纳·鲍姆巴赫（Werner Baumbach）上校指挥第200轰炸机联队，"全权负责对奥德河和奈塞河桥梁的打击行动"。鲍姆巴赫受帝国元帅戈林的直接指挥，将集中力量摧毁红军的任何渡河点。

这样攻击奥德河和奈塞河的桥梁成了第6航空队最主要的任务之一。3月1日，第3攻击机联队第2大队和第11战斗机联队第1大队的33架Fw-190袭击了红军位于格尔利茨（Gorlitz）的渡口，在摧毁了一座桥梁后全部安全返航。

由约阿希姆·赫尔比希（Joachim Helbig）上校指挥的第1教导联队是德国空军现时仅剩的几个轰炸机单位之一，他们装备着Ju-88和Ju-188。赫尔比希将该联队整编为"赫尔比希战斗（轰炸）队"，他们得到了第200轰炸机联队一些单位的加强，其中包括200联队第2大队的"槲寄生"子母

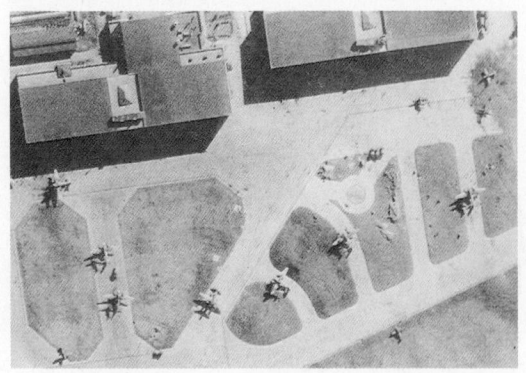

▲ 1945年2月20日，1张盟军侦察机航拍的照片，可见在布拉格-鲁兹耶内机场（Prague-Ruzyne）上，停有7架第30轰炸机联队的"槲寄生"轰炸机。

▲ 一个空心装药弹头被装在1架Ju-88上。这种弹头俗称"象鼻"，装药1700千克，前部锥形空间内装有探测头。

▲ 摄于1944年底或1945年初，第200轰炸机联队第6中队的"槲寄生"1型正在跑道上准备起飞。可见跑道经过认真清理，如果下部轰炸机轮胎因异物擦出火花，对飞行员来讲就非常危险了。

▲ "槲寄生"（"Mistel"）轰炸系统其实就是1架单引擎战斗机运载1架无人驾驶的载弹轰炸机，作用有点像现代的导弹。运用时由战斗机飞行员在目标上空释放无人机，然后回航。图中就是一套早期型的"槲寄生"系统，由1架Fw-190和1架标准版的Ju-88轰炸机组成，主要用于训练。后期，其附加的轰炸机经过改装，在机鼻装载了空心装药炸弹。

▲ 这是1架停在隐蔽处的"槲寄生"2型。下面的Ju-88 G1型前部探头做了修正，改成所谓的"短鼻"型；由1架Fw-190 F8运载。

◀ 1945年3月或4月，1架第66轰炸机联队第1中队的Ju-88 S3停在德国的图托（Tutow）。这个大队专为"槲寄生"轰炸机部队提供导航先遣机，据德国空军最高司令部的命令，飞机的机翼做了改装以携带副油箱。

◀ 1945年3月8日，第4战斗机联队第3大队负责为第200轰炸机联队第2大队的4架"槲寄生"轰炸机护航，去攻击高里泽（Goritz）地域的渡口和浮桥。他们发现此任务十分艰难。这张图片反映的是一群地勤人员正聚集在第4战斗机联队第9中队的Bf-109 K4前。

机：该系统由一架有人操纵的Bf-109（或是Fw-190）和附着其下的一架无人驾驶的装载着炸弹的Ju-88组成，这种子母机原定用于对莫斯科和伏尔加河上游地区的苏联电力发电站进行轰炸，当然这个脱离实际的计划并没有被执行。

3月4日，德国空军总参谋长卡尔·科勒尔（Karl Koller）将军提交了各类任务的优先次序表。排在第一位的是支援那些处于苏军后方但仍由德军控制的要塞——特别是布雷斯劳——这主要由运输机单位完成；紧随其后的就是打击奥德河、维斯瓦河上的苏军桥头堡，威胁波兰境内的苏军补给线和铁路货运站。

6日，第200轰炸机联队的4架He-111去轰炸位于格尔利茨的奈塞河上的一座重要桥梁。第4战斗机联队第1大队派出8架Bf-109提供护航，他们驱逐了前来拦截的苏联歼击机，并在交火中打下了2架Yak-9。He-111投放的Hs-293制导炸弹击中了目标，但遗憾的是大桥并未垮塌。

德机对奥德河桥梁的攻击在7日达到高潮。北部掌握在白俄罗斯第1方面军手中的大桥成为德国攻击机的目标，第151攻击机联队第15中队派出了9架Ju-87，准备摧毁在奥得河畔法兰克福附近、位于奥利特（Aurith）的桥梁。为他们护航的是第11战斗机联队联队部及第3大队的19架Fw-190，由联队长、德军著名的空战精英安东·哈克尔（Anton Hackl）少校亲自带队。途中他们与12架Yak-9遭遇，德机挫败了雅克们的拦截，并击落了其中的1架。不过Ju-87投掷的炸弹均没有中的。与此同时，第1攻击机联队第1大队的16架Fw-190攻击了基尼茨桥头堡位于策林（Zellin）的奥德河大桥，他们取得了一些命中弹，但未能将其摧毁。

在更南边，德国陆军对乌克兰第1方面军位于拉蒂博尔（Ratibor，现拉齐布日）的奥德河桥头堡发动了进攻。7日，第77战斗机联队联队长，拥有119架战果的埃里希·莱厄少校带领6

架Bf-109升空,攻击了苏军一个3架飞机的小编队:1架IL-2及为其护航的2架La-5,莱厄击落了其中的1架。半小时后,莱厄率原班人马再次出战,与一群Yak-9交锋,莱厄给了其中1架致命一击,但却没有及时脱离,他的Bf-109 G14/AS"黑V1号"与对方相撞,连人带机摔成了碎片。埃里希·莱厄在战争中总共出击超过500次,最终战绩为121胜,包括31架IL-2。

8日,德国攻击机再次倾巢出动。伯恩哈德·哈梅斯特(Bernhard Hamester)少校的第3攻击机联队联队部放出了3架Fw-190,其中1架加挂了"装甲闪电"火箭弹,专门去寻苏联坦克的晦气。他们返航后宣称击毁了7辆俄国战车,其中有3辆是"装甲闪电"的战果。第1攻击机联队、第3攻击机联队第2大队、第151攻击机联队第13中队也起飞了55个架次执行反坦克任务。第3攻击机联队第2大队有1架Fw-190被击落,但德国攻击机宣称在交战中干掉了2架Yak-3和1架Yak-9,第1攻击机联队第3大队的赫尔穆特·米施克(Helmut Mischke)一级士官长梅开二度,1架Yak-9和1架Yak-3成就了他的第43和第44次空战胜利。

要求主动挑战苏联航空兵的命令让大批攻击机部队的Fw-190参与到空战中。9日,米施克一级士官长迎来了他的高光时刻,当天他在两次出击中交出了击落敌方9架的成绩单:其中4架是他在带着炸弹的情况下完成的。据第6航空队战争日志,当天其他攻击机飞行员还击坠了另外3架苏机,而战斗机部队则有25个战果入账。德方承认共有9架损失。米施克在战争中最终取得了58次空战胜利,他的另一个幸运日是不久之后的3月18日,那天他斩获5架——这让他获得了骑士十字勋章的提名,不过没有获得批准。

9日,德国空军在东线执行了1718次任务,是一个月内的最高峰。这让红军吃了一惊,作为回应,已基本克服了机场泥泞的空军第16集团军加大了活动力度。为减轻南边乌克兰第1方面军的压力,朱可夫命令向屈斯特林出击。从2月初

第66轰炸机联队第1中队中队长汉斯·阿尔特罗格(Hans Altrogge)少尉(中立者),曾多次驾驶Ju-188为"槲寄生"轰炸机做导航,后者目的就是摧毁奥德河和奈塞河上的桥梁。他曾说过,此类出击的危险程度甚至超过了以往飞往伦敦的照明向导任务。阿尔特罗格的机组于1944年在法国蒙迪迪耶(Montdidier)基地曾为此目的出动。

起,他的白俄罗斯第1方面军控制了位于基尼茨的奥德河桥头堡,这个桥头堡在从柏林至原来的德波边境的德国1号高速公路的北边,而屈斯特林就在高速公路南侧。德军也很清楚,只要这个希特勒下令"要塞化"的地方还在他们手中,朱可夫是无法向柏林进攻的。

在空16集的积极助战下,朱可夫的部队于10日夺取了屈斯特林附近的基耶茨(Kietz)。第二天,德方记录有5300架苏机飞过他们的头顶(这比9日增加了50%)。激烈的空战从屈斯特林一直延伸到北边的斯德丁,空16集记录击落了56架德国飞机。

15日,乌克兰第1方面军在拉蒂博尔地域发起反攻,准备夺取上西里西亚,并一路打到捷克斯洛伐克边境。16日,战争中红军最知名的尖子飞行员之一,时任第16近卫歼击机团团长的伊万·巴巴克(Ivan Babak)大尉落到了德国人的手里。在布雷斯劳和德雷斯顿(Dresden)中间的劳班(Lauban)附近,他的飞蛇被地面火力击中失控,巴巴克只能跳伞,落地后被俘,后来他在战俘营中被美军解救。巴巴克曾获得"苏联英雄"称号,胜利次数为35个个人击坠加5个分享战果,他的最后2个战绩均为Bf-109。

在奥波莱（Oppeln），苏军设法包围了相当大的一股德军。20日，德军开始突围，战斗打得异常惨烈，德国第8航空军竭尽所能地攻击苏军，以缓解地面同伙的压力。例如21日夜，第4夜间攻击机联队联队部、第2中队放出14架Ju-87攻击了拉蒂博尔地域的苏军车队，而3大队的Ju-87也贡献了31个架次。22日，第9攻击机联队第10（反坦克）中队和第4攻击机联队出动了11架Hs-129和77架Fw-190，战后他们报告以1架Hs-129和6架Fw-190的代价取得了击毁了17辆坦克和15台车辆的战果，而第9攻击机联队第10中队打掉了8辆卡车。

德国战斗机飞行员在空战中则取得了更大的成绩。22日，第52战斗机联队第3大队宣称获得4个战果，而第77战斗机联队第3大队的数字是5个。第二天，国防军战报记录消灭敌机41架，自损14架。但德机的实际损失数可能要高些，例如当天仅第54战斗机联队第3大队（原第76驱逐机联队第2大队）就挂掉了7架Fw-190。苏联方面，第176近卫歼击机团的伊万·谢尔巴科夫（Ivan Shcherbakov）大尉驾驶La-7在高里泽桥头堡上空上演帽子戏法，战果均为Fw-190。24日在西里西亚上空，德军宣称打下了33架苏机，第77战斗机联队第3大队包揽了其中的11架：5架IL-2、4架Pe-2和2架Yak-3，自身无一损失。

但26日，第1攻击机联队第3中队中队长、橡叶骑士十字勋章获得者——德军久经战阵的老兵汉斯·沙兰达（Hans Schalanda）上尉在他的第933次出动中被击落身亡。而苏联空军最新型号的IL-10对地攻击机也在这里完成了他的处女作。28日，第108近卫强击机团的费奥多·日加林（Fyodor Zhigarin）少校指挥25架IL-10突袭了德军坦克和机械化步兵。

在这个月的最后一天，第200攻击机联队第6中队的6架子母机在第52战斗机联队24架Bf-109的掩护下，对位于施泰瑙的奥德河大桥进行了一次成功的突袭。2架被母机释放的、装载着炸药的Ju-88撞上了铁路桥，废掉了乌克兰第1方面军一条重要的交通补给线。但这一行动未能挽救被包围在奥波莱的德军。最终被围德军有3万人被击毙或失踪，1.5万名幸存者走入了苏联的战俘营。

而北方的交战也激烈了起来。3月22日，第5突击集团军和近卫第8集团军联手进攻屈斯特林，双方空军为此都倾巢出动。22和23日，两边的飞机共遭遇117次，空军第16集团军宣称击毁德机110架。而据德方记录，在22日这天，他们在屈斯特林上空击坠22架苏机。

23日，第11战斗机联队联队部的3架Fw-190 D9战斗机攻击了一个由Yak-9护航的IL-2编队，他们打下了2架Yak和3架IL-2，2架IL-2被联队长安东·哈克尔少校击落，这是少校本人的第179、第180次空战胜利；而他的僚机阿尔敏·梅林（Armin Mehling）下士则上演帽子戏法。德机全部安全返航。

24日，第11战斗机联队第3大队的空战王牌海因茨·齐默（Heinz Ziemer）上士（他的战绩是17）被1架Yak-9击落战死。29日，在经过一番血战后，红军拿下了屈斯特林。

风雨红旗

德国空军在3月份的反击可以说是一次涸泽而渔的行动，为此他们搜刮消耗了大量的库存航空燃油。现在德方虽然还可以在东线集结超过3000架的战机，但油料只够支持其中的十分之一执行战斗任务。由于燃料危机，第6航空队不得不解散了6个战斗机大队：第3战斗机联队第1大队、第4战斗机联队第1大队、第6战斗机联队第3大队、第51战斗机联队第2大队、第53战斗机联队第1大队和第77战斗机联队第3大队。

奥波莱和屈斯特林都被苏军攻占，德国人也知道柏林战役已经迫在眉睫。4月6日，第1攻击机联队袭击了位于格尔利茨的奈塞河桥头堡。11时35分，第1攻击机联队第1大队的16架Fw-190首先出马，但是在Yak-9的干扰下，投下的炸弹无一命中。12时40分，第2大队的16架Fw-

1945年3月29日，在夺取屈斯特林（Kustrin）后，苏联人要做的第一件事就是修复被撤退的德军炸垮的大桥。

190轮换上阵，结果一样悲剧。直到18时25分，1大队再次派出了16架Fw-190，才好不容易在大桥西侧命中一弹。

7日，东线德国空军报告取得了18次胜利，自损6架。天黑以后，德国夜间攻击机部队也活跃起来，当然这是在燃料供应许可的范围内。据第6航空队战争日志记载，在4月8日夜至9日晨，第5夜间攻击机联队第4中队派飞了1架Ar-66执行气象观测任务，另有4架Ar-66在在奥得河畔法兰克福地域轰炸了俄国车辆。第8夜间攻击机联队的1架Ju-88单刀赴会，空袭了位于奥利希（Aurich）的奥得河大桥。而第4夜间攻击机联队则被赋予了攻击苏军车辆和用滑翔机对布雷斯劳包围圈内的德军进行补给的双重任务，其第3中队先后派出了29架次的Ju-87袭击苏军车辆。

8日，在布雷斯劳至莱格尼察（Liegnitz）的道路上，第77攻击机联队第2大队发现了一批苏军车辆，一番炸射后，他们上报取得击毁20至25台的战果。同属第2大队的另外8架Fw-190突击了红军的机场，而第1攻击机联队第2、第3大队则成功地将高里泽大桥炸成三截。

两天后，尝到甜头的第77攻击机联队第1大队的24架Fw-190和第2大队的48架Fw-190再赴布雷斯劳至莱格尼察的道路上空寻觅战机。这回他们打炸了1辆燃油供应车，击毁了41台车辆和2辆牵引车，但是付出了血淋淋的代价：特别是第1大队，有4名飞行员阵亡，包括第2中队的中队长、骑士十字勋章获得者安东·安多佛（Anton Andorfer）上尉。第200轰炸机联队第2大队则继续用他们的"槲寄生"子母机攻击奥德河和奈塞河上的桥梁，11日他们有1架战损。14日在另一次子母机空袭行动中，卡尔·默克尔（Karl Merkle）下士驾驶的Fw-190被1架Yak-3打成重伤。

红军厉兵秣马，准备进攻柏林。保卫柏林接近地的德军包括海因里希的维斯瓦集团军群（从北而南为第3装甲集团军、第9集团军），舍尔纳的中央集团军群的第4装甲集团军，以及柏林卫戍部队。柏林城外共布置了3道防御地带。红军的应对是，以3个方面军：北边罗科索夫斯基的白俄罗斯第2方面军、中央朱可夫的白俄罗斯第1方面军、南面科涅夫的乌克兰第1方面军，在宽大正面上实施多个强大的突击，以合围并分割柏林德军集团，然后各个击破。朱可夫将从屈斯特林登陆场出击，突破德国第9集团军的防御直冲柏林。科涅夫则对当面第4装甲集团军残部和第9集团军南翼展开主攻，渡过尼斯河，扑向科特布斯，若条件合适，则从南边包抄柏林。而罗科索夫斯基在前两位战斗打响数天后开始进攻，冲击斯德丁-施韦特（Schwedt）地段，粉碎斯德丁周边的德军，防止第3装甲集团军增援柏林。

在动手之前，空军第16集团军在白俄罗斯第1方面军进攻地段执行了2600次空中侦察任务，拍照范围深入敌纵深50至60公里，从前沿到柏林全区域航拍两次，而预备的重点进攻地段

▲ 1945年初，1架第30轰炸机联队的S2型子母机在雨中的布拉格-鲁兹耶内机场。

▲ 1945年，在攻克了格德林根（Gardelegen）后，几名红军士兵和1架少见的Bf-109G/Ju-88 A4"槲寄生"轰炸机合影。

则至少8次。为预备这最后一战，红军空4集、空16集、空2集和空18集4个空军集团军共集结了7200架飞机，其中波兰人民军飞机297架。从1月底进抵奥德河开始，红军工程兵就大兴土木，加强机场的建设工作。到4月中旬，在白俄罗斯第2方面军、白俄罗斯第1方面军和乌克兰第1方面军3个方面军的浅近后方，已有290个机场新建或修复完毕。

韦尔希宁的空军第4集团军负责保障白俄罗斯第2方面军横渡奥德河。由于东岸的陆军重炮无力对德军防御战术地幅全纵深进行打击，这项任务只能由飞机完成，所以他们身上的担子很重。鲁坚科的空军第16集团军为白俄罗斯第1方面军提供空中掩护，其下属的3188架飞机分别部署在165个机场上。而由戈洛瓦诺夫指挥的空军第18集团军也被配属给白俄罗斯第1方面军，该集团军拥有800架轰炸机。空16集司令部给每一个航空兵师、航空军指明其在战役进程中将和哪些步兵集团军、坦克集团军协同作战，这就使陆军和空军指挥员建立了接触，协商解决一切作战问题。科涅夫的乌克兰第1方面军下属的空军部队为克拉索夫斯基统领的空军第2集团军。该集团军的兵力是2150架飞机，分布在82个机场上。空军第2、4、16和18集团军的战斗行动由空军司令员诺维科夫空军主帅实施统一协调。他率一个工作组驻在空军第16集团军指挥所地域内。

每个强击机单位都被明确为某一个地面单位提供空中支援，在战役准备阶段，红军空军和陆军的指挥员一起谋划行动方案，拟定必要的作战文书，这使得在战役中，空地协同动作组织得特别周密。在南翼，乌克兰第1方面军炮兵司令部和空军第2集团军司令部联合作业，制定了炮兵和航空兵协同作战计划表。计划表对实施冲击的火力准备和支援时节所用的炮兵和航空兵的兵力按时间和目标做了分配。

在实现进攻战役企图的过程中，苏联空军得令要牢牢掌握制空权，可靠的掩护地面部队及其后方免遭德军的空袭，并进行近距支援，协助陆军粉碎德军的防御。航空侦察的作用也很关键。苏联人还特别建设了可覆盖前沿的雷达网。

为守住柏林，德国空军也是竭尽所能。4月12日，德国空军东北战区指挥部（Luftwaffenkommando Nordost）成立，司令官为马丁·费比格（martin fiebig）将军，支援维斯瓦集团军群的空军部队由他统一指挥。这个指挥部麾下有1433架飞机，包括622架战斗机、451架攻击机、125架轰炸机、157架侦察机和78架海事飞机。在南方，空军第2集团军的直接对手——第6航空队另有791飞机，具体为306架战斗机、339架攻击机、35架轰炸机和111架侦察机。这也意味着德国空军为柏林战役拼凑了2224架飞机，以及几乎全部剩余的航空燃料。此外，德国人还在柏林部署了大量的高射炮兵，在整个二战中，也算是最严密的防空火力体系之一。

4月15日，苏军进攻发起的前一天，又一个德国空军部队：A特战大队（Sondergruppe A）被调到柏林地区，这是德国版的"神风"部队，由大约100名战斗机飞行员组成，他们的行动代号为"全员使命"（total missions），即对奥德河上的桥梁执行自杀性攻击！

1945年4月16日晨，柏林战役正式打响！在冲击前30分钟，4时30分，空军第16集团军以109架飞机对德军指挥部和通信枢纽进行了轰炸。5时，白俄罗斯第1方面军阵地上升起3颗红色信号弹。少许，数千门大炮和迫击炮同时开火，骇人的火炮奏鸣曲开始！在天上，大批的轰炸机和IL-2们杀到，空袭了德国防线后方。对德军前沿的炮火准备持续了20分钟。紧接着，苏军阵地上143部探照灯一齐开启，红军部队在猛烈的炮火和耀眼夺目的探照灯灯光照射下发起了冲锋！同时，空军第18集团军用743架轰炸机突袭了德军第二防御地带的主要支撑点——莱奇（Letschin）、兰格佐夫（Langsof）、维尔比格（Werbig）、赛洛（Seelow）、弗里杰尔斯多尔夫（Friedersdorf）和多尔格林（Dolgelin），在42分钟内投弹924吨，德军阵地化成了一片火海！

6时15分，乌克兰第1方面军转入进攻。方面军炮兵和空军飞机实施了协同打击，空军第2集团军为此放出了所有可以动用的强击机和轰炸机，总共668架飞机实施了密集轰炸。其中，近卫轰炸机第4军和第6军的208架Pe-2对德军第一防御地带的福尔斯特（Forst）、科伊涅（Kaune）、穆斯考（Muskau）这3个最重要的、可能被德军利用进行侧击的支撑点进行了空袭。事前被精选出来的27个机组也在此刻升空，分成3个9机编队，前去捣毁航拍侦察出来的德方指挥部。除了炮击和空袭，红军强击机还在重点突击方向释放了烟雾，"在密度和高度上，都完全覆盖了奈塞河"。

但红军的冲锋很快撞上了凶狠的阻拦炮火和反冲击。空2集迅速调集大批飞机帮助陆军克服德军的抵抗。在南翼福尔斯特地域，德军在炮火支援下逆袭，结果被由50架歼击机护航的110架苏军强击机（第2近卫强击机军的85架IL-2、第108近卫强击机团的25架IL-10）一阵猛打，败下阵去。同时，第1近卫强击机军的100架IL-2在65架歼击机的掩护下对科贝林、叶姆利特茨、穆斯考地区进行了攻击，猛烈的空袭打哑了德国火炮，让德军的反攻半途而废。

在白俄罗斯第1方面军地段，由于晨雾，再加上猛烈的炮击带来的烟尘使得地面能见度明显下降，限制了双方空军的近距支援行动。空军第16集团军的强击机部队只能以小编队出动，在攻击对方的防御支撑点和炮兵阵地时，必须小心从事，以防误击。而他们的对手，德国空军飞行员在针对奥德河桥梁的轰炸就无此困扰，相对要容易些。

到了中午，地面雾气消散，苏联空军可以放手大干了。在完成了一次轰炸任务后，一个30余架的波士顿轰炸机编队返航时被2架Fw-190偷袭，短短数分钟内，2名德国飞行员报告击落了4架苏机，其中3架命丧第11战斗机联队第1大队的保尔·伯恩特（Paul Berndt）上士的枪下，他在当天早些时候还结果了1架Pe-2。在另一次空战中，第15歼击机团的谢尔盖·莫尔古诺夫（Sergey Morgunov）驾驶Yak-3上演帽子戏法，战果均为Fw-190，这让他的战绩提高到36胜。而精锐的第176近卫歼击机团则报告当天和德机交锋10场，击落16架Fw-190，自身无一损失。

下午，突破第一防御地带的苏军冲到了德军第二防御地带的赛洛高地。德国第9集团军在这里部署了精锐，红军步兵一时无法打开局面。朱可夫不禁焦躁起来，下令把坦克集团军提前投入战斗，准备用坦克直接撞开德国防线！但事实证明，这是个错误的决定，大批坦克猬集在过于狭小的范围内，无法发挥冲击作用，反而增大了损失。

对双方空军而言，4月16日都是伤亡惨重的一天,但显然苏军占据了上风。当在白俄罗斯第1方面军主要突击方向上进攻的第5突击集团军第80步兵军的部队遭到了来自迪德尔斯多尔夫(Diedersdorf)地区德军的猛烈炮击时,空军代表迅速召来了第198强击机师的强击机。索罗金(Sorokin)大尉指挥的9机编队一马当先,对德军炮兵进行了轰炸。继之而来的其他强击机编队结成环形战斗队形,依次俯冲突袭,压制德国炮火,苏联陆军乘机前进,突破了德军第一防御地带。步兵第80军军长在评价航空兵的行动时写道:"第198强击机师在保障步兵部队作战胜利方面起了很大的作用。强击机消灭和压制敌发射点和炮兵,为步兵扫清道路。他们常在距我进攻部队300米处活动,完全压制住敌人的抵抗。各编队总是迅速而及时地出现在目标上空。"

同时,第3歼击机军在第5突击集团军上空实施清场,驱逐德国飞机。期间他们宣称击落了敌机约50架。第5突击集团军司令部事后致电第3歼击机军,对航空兵抗击德机空袭、掩护集团军渡过奥德河的作战行动表示感谢。

苏联方面眼见柏林在望,自然是奋勇争先,而德国空军也明白已没有退路,因此押上了老本。16日,德机执行了891次战斗任务,其中约有60次为"全员使命":飞行员驾驶自杀飞机撞击奥德河桥梁。在这伙人去送死的同时,其他德国飞行员宣称在空战中击落了至少125架苏机。但这点损失对苏联人来说实在是九牛一毛:当天仅空军第16集团军就出击了5342个架次,投弹1500吨。

柏林战役首日,苏军深入德国防线3至8公里,但没有在任何一处实现决定性的突破。日终,空中侦察显示德军预备队从柏林地区开出。当夜,空军第18集团军放出255架IL-4拦阻德军的行军纵队;另派遣320架轰炸机和空军第16集团军的夜间轰炸机袭击了德军指挥部和机场。

乌克兰第1方面军从第二天9时起继续进攻。10时,白俄罗斯第1方面军以猛烈的空袭和炮火打击当面的德军前沿。由于德军在赛洛有重兵把守,红军每前进一步都要付出重大代价,近

作为反法西斯盟军的"胜利象征",朱可夫在防御时从来是无懈可击,但在进攻战中,则往往失之于急躁和蛮干。

卫第1坦克集团军(司令员:卡图科夫)在两天内就毁伤坦克80余辆(西方史料往往宣称此战打残了该集团军,事实上近卫第1坦克集团军损失不小,但远未到丧失战斗力的地步)!经过一番血战,苏联人终于在当天拿下了赛洛高地。

在乌克兰第1方面军地段,方面军司令部命令坦克部队在下午开进战场。德国空军迅速做出反应,攻击机以24架的编队试图突击红军的战斗队形,但立刻遭到大批苏联护航歼击机的拦截,当日隶属空2集的第6近卫歼击机军上报击落56架敌机。第176近卫歼击机团的伊万·阔日杜布少校驾驶La-7连续击落2架Fw-190,总战绩达到62胜,这让他登上了反法西斯盟军头号空战王牌的宝座。另一些苏联歼击机则被派往德军后方,炸射德国机场和公路。德方事后上报击落苏机43架。

18日天一亮,白俄罗斯第1方面军就空地一体,猛袭德军的中间防御阵地。但是晨雾、低云和烟尘影响了空中行动的效果。当天空战激烈,德国飞机全力迎战,上报取得169次空战胜利,第6战斗机联队执行了64次任务,宣称以10架Fw-190的代价消灭23架苏机。而战果最大的是第11战斗机联队,他们报告的战绩有40架,但是自损数不详。

苏联方面,装备波士顿轰炸机的第221轰炸机师遭遇德机的疯狂拦截,损失了7个机组。第3轰炸机军的运气好一些,他们当天执行了130次任务,有3架战损。空16集的强击机部队在18日消耗了11架IL-2。激烈的战斗机交战让2名苏联

歼击机王牌牺牲：第482歼击机团（装备La-7）的伊万·拉季克（Ivan Landik）大尉和第100近卫歼击机团（装备P-39飞蛇）的彼得·古丘克（Petr Guckyok）上尉。前者的最终战绩是21胜（含3个集体战绩），后者为18胜（含2个集体战绩）。

不过装备着Yak-3的第233歼击机团倒是大放异彩，该团的尼古拉·耶夫谢耶夫中尉梅开二度，战果均为Fw-190。尼古拉·布罗茨基（Nikolay Brodskiy）上尉一口气打下3架Fw-190，把战绩提高到14个个人击坠和2个集体战果。而亚历山大·叶尔肖夫（Aleksandr Yershov）中尉则迎来了在战争中最成功的一天，他当日击杀了至少5架Fw-190，成为苏军中少见的"一日王牌"。另有一些红军王牌也报告在狩猎中收获颇丰。第15歼击机团（也是一个Yak-3团）的谢尔盖·莫尔古诺夫大尉连取4架Fw-190，这是他的第37至40次空战胜利，而同团的叶缅里扬·杜日林（Yemelyan Tuzhilin）大尉也有3架福克战斗机进账。

在驾驶La-7连续射落2架Fw-190后，第5近卫歼击机团的维塔里·波普科夫大尉的战绩攀升到40胜。红军中著名的飞蛇团——第100近卫歼击机团的团长、双料"苏联英雄"狄米特里·格林卡中校击坠2架Fw-190和1架Bf-109，现在他的战绩达到了49胜。当天还有2名红军王牌上演帽子戏法，分别是第291歼击机团的维克多·卡拉什尼科夫（Viktor Kalashnikov）少尉

和第274歼击机团的瓦西里·特卡琴科（Vasiliy Tkachenko）少尉，共有6架Fw-190栽在他俩的枪下，其中特卡琴科的战绩是在一次出动中获得的。德国方面的伤亡者中包括第77攻击机联队第1大队大队长汉斯·赫尔比希（Hans-Joachim）上尉，这名从战争第一天起就参战的老手已有约700次出击记录，当天他在科特布斯（Cottbus）和古本（Guben）之间阵亡。

对峙双方都清楚战争已至最后关头，均是杀红了眼。下午，空军第16集团军雷达站发现有35架德国轰炸机和攻击机接近前沿。此时有3个苏联歼击机编队，每队8架飞机，正在本空域巡逻。从第3歼击机军指挥所收到敌人临近的情报后，在地面引导下，苏机利用云层掩护占据高度优势，第43歼击机团的伊万·库兹涅佐夫（Ivan Kuznetsov）上尉率领8架Yak-9居高临下发起掠袭，一举击落4架Fw-190，迫使德国人胡乱丢掉炸弹逃跑。库兹涅佐夫此战击落了2架德机，飞行员伊万·切尔年科夫（Ivan Chernenkov, 这是他的第13个战绩）和格里布科夫（Gribkov）各取1架。库兹涅佐夫是柏林战役中表现最杰出的苏联歼击机飞行员之一，18日这一天他就干掉了4架Fw-190。4月16至23日，短短10天内他消灭德机10架，这样在战争结束时，他的击坠记录达到了31架，其中包含5个集体战绩。

在正面交锋的同时，苏联飞机对德军后方持续进行袭扰，让对手苦不堪言。第108近卫强击机团新式的IL-10上报在一次出击中就干掉了14台车辆和1辆坦克。在对老隆讷维茨机场（Alt-Lonnewitz）的炸射行动中，第104近卫歼击机团团长弗拉基米尔·博布罗夫（Vladimir Bobrov）中校将2架停在地面上的Me-262击毁。当天空16集记载有4032次出击记录，击落德机151架。

尽管能见度不佳，但19日双方依旧打得不可开交。第1攻击机联队第8大队大队长、刚于1月28日荣获骑士十字勋章的胡尔特·格尔特布鲁赫（Hurt Goldbruch）上尉在执行第513次战

战后的阔日杜布。他的62个公认战绩中，包括1架Me-262喷气机。据他后来自述，他的战绩应在100架以上，有很多是让给了共同出击的战友。

▲ 维塔里·波普科夫，第5近卫歼击机团的头号王牌。第5近卫歼击机团是最著名的拉沃契金歼击机团，在卫国战争中总战绩达739架（波克雷什金曾任团长的第16近卫歼击机团的总战绩为697架）。波普科夫生于1922年，1940年入伍，1942年参战，先后两次荣获"苏联英雄"称号，在苏德战争中获得41个个人战绩和1个集体战绩，在朝鲜战争中另有3个战果。1968年晋升空军中将。维塔里·波普科夫逝世于2010年。

斗任务时阵亡。第176近卫歼击机团的La-7报告与一个30架Fw-190的德机编队交锋，以6∶0大胜。当日空16集记录击落敌机112架，其中第3歼击机军取得68胜，而战绩最优的是第15歼击机团已两次独占鳌头，他们上报的战果总数是19架。叶缅里扬·杜日林大尉连续两天上演帽子戏法，战果均为Fw-190，这样他的击坠记录上升到16架。而同团的亚历山大·希科夫斯基（Aleksandr Sikovskiy）大尉和普罗霍尔契克（Prokhorchik）少尉当日也都击落了3架敌机，前者的战绩攀升到24胜。这一阶段大部分的德军统计战报都遗失了，但保存下来的一份第6战斗机联队的文件显示，4月19日该联队取得了3个战果，有5架Fw-190战损。

到19日晚，白俄罗斯第1方面军在库默斯多夫（Kunersdorf）至奥德河老区（Alt Oder）打开了一个70公里的突破口，第82近卫步兵师在晚些时候拿下了穆钦堡（Muncheberg），这样朱可夫的先锋部队最远已楔入德国防线将近30公里。

在白俄罗斯第1方面军北边的白俄罗斯第2方面军计划于20日发起地面攻势。19日晚至20日晨，配合他们的空军第4集团军开始热身，在当面德军头顶上出击了1085个架次，其中，全由女子飞行员组成的第56近卫夜航轰炸机团表现得尤为积极。20日黎明，浓雾掩盖了白俄罗斯第2方面军战区，迫使空4集的强击机和轰炸机只能在没有歼击机护航的情况下以小编队出动游猎，仔细搜索德军目标并加以摧毁。第65集团军下属的第37近卫步兵师强渡西奥德河，建立了几个小桥头堡。德国人部署在格瑞芬哈根（Greifenhagen）的大炮立刻开火，在斯德丁的远程火炮也加入了炮击，试图将苏军赶下河去。9时，雾气消散，空军第4集团军迅速出动援助陆军，第65集团军司令员后来报告，"如果没有强击机对实施反冲击的敌人坦克、自行火炮和有生力量采取行动，那在当时的情况下未必能守得住已占领的登陆场"。

在空军飞机的掩护下，苏联工兵在河上先架起了承重16吨的吊桥，第二天，30吨、50吨的桥梁也敷设完毕。类似的情况发生在第70集团军战区。在扩大登陆场期间，部队被德军猛烈的火力阻止在坦托夫（Tantow）支撑点的接近地上，伤亡惨重。空军代表紧急呼叫第260强击机师，师长穆什金（Georgiy Kalugin）上校得报立刻命令第839强击机团的22架飞机起飞去压制德国炮兵。为达成空袭的突然性，苏军强击机绕到敌人阵地后方，首先以双机组成的纵队突击，然后又以环形战斗队形进行了4轮轰炸，25分钟后，德国人的弹药库被击炸，火炮沉寂了，苏联步兵借助飞机压制迅速推进，占领了坦托夫。

在南边，空2集在20日一早就对猬集在施普伦贝格（Spremberg）的德军进行攻击，该支撑点可威胁科涅夫的左翼。第108近卫强击机团的7架新式的IL-10攻击了德军运输队，宣称击毁了15台卡车和1辆坦克。航空轰炸之后，苏军大炮也发言了。11时，第33近卫步兵军攻占施普伦贝格。同时第13集团军的部队压得德国人步步西撤，在推进30公里后，他们进抵芬斯特瓦尔德（Finsterwalde）。

而科涅夫的坦克突击集团则一路冲向柏林，他们向西北方向挺进了60公里，威胁到德国第4装甲集团军和第9集团军之间的联系。午后刚过，近卫第3坦克集团军下属的第6坦克军攻克了小镇巴鲁特（Baruth）。这一来不仅在2个德国集团军之间打进了一个30公里宽的楔子，还让后者面临被包围的危险。

在柏林北边，曼陀菲尔的第3装甲集团军遭到推进的白俄罗斯第2方面军的穿插，已和柏林主防线分割开来。11时，朱可夫的白俄罗斯第1方面军的大炮开始炮击柏林。

美国陆航第8航空队800架重型轰炸机的空袭无疑助了红军一臂之力。在846架战斗机的护航下，这些轰炸机扫荡了柏林和捷克斯洛伐克地区，德国人没能打下1架重轰，美国护航战斗机也只上报击落德国战斗机7架，这充分说明现在德国空军把主要精力放在对付来自东方的威胁，西边只能弃之不顾了。

这样苏联空军面对的反扑称得上相当猛烈。在天空飞翔的1600架美国战斗机几乎找不到对手，而由第30近卫歼击机团14架飞蛇护航的15架IL-2倒在柏林东北遭到约60架Fw-190的拦截，双方激战一场，苏联方面宣称击落了5架Fw-190，但亚历山大·费拉托夫（Aleksandr Filatov）大尉阵亡，费拉托夫的最终战绩为21个个人击坠和4个集体战果。此战德国方面参战的是第6战斗机联队，据其战报，他们出动了64架Fw-190，和苏联歼击机打成2∶2平。当日近30团上报总战绩15个，全部为Fw-190，其中米哈伊尔·连茨（Mikhail Rents）少校独取3架，这是他的第18至20次空战胜利。

在柏林南边，第3战斗机联队第4大队全体出战挑战空军第2集团军的歼击机，结果拥有27架击坠记录的王牌威利·马克西莫维茨（Willi Maximowitz）上士被击落身亡。

20日，空军第16集团军出动了4054个架次，宣称获得90架战果。20日夜至21日晨，柏林东边和东南侧的防线遭到密集轰炸，空军第18集

▶ 弗拉基米尔·博布罗夫，红军中才华横溢的空战王牌和优秀的指挥员，曾作为志愿人员参加过西班牙内战，有17个战果进账（含4个共同战绩）。在苏德战争中历任第129近卫歼击机团、第104近卫歼击机团团长，带出了大批尖子飞行员，杰维亚塔耶夫（参见前文"杰维亚塔耶夫越狱记"）就做过他的僚机。博布罗夫的击坠记录为43个个人击坠加24个分享战果（包括在西班牙内战中的战绩）。尽管他的下属中先后涌现了31名"苏联英雄"，但他个人却因为性格过于强硬和直率，得罪了上级而一直与勋章奖励无缘。1970年，始终不得志的他年仅55岁就郁郁而终。1991年3月20日，苏联解体前夕，叶利钦签署命令，追授弗拉基米尔·博布罗夫"苏联英雄"称号，他因此成为最后一批获得这一荣誉的人之一。

团军和空军第16集团军分别派出了553架、184架轰炸机。6时，朱可夫的白俄罗斯第1方面军下属的第3突击集团军开始攻打柏林东北郊区。由于天气恶劣，为避免误伤友军，苏联空军指挥员只能命令以单机或者双机的小编队游猎。而德国空军的反击也变弱了。21日全天，空16集没有飞机损失，但上报的战果也只有11架。至日终，朱可夫终于完全攻克奥德河防线，打穿了3道防御地带和柏林东北部的外层环形防线。

到晚间，乌克兰第1方面军下属的雷巴尔科将军指挥的近卫第3坦克集团军从南边进抵柏林的环城路。为了准备巷战，第2歼击机军被特别指定为坦克集团军提供掩护。同时，一个高炮师也被配属给该集团军的近卫第3坦克军，以反制德机的空袭。巷战即将打响，而帝国和帝国空军的生命亦可以用天来计算了。

第二天，柏林南部遭到乌克兰第1方面军的

近卫第3坦克集团军、近卫第4坦克集团军和第28集团军的联手进攻；朱可夫的白俄罗斯第1方面军下属的近卫第8集团军、近卫第1坦克集团军从东边压过来；第3突击集团军、近卫第2坦克集团军则从北边突击；而白俄罗斯第1方面军的第47集团军则绕过德军防御支撑点，出现在城西。为了应对南边的威胁，德军从西往东调动部队，试图在城南郊将近坦3集挡在特尔托运河（Teltow Canal）。但雷巴尔科迅速呼叫空中支援，空军第2集团军立刻起飞了200余架飞机，护送红军坦克服障碍，控制了通往市中心的道路。

在更南边，乌克兰第1方面军的第5机械化军夺占了位于容特伯格（Juterbog）的机场，俘获了144架受损的飞机、362具飞机引擎和3000枚航空炸弹。所有这些统统被第9近卫歼击机师打包接收。

为指挥航空兵空袭柏林城内的目标，红军分别在城东边和北面专门设立了2个指挥中心。城东的规模较大，由空军第16集团军副司令员亚历山大·谢纳托罗夫将军直接领导；而北边的指挥中心由第6强击机军军长托卡列夫将军坐镇。各航空兵部队必须和指挥中心沟通联络，只有在获得后者许可的情况下方可以对柏林城内的目标实施打击。在城内楼房顶上，红军派设了对空观察员，他们用无线电、灯光信号和信号弹标示前线，帮助红军飞行员寻找攻击目标。如此大大提高了苏联空军近距支援的效力，降低了红军步兵巷战的难度，希特勒将柏林变成第二个斯大林格勒的指望破灭了。一名参加了柏林战役的德国老兵回忆："俄国空军表现得非常狡猾，他们的空袭不仅杀伤了我们的人员，更打击了我们的士气。"

23日，柏林只剩下3条道路还能和西面联系，现在也遭到了苏机的封锁。德国空军的残余力量仍在战斗，当天空军第16集团军报告击落德机25架。

此时，误判了形势的纳粹德国第二号人物、帝国元帅赫尔曼·戈林认为希特勒已不能掌控局面，宣布自己接任帝国元首。后者接到电报后立刻下令废黜戈林的职位并将其逮捕，提升冯·格莱姆上将为元帅，接任空军司令。格莱姆得令飞进了已被半包围的柏林，他的座机由著名的女试飞员、纳粹死忠汉娜·莱希驾驶。但在柏林的蒂尔加滕（Tiergarten）着陆时，飞机受损，格莱姆也受了伤。

24日6时20分，从南边冲过来的乌克兰第1方面军的大炮开始炮击柏林市中心。1420门火炮进行了55分钟的炮火准备，接着红军3个军发起了冲锋。天上满是涂着红星的飞机，第6近卫轰炸机军派出了205架Pe-2支援近卫第3坦克集团军的攻势。而德国空军也尽最大可能地迎战，以减轻防卫者的压力，但由于燃料不足，成效甚微。理查德·弗朗茨（Richard Franz）中尉当时在柏林南部的滕普尔霍夫（Tempelhof）上空指挥战斗机行动，他后来回忆：

"我们最后的任务是位于元首地堡内的空军指挥部下达的，去阻击城区内的苏军坦克和部队。每次我们都面对数不清的俄国战斗机，他们在城市上空撑开了一把密不透风的大伞。"

当天，第11战斗机联队第1大队有6名飞行员阵亡或失踪。其中一次，第1近卫歼击机团的Yak-3根据空军代表的引导，在瓦西里·伊先科（Vasiliy Ishchenko）少校的指挥下接近了一个由8架Fw-190组成的编队，后者正准备攻击位于特尔托运河（Teltow Canal）地区的红军部队，苏联飞行员从1300米高度突袭，瞬间就击落了3架德机。当日空军第16集团军的总战绩是36架，自损只有3架。从4月1日至5月9日，乌克兰第1方面军损失坦克328辆，但仅有27辆毁于空袭，由此可见苏联歼击机的掩护工作做得相当出色。24日晚至25日晨，空军第18集团军起飞了111架轰炸机，空袭了柏林守军。

25日，空军第16集团军出动1368个架次，对柏林进行了两轮大规模轰炸。当日，红军封闭了柏林包围圈。已是半死不活的德国空军又损一名高手——著名的反坦克王牌，第151攻击机联队第2大队的埃里希·彼得（Erich Peter）一级士官长在莱茵斯贝格（Rheinsberg）附近阵亡。彼得在战争中一共执行了570次任务，曾于1943年7月22日荣获骑士十字勋章。

13时30分，第5近卫集团军的第58近卫步兵师在施特雷拉（Strela）附近和美国陆军第1集团军下属第69步兵师建立了联系。稍后，一支美军侦察队与一队苏军在德国城市托尔高（Torgau）南部易北河畔的一座桥上胜利会师。

18日，德国空军硕果仅存的少数顶级人物之一——京特·乔斯滕中尉被任命为第51战斗机联队第4大队大队长。25日，他宣称在空战中打下了7架苏机，个人击坠记录达到了178架。同日，空16集损失14架飞机，上报摧毁德机20架。

25日夜至第二日凌晨，在对柏林的最后总攻之前，空18集的563架轰炸机再次光临了柏林市中心。空袭过后，46.4万名红军战士发起了攻击。23日被提拔为柏林城防司令的赫尔穆特·魏德林（Helmuth Weidling）将军绝望地呼叫空中支援，但此时滕普尔霍夫机场的建筑和跑道已被苏联人控制，德国飞机出现的次数越来越少。尽管如此，一些Ju-52还是设法利用城内东西向的道路作临时跑道起降，数名Bf-109飞行员还向围城内伞降了一些药品补给。

第200轰炸机联队对奥德河上的桥梁进行了最后一次子母机攻击。7架飞机参与了本次行动，仅有2架Fw-190成功返航。次日，第200轰炸机联队第2大队解散，剩余人员被分散到各地面部队中。

由于连续的炮击和轰炸，柏林四处都是烟与火的喷泉，浓重的烟尘达到300米高度，这倒是帮了柏林守军的忙，只有那些最有经验的红军飞行员才能识别出德军的防御阵地，给正在逐街争夺的红军步兵提供近距支援。

到27日晚，在柏林的德军已被压缩到一个东西长15公里、南北宽5公里的狭小范围内。德国空军已完全有心无力，那些可做临时跑道的道路已被红军歼击机封锁，任何企图接近的Ju-52都会被毫不留情地消灭。此外，那些道路上堆积的机动

▲ 整装待发的苏联Pe-2轰炸机。由阿法纳西·卡拉瓦茨基（Afanasiy Karavatskiy）少将指挥的第3轰炸机军的Pe-2在柏林战役中发挥了重要作用。1945年4月16日，战争的第一天，他们就投掷了350吨炸弹。后面天气转坏，但18日，全军仍执行了130次战斗任务，投弹90吨，损失了3个机组。19日他们出击90个架次，20日是127次。21日天气情况不佳，22日，全军有244次战斗出动记录，投弹196吨，仅有2架Pe-2被击落。

车辆残骸也使得起降变得毫无可能了。

在柏林北部战斗区域普伦茨劳（Prenzlau）附近，第813歼击机团的米哈伊尔·皮托林（Mikhail Pitolin）大尉驾驶La-7赢得了他在战争中最后的空战胜利，这回3架Fw-190栽在了他的手里，这使得他的总战绩达到了11个个人击坠加3个集体战果。其中1架Fw-190的飞行员应该是第3战斗机联队第4大队的大队长科阿尔（Koall）上尉，科阿尔的最终战绩为38胜，阵亡前他报告在安克拉姆（Anklam）附近执行低空攻击任务时被苏军地面火力击中，但后来的分析表明，他很可能是被皮托林击落的。

现在前线的苏联空军已利用夺取的柏林周边机场执行任务，有的基地甚至还在争夺过程中，红军飞行员就开始起降了。28日，装备Yak-3的第515歼击机团在滕普尔霍夫着陆，此时残余的德国士兵仍在附近顽抗。同时，第347歼击机团和第518歼击机团也在舍涅菲尔德

◀ 一张战后拍摄的照片，一排属于第301战斗机联队第7中队的Ta-152 H型战斗机。这种型号可看作是Fw-190 D型的升级版，在战争末期被研制出来，很多飞过他的飞行员都认为他超过了任何一种德国活塞式战斗机。但由于产量很低，所以Ta-152无论是对美军还是苏军，战绩都不多，当然损失也很少。

◀ 空军第18集团军的IL-4正向前线飞行。这种飞机在苏德战争中是苏联空军远程轰炸机部队的主力。

◀ 战斗间隔中的苏军IL-2飞行员。

（Schonefeld）机场开始运作。

第三帝国的首都已变成了烈火地狱，浓烟笼罩着全城。26日，空军第16集团军出击1244次，27日跌到809次，28日只有93次。德国空军拼尽了最后一口气，29日，苏军记录德国空军在柏林上空出现了346个架次。第51战斗机联队的阿尔佛雷德·劳赫（Alfred Rauch）少尉取得了全联队在战争中的最后一个战果。空16集的歼击机飞行员报告和德机遭遇67次，击落46架，自损2架。为压制德机，苏军加大了出击频率，空16集在29日执行了1603次战斗任务。

到次日，德国飞机在柏林上空已是杳如黄鹤。苏联第3轰炸机军的108架轰炸机空袭了波茨坦（Potsdam）西南的德国守军，没有遭到德国战斗机的拦截。在地面，红军步兵逐屋争夺，一个街区一个街区地把德国人打出去。

1945年4月30日22时50分，红旗在柏林的帝国国会大厦升起。当天早些时候，希特勒在总理

◀1名波兰人民军空军飞行员在他的Yak-9战机内。

◀站在国会大厦前合影的红军战士。经过1518个日日夜夜的奋战,他们终于冲进了"魔王的宫殿",将"法西斯野兽打死在它的巢穴里"。

府地堡内自杀身亡。

但是德国空军仍没有放弃。30日日终,一些Ju-52飞抵柏林,对仍控制在德军手中的一些街区空投了补给。5月1日,第3战斗机联队第4大队和苏联空军进行了战争中的最后一次较量,4架Fw-190和一群Yak在什未林(Schwerin)上空交火,以0∶3惨败。他们的对手应该是第233歼击机团的Yak-3,维克多·雅辛(Viktor Yashin)大尉取得了他在战争中的最后两次空战胜利,把个人击坠记录定格在26架个人击坠和1架分享战绩上。当天,空军第16集团军记录击落了7架Fw-190。这也是该集团军在战争中的最后一批战果。

5月1日晚间,德国电台宣布了希特勒的死讯。数小时后,柏林守军的抵抗逐渐平息。5月2日6时,柏林城防司令魏德林将军签署了投降书,红军控制了柏林。48万德军走入了苏联的战俘营。

第二次世界大战欧洲战场最后一场大规模的空中战役结束了。从数据分析,这场战斗打得颇为激烈。从4月16日至攻克柏林,苏联空军部队执行了92000次战斗任务,报告击落了1132架德机,自身损失917架。相对而言,同期西方盟军受到的抵抗则要轻微得多。从4月16日到战争结束,美国第8航空队上报击坠的德机仅有47架。

被炸垮的集团军

在柏林战役初期,希特勒一直乞灵外围部队能冲进首都,挽救帝国。因为由柏林东南杀过来的科涅夫大军的迅速推进,德国第9集团军和第4装甲集团军大部被分割在主防线之外,现在"元首"指望被孤立的他们能组织起抵抗,分担柏林守军的压力。

由于红军将重点放在柏林方向，只能分出少部分部队监视9集和装4集，后者也确实威胁着乌克兰第1方面军的左翼。对此苏方只能倚重空中力量了。4月21日，空军第2集团军的强击机报告炸毁12辆坦克、一列装甲火车和2辆装甲车，打哑了5处炮兵阵地。顶着红军的轰炸，4月21日夜至22日，第4装甲集团军的2个师在100辆坦克的掩护下进攻科特布斯南部的施普伦贝格地区。德军的攻势颇为犀利，他们迅速碾过第48步兵军的阵地，攻击波兰人民军第2集团军的后方，沿途制造混乱，袭击红军的补给线。在这种情况下，飞机就成了红军应对的杀手锏。

德国空军也介入了战斗。4月22日，第3攻击机联队伯恩哈特·哈梅斯特（Bernhard Hamester）少校的Fw-190被击落，哈梅斯特阵亡。24日，第3战斗机联队折损一名核心人物，第4大队大队长、拥有92架击坠记录的奥斯卡·罗姆（Oskar Romm）中尉被红军歼击机揍了下来，罗姆身负重伤。罗姆的继任者为骑士十字勋章获得者格尔哈特·科阿尔（Gerhard Koall）上尉，但他在这个位置上也只坐了3天。

同一天，在苏联飞机的助战下，德军在施普伦贝格地区被打了回去。在乌克兰第1方面军南翼的防御战中，空军第2集团军出击了4440个架次，上报摧毁50辆德国坦克。

而在北边，位于施普伦贝格和柏林之间，德国的进攻更有威胁。这里他们试图以钳形攻势包围并吃掉乌克兰第1方面军在柏林以南的一部分部队。从西线赶来的第12集团军从西面的贝利茨-特罗伊恩布里岑（Beelitz-Treuenbrietzen）地区出动，而被困在哈尔伯（Halbe）的第9集团军和第4装甲集团军的部分兵力则向西突击，试图完成一个双重包围。这时空军第2集团军再次大显身手，在近卫第1强击机军的IL-2的掩护下，第5近卫机械化军和第13集团军将德国第12集团军撑向西边。

而德国第9集团军显示了老牌劲旅的风范，打得要强硬得多。他们的进攻得到了第7战斗机联队的配合，这个联队装备着当时全世界最先进的喷气式战斗机。31架Me-262被派出在科特布斯-包岑（Cottbus-Bautzen）地区进行了炸射任务。期间有3架Me-262被击落，另有1架重伤。

现在情况对苏军而言颇有点不妙。由于在局部具备数量优势，第9集团军对包岑-措森（Baruth-Zossen）的高速公路已形成了威胁，而这是在柏林南部作战的红军近卫第3坦克集团军和第28集团军的后勤大动脉。为缓解危机，空军第2集团军的大部分轰炸机、强击机和歼击机都被派到了这里。4月26日，第4轰炸机军的70架Pe-2首先赶到现场，进行了密集的俯冲轰炸，事后空勤人员报告击毁德军8辆坦克和50台其他车辆。而第6近卫轰炸机军则主要攻击了达姆河（Dahm）渡口。当空2集的轰炸机单位在此地段出击约200个架次的同时，其强击机单位则进行了空中游猎，

▲ 1945年，第108近卫强击机团的IL-2飞行员亚历山大·帕夫利琴科（Aleksandr Pavlichenko）（中）和同团的战友在1架IL-10前合影。

▲ 飞翔在柏林上空的IL-2。

搜索攻击那些有价值的目标,特别是坦克、炮兵阵地和部队集结。9架第108近卫强击机团的IL-10在一次行动中就宣称炸掉了30辆卡车。

冒着猛烈的轰炸,德军指挥官仍硬着头皮率部拼死进攻。直到从空军第16集团军派来增援的1军和1个师到位,一时间弹如雨下,德军终于支撑不住,全线崩溃,幸存的士兵逃往包岑东北的树林里寻求庇护。

但丛林也没能拯救他们。空军第2集团军和第16集团军向他们展示了北极熊的空中武力。红军飞机对整个树林进行了地毯式的轰炸,虽然德国人利用乔木和灌木丛隐藏得很好,但他们的地盘仅有15平方公里,全挤在一起,几乎每枚俄国炸弹都能给他们带来伤亡。为挽救处于绝境中的地面部队,27日晚间,一些装备着Me-262的单位如第7战斗机联队、第6(喷气)轰炸机联队第3大队、第54(喷气)轰炸机联队派出了32架喷气战斗机,据他们事后报告,他们打炸了65辆红军卡车,并拦截了一个IL-2编队,在交火中击落了6架强击机,自损3架。

从4月28日至5月1日,第7战斗机联队至少有10架Me-262被红军歼击机击落或毁于地面高射火力。28日,第6航空队总共出击了100个架次,29日下降到74次,30日为76次。

在航空炸弹的洗礼之后,红军的大炮也已调集完毕,德军的丧钟最终敲响。柏林以南的战斗于30日结束,同一天,希特勒自杀。此战中德军的伤亡数字也许永远没法搞清了,苏联方面的数字是打死6万人,俘虏了1.2万人。大约有2万名德国士兵在哈尔伯包围圈内覆灭,而有数千人则和丛林同归于尽了。

终曲

一般认为柏林被攻克即意味着战争的结束,但事实并非如此。各地残余的德国空军还在战斗,即使在5月7日2时41分纳粹德国正式签订了投降书后,仍有德军拒绝放下武器。一些零星的反抗持续到5月9日。

在库尔兰,5月8日,红旗波罗的海舰队航空兵继续出击,阻止德国人逃离,期间发生了数次空战。7时54分,第54战斗机联队第4大队的格尔哈特·蒂本中尉在利耶帕亚以西击坠了1架Pe-2,这是他个人第157次空战胜利。这架Pe-2属于第15侦察航空团,乘员中包括2名红旗波罗的海舰队航空兵优秀的飞行员、"苏联英雄"称号获得者:阿列克谢·格拉斯切夫(Aleksey Grachyov)大尉和格利高里·达维登科(Grigoriy Davidenko)中尉,他们均当场牺牲。数小时后,红旗波罗的海舰队航空兵下属第47强击机团的数架IL-2和第54战斗机联队的4架Fw-190遭遇,在交火中弗拉基米尔·塔尔蒂金(Vladimir Taldykin)中尉驾驶的IL-2被击落,中尉在他的第55次出击中阵亡。他的战友维塔里·奥斯塔彭科(Vitaliy Ostapenko)上尉则上报干掉了1架Fw-190。但欧洲战场上空

◀1945年4月,红军进驻了刚刚夺占的柏林-滕普尔霍夫(berlin tempelhof)机场。1945年4月28日,第515歼击机团成为第一个在本机场着陆的苏联空军单位。本照片中的飞机绘有近卫军标志,这架Yak-3应属于1个近卫团。

CHAPTER 12 攻克柏林

▶ 1架Yak-9正在前线机场接受维护。

最后一次大规模交锋发生在拉脱维亚海岸。一群德国运输机编队被苏联歼击机截住，当时驻库尔兰的第54战斗机联队第1大队的阿洛伊斯·里伯（Alois Ribl）上士后来写道：

"共有35架Ju-52从挪威直飞而来，他们在格罗宾（Grobin）着陆，满载着伤员和平民启程，但没飞多远，俄国战斗机就拦截并击落了其中的32架，当容克们满身是火的栽入波罗的海时，几乎没有乘员能活着逃出来。"

有相当部分的德国军队还盘踞在捷克斯洛伐克西部，这里的冲突仍在继续。5月4日，捷克人发动起义反抗德国占领军，双方爆发了激烈的战斗。8日晨，科涅夫元帅发出通牒，命令捷克斯洛伐克西部的德军投降。在没有收到答复后，科涅夫指示大炮开火，攻向布拉格。同时，第52战斗机联队联队长赫尔曼·格拉夫中校命令埃里希·哈特曼上尉起飞，去侦察苏军的动向。

在布尔诺上空，一些Yak正无忧无虑地盘旋，享受着来之不易的和平。殊不知在他们上方不远处，一双鹰一样的眼睛正冷冷地注视着他们。

8时30分，哈特曼报告，他击落了1架Yak，这是世界空战之王在战争中第352个、也是最后一个战果。这一成绩是他在1404次作战任务、825次空战中获得的。

8日下午约16时，第7战斗机联队第2大队的弗里茨·施特勒（Fritz Stehle）中尉驾驶1架Me-262喷气式战斗机在厄尔士山脉（Erzgebirge）突袭了一个苏机编队，宣称打下了1架Yak-9，但实际上应该是1架P-39。据苏方文件，当日有2架飞蛇——飞行员为第129近卫歼击机团的谢尔盖·斯捷潘诺夫（Sergey Stepanov）少尉和第152近卫歼击机团的阿列克谢·伊瓦纽克（Aleksey Ivanyuk）少尉——失踪。其中1架很可能就是施特勒中尉的牺牲品，这也是德国空军在战争中的最后一个战绩。

为掩护乌克兰第1方面军进击捷克斯洛伐克西部，空军第2集团军5月9日仍在战斗，尽管在官方文件中，此时和平已经到来了。当天早些时候，近卫第3坦克集团军下属的近卫第10坦克军、近卫第70自行火炮旅抵达布拉格城郊。在巡逻中，第16近卫歼击机团的一群P-39注意到1架Do-215正从城西向东飞去。当飞蛇接近时，Do-215的自卫机枪手开火了。苏联飞行员开炮警告，但德国轰炸机仍坚持飞向红军阵地，这架Do-215最终被格奥尔基·戈卢别夫（Georgiy Golubev）上尉击落，这是他第15次空战胜利。

而第8近卫歼击机师则扫射了德国机场，宣称在地面击伤了3架Fw-190，在空战中击落了1架。空中那架战果记在了第40近卫歼击机团的康斯坦丁·诺维科夫（Konstantin Novikov）大尉名下，这样他的击坠记录达到了40胜（包括10个集体战绩）。

9日下午，本战区一次空战成为东线空战的终曲。在布拉格上空，1架正在侦察苏军位置的FW-189被第100近卫歼击机团的瓦西里·普申尼奇科夫（Vasiliy Pshenichikov）大尉发现并击落。当普申尼奇科夫的飞蛇返回基地时，时针正指向18时。同时，第142近卫强击机团的一群IL-2在阿列克谢·罗戈仁（Aleksey Rogozhin）大尉的指挥下，炸射了正从布拉格往西逃逸的德军车队。9架第108近卫强击机团的IL-10也参与了本次作战行动。

少数德军一直顽抗到5月11日，才被红军和捷克斯洛伐克起义军制服。欧洲战场最后的空中任务于5月10日由空军第2集团军的飞行员执行。在5月6日至5月11日的布拉格战役中，苏军有12103名指战员阵亡或失踪，另损失78辆坦克和80架飞机。至此，纳粹德国最后一丝余孽被彻底消灭。

第46"塔曼"近卫夜航轰炸机团（红军3个女子飞行团之一）的女飞行员玛丽娜·切乔诺娃回忆胜利之夜："我披上大衣，推门悄悄走到户外。外面异常静谧，听不到炮声，看不到火光，也不见在空中闪光的探照灯光柱。往日在头上不断隆隆飞过的飞机，今天也不见了踪影。一切都是那样的安静，静得让人不自在。我点燃一支烟，倚着一株树站着，心潮起伏，思绪万千。我想回到可爱的家乡，与亲人团聚；想到日夜思恋的心上人；想到并肩作战、英勇牺牲的战友；更想到出生入死、患难与共的同袍情谊。不知不觉2小时过去了。东方现出鱼肚白。盼望已久的和平终于到来了。我要在这里迎接黎明的曙光，亲眼看一看和平到来后头一天升起的太阳。"

为了战胜纳粹这个人类有史以来最强大而暴虐的敌人，苏联军民和全世界人民一道，付出了空前惨烈的民族牺牲，用尸山血海也难以形容代价的无比沉重！在整场战争中，苏联空军损失飞机37000余架，献出了数万优秀儿女的生命，终于赢得了这场历史上最波澜壮阔、也最残酷血腥的空中对决。

当1945年5月11日的太阳升起的时候，从高加索山麓到英吉利海峡，从巴伦支海到西西里岛上空，再也看不到一架德国空军的飞机了。

曾经如乌云一样盘桓在欧洲上空数年之久的纳粹飞狼，至此彻底烟消云散。

战争结束了。

但另一场残酷的较量才刚刚开始……

▶ 海因茨·马夸特（Heinz Marquardt）二级士官长是战争末期最杰出的德国战斗机飞行员之一。他从1943年8月起在第51战斗机联队服役，于1944年11月18日荣获骑士十字勋章。从1945年4月14日至5月1日，十来天他就把战绩从100架提高到121架。5月1日，他在与英国皇家空军战斗机的空战中被击落负伤。海因茨·马夸特于2003年12月19日辞世。

◀ 1945年4月,第51战斗机联队第4大队的库尔特·坦泽(Kurt Tanzer)少尉在本单位的Fw-190 D9前。一小批51联队第4大队的王牌利用数架Fw-190 D9在战争最后几周取得了德国空军最后一批击坠记录。橡叶骑士十字勋章获得者(1945年3月28日授勋)京特·乔斯滕中尉在1945年4月18日出任第4大队大队长,4月25日他击落7架苏机,把总战绩提高到178胜。库尔特·坦泽在从51联队联队部调到第4大队前,战绩已突破了100架,4月12日他担任第13中队中队长。他的最终战绩仍有争议:有128架、143架两种说法。1960年6月25日,库尔特·坦泽死于一次飞行事故。京特·乔斯滕于2004年2月7日逝世。

◀ 第108近卫强击机团(前第299强击机团)的亚历山大·诺维科夫(Aleksandr Novikov)大尉(左)和地勤人员在IL-10前合影。1942年12月,时年20岁的诺维科夫作为强击机飞行员加入第299强击机团,并很快显示出他过人的飞行技术。1943年5月31日,当时是少尉的他在乌克兰克拉马托尔斯卡亚(Kramatorskaya)击落了1架Bf-109。1943年11月5日,他又击落了1架可能属于德国第2攻击机联队第1大队的Ju-87。等战争结束时,诺维科夫执行了130次战斗任务,他于1945年6月27日荣获"苏联英雄"称号。亚历山大·诺维科夫于1984年7月8日逝世。

◀ 1945年4月,美国陆军第9集团军和红军部队会师,美苏双方的官兵热烈拥抱,庆祝胜利即将来临。但是很快冷战时代开始,这种场面一去不复返了。

◀ 红旗波罗的海舰队航空兵第15侦察航空团的1架Tu-2。在团长菲利普·乌萨乔夫（Filipp Usachyov）少校的领导下，他们在波罗的海上空的侦查工作干得很出色。乌萨乔夫和该团的其他6名空勤人员因此荣获了"苏联英雄"称号。但在欧洲战场胜利日，1945年5月8日，乌萨乔夫少校的座机在执行任务时被击落，所有乘员均阵亡。

◀ 胜利者与失败者。1945年5月，一队Yak-3停在柏林-滕普尔霍夫机场。机场上四处可见德机的残骸。

◀ 柏林-伽托夫（Berlin gatow）机场，1架被丢弃的德国Fi-156飞机。1945年4月27日，这种飞机被用来对柏林市中心进行紧急支援任务，尽管组织工作已经完成，护航战斗机也调来了，但本次行动最终却因为天气恶劣、对方拦截和猛烈的高射火力而最终失败。

◀ 第三帝国及帝国空军覆灭的象征：1架Fw-190坠毁在柏林帝国国会大厦的废墟前。

德国空军东线十大空军王牌

姓名	生卒年	对苏战绩（总成绩）	单位	荣誉	备注
埃里希·哈特曼（Erich Hartmann）	1922-1993	350（352）	第52战斗机联队	钻石宝剑橡叶骑士十字勋章	全部战绩均用Bf-109获得，头号Bf-109王牌
格尔哈特·巴尔克霍恩(Gerhard Barkhorn)	1919-1983	301（301）	第52战斗机联队	宝剑橡叶骑士十字勋章	
京特·拉尔(Gunther Rall)	1918-2009	271（275）	第52战斗机联队	宝剑橡叶骑士十字勋章	
奥托·基特尔(Otto Kittel)	1917-1945	267（267）	第54战斗机联队	宝剑橡叶骑士十字勋章	头号Fw-190王牌，1945.2.16在空战中被苏机击落阵亡
沃尔特·诺沃特尼（Walter Nowotny)	1920-1944	255（258）	第54战斗机联队	钻石宝剑橡叶骑士十字勋章	1944.11.8 在空战中被美国战斗机击落身亡
威尔海姆·巴茨（Wilhelm Batz)	1916-1988	234（237）	第52战斗机联队	宝剑橡叶骑士十字勋章	
赫尔曼·格拉夫（Hermann Graf)	1912-1988	202（212）	第52战斗机联队	钻石宝剑橡叶骑士十字勋章	
赫尔穆特·利普弗特（Helmut Lipfert)	1916-1990	200（203）	第52战斗机联队、第53战斗机联队	橡叶骑士十字勋章	
海因里希·埃尔勒（Heinrich Ehrler)	1917-1945	198（208）	第5战斗机联队	橡叶骑士十字勋章	1945.4.4 驾机撞击美军轰炸机身亡
瓦尔特·舒克（Walter Schuck）	1920-	189（206）	第5战斗机联队	橡叶骑士十字勋章	

苏联空军卫国战争十大空军王牌

姓名	生卒年	总成绩（个人+集体）	单位	荣誉	备注
伊万·阔日杜布(Ivan Kozhedub)	1920-1991	64	第178近卫歼击机团、第176近卫歼击机团	"苏联英雄"×3	头号拉沃齐金歼击机王牌
戈利高里·列奇卡洛夫（Grigorii Rechkalov）	1920-1990	61+4	第16近卫歼击机团	"苏联英雄"×2	头号P-39"飞蛇"歼击机王牌
尼古拉·库拉耶夫（Nikolai Gulaev）	1918-1985	55+5	第27歼击机团	"苏联英雄"×2	
基里尔·叶夫斯季格涅耶夫（Kirill Evstigneev）	1917-1996	52+3	第178近卫歼击机团	"苏联英雄"×2	
狄米特里·格林卡（Dmitriy Glinka）	1917-1979	50	第100近卫歼击机团	"苏联英雄"×2	

姓名	生卒年	总成绩（个人+集体）	单位	荣誉	备注
尼古拉·斯卡马拉霍夫（Nikolai Skomorokhov）	1920-1994	46+8	第31歼击机团	"苏联英雄"×2	
亚历山大·波克雷什金（Aleksandr Pokryshin）	1913-1985	46+6	第16近卫歼击机团	"苏联英雄"×3	空战战术大师、苏联空军杰出的领导者，"苏维埃空战之父"
亚历山大·科尔杜诺夫（Alexandr Koldunov）	1923-1992	46+1	第866歼击机团	"苏联英雄"×2	头号雅克歼击机王牌
阿尔谢尼·沃罗热伊金（Arseniy Vorozheykin）	1912-1997	45+1	第728歼击机团	"苏联英雄"×2	
维塔里·波普科夫（Vitaliy Popkov）	1922-2010	41+1	第5近卫歼击机团	"苏联英雄"×2	

注：因在战争中资料散失，认定标准不同，战绩区分个人、集体等多重因素，红军空战王牌的击坠记录在各种材料中常有差异。本表内容据米哈伊尔·毕科夫（Михаил Быков）的《苏维埃王牌1941-1945：斯大林雄鹰的胜利》（Советские асы 1941-1945.Победы Сталинских соколов，Эксмо出版社）2008年第二版，是目前俄罗斯国内认定的最新数据（排序方式为个人战绩优先）。而在本书正文中，描述红军王牌的战绩时仍采用传统说法，故有不一致的情况，请读者留意。

卫国战争苏联空军总战斗损失

飞机型号	战斗损失数量					
	全部损失 1941-1945	按年				
		1941	1942	1943	1944	1945
轰炸机						
Pe-2	2784	522	665	721	518	358
Pe-3	77	50	27			
Tu-2	62		6	10	44	2
SB	1934	1746	173	15		
Su-2	287	222	64	1		
PS-84/Li-2	71		35		17	19
R-2	95	95				
Yak-4	24	24				
DB-3/IL-4	124		35	6	29	54
A-20 Havoc	223			83	95	45
B-3 Boston	381		135	104	45	97
B-25	24		5		3	16
合计	6086	2659	1145	940	751	591
强击机						
IL-2、IL-10	10762	533	1676	3515	3347	1691

飞机型号	战斗损失数量					
歼击机						
Yak-1	3336	325	1301	1056	575	79
Yak-3	210				60	150
Yak-7	1385	1	270	857	245	12
Yak-9	1821			383	990	448
La-5	2591		73	1460	825	233
La-7	115				36	79
LaGG-3	1852	349	1101	307	95	
MiG-3	1432	1214	218			
I-16	1523	1207	255	61		
I-153	1190	973	177	40		
I-15、I-15bis	375	332	43			
I-5	14	14				
飞蛇	1030		49	305	486	190
飓风	341	1	290	49	1	
小鹰	219		111	93	15	
战斧	5			3	2	
寇蒂斯 Owl	1				1	
喷火	28			28		
合计	17458	4416	3888	4642	3331	1191
其他型号						
R-5、R-Z、R-10	481	160	269	43	9	
U-2/Po-2	2060	124	1038	389	413	96
其他	308	131	152	14	10	1
合计	2849	415	1359	446	432	97
总计	37165	8023	8168	9543	7861	3570

指文图书 ZVEN BOOKS

东线文库
二战苏德战争研究前沿

云集二战研究杰出学者

保罗·卡雷尔、约翰·埃里克森、戴维·M.格兰茨、尼克拉斯·泽特林、普里特·巴塔、斯蒂芬·巴勒特、斯蒂芬·汉密尔顿、厄尔·齐姆克、艾伯特·西顿、道格拉斯·纳什、小乔治·尼普、戴维·斯塔勒、克里斯托弗·劳伦斯、约翰·基根……

（扫码获取更多新书书目）

海洋文库

世界舰艇、海战研究名家名著

"谁控制了海洋,谁就控制了世界。"
——古罗马哲学家西塞罗

英、美、日、俄、德、法等国海战史及
舰艇设计、发展史研究前沿

(扫码获取更多新书书目)

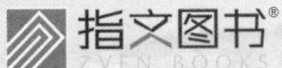

战争艺术

国外古战研究名家名著

战争是一种令人恐怖、充满激情的艺术，
战争艺术诞生于少数伟大统帅头脑中
谁掌握了战争艺术，谁就掌握了胜利！

我们只做军事